한국서예시연구

계명예술학총서 2

韓國書藝詩硏究

한국서예시연구

김 광 욱 저

계명대학교출판부

자서 自序

본 연구의 목적은 한국의 역대 논서시(論書詩)를 통하여 당시 문인들의 서예관과 서예비평 및 서학(書學) 전반에 걸친 다양한 면모를 탐색하는 데 있다. 우리나라의 올바른 서예인식의 총체적 파악을 위해서는 각 영역의 다양한 분석이 보충되어야 한다. 한국의 논서시를 분석하면서 동시에 서사(書史)·서론(書論)·서가(書家)·서품(書品)·서평(書評)·서체(書體)·비첩(碑帖)·기법(技法) 등의 제 분야를 검토함으로써 서학(書學)의 이해에 깊이를 더할 뿐만 아니라, 당시 사람들의 서예인식과 서예에 대하여 총체적으로 확인할 수 있다. 이러한 일련의 연구를 필자는 한국의 논서시를 통해 조명해 보았다.

본고에서는 먼저 시대의 흐름에 따라 신라(新羅)와 고려(高麗)·조선전기(朝鮮前期)·조선중기(朝鮮中期)·조선후기(朝鮮後期)로 구분하여 서예와 관련된 배경을 살펴보고, 조선시대까지의 논서시를 발췌하여 분석하되 시작(詩作)의 연대순으로 규명하였다. 또한 논서시에 내재된 내용을 서체별로 분류하여 전서(篆書)·예서(隸書)·해서(楷書)·행서(行書)·초서(草書)에 따른 각 서체의 간사(簡史)와 특징을 살펴보고, 아울러 논서시에 나타난 작가 및 작품에 대해서도 검토하였다. 그리고 논서시에 나타난 서예인식을 정신(精神)과 형태(形態), 법고(法古)와 창신(創新), 양강(陽剛)과 음유(陰柔)로 분류하여 탐구하였다.

이러한 연구목적을 수행하기 위하여 시대별로 논서시를 분석하고, 그 시에 내재된 당시 문인들의 서예인식을 서론(書論)과 연계시켜 고찰하였다.

첫째, 신라의 논서시에는 우리나라 서론(書論)이 맹아(萌芽)되었으며, 고려조의 논서시는 서론이 발전되어 활발하게 전개·분화되었다. 신라와 고려조는 당(唐)·송(宋)·원(元)과 빈번한 교류로 인해 중국과 밀접하게 관련되어 있다. 신라와 고려전기의 서예는 주로 왕희지(王羲之)와 구양순(歐陽詢)의 서풍(書風)이 주류를 이루었다. 하지만 고려후기에는 조맹부(趙孟頫)의 서풍이 서단에 다량으로 전파되었다. 이 당시 문인들은 시로써 중국과 한국의 서예와 관련된 문제를 다각도로 작시(作詩)하고 있다. 이는 신라와 고려의 문인들이 서예 전반에 대한 이해가 매우 높았음을 증명하는 것으로 논서시를 통해 확인할 수 있다.

둘째, 조선전기의 논서시에는 성리학적(性理學的) 성향이 내재되어 있다. 이 시기의 서예경향은 진(晉)·당(唐)의 서풍과 조맹부(趙孟頫)의 서풍이 본격화되었다. 그 가운데 이용(李瑢)은 조맹부의 서풍을 근간으로 하면서도 개성 있는 예술세계를 지향하였다. 특히 이황(李滉)을 비롯한 성리학자들은 조선의 독자적인 서풍을 추구하였다. 이 당시에는 서평들이 개인문집이나 왕조실록 등에 많이 수록되었으며, 논서시의 수량도 많아졌다. 그 중에서도 서거정(徐居正)과 이황 등의 논서시는 서론에 매우 구체적으로 접근하여 논서시의 전형이 되는데, 그 면모를 살펴보았다.

셋째, 조선중기의 논서시에는 자주적(自主的) 서론이 활발하게 전개되었다. 즉 동국진체론(東國眞體論)의 성립은 한국서예사에서 새로운 지평(地平)을 연 것이다. 이 시기의 서예는 대체로 조선전기의 여풍(餘風)이 지속되면서 차츰 명대(明代)의 서풍을 섭렵하게 되었다. 때마침 한호(韓濩)가 등장하면서 자기 특유의 '석봉체(石峯體)'를 계발하여 당시의 서단을 풍미하였다. 또한 이서(李漵)가 창도(唱導)한 '동국진체'는 조선서단을 도약시키는 계기가 되었으며, 아울러 본격적인 서예 이론서들도 출현하였다. 조선중기의 논서시는 한국과 중국의 제가(諸家)들에 대하여 다양하게 비평하였다. 그 가운데 박홍미(朴弘美)의 논서시는 서예에 관해 심도 있게 작시했다는 점에서 주목할 만하다. 따라서 당시 문인들이 지녔던 사유(思惟)가 논서시에서 어떻게 표출되었는가를 고찰하였다.

넷째, 조선후기의 논서시에는 고증학적(考證學的) 서론이 내재되어 있다. 이 시기는 청대의 금석·고증학의 섭렵으로 문학과 예술 전반에 걸쳐 새로운 양상으로 전개되었다. 특히 북학파들은 '학예일치(學藝一致)'의 경지를 이상으로 여겨 시·서·화 겸수(兼修)의 문인취미가 고조된 결과, 삼절(三絶)들이 많이 배출되었다. 이 당시는 전문적인 서론들이 다수 저술되었고, 서예비평서가 즐비하다. 당시 문인들의 공통된 인식은 서예를 단순히 기능적 차원에서 보지 않고, '예술' 또는 '서학(書學)'의 개념으로 보았다는 점이다. 예컨대 '득심응수(得心應手)' · '심수상응(心手相應)' · '시서화일체론(詩書畵一切論)' · '시문서화동일묘경(詩文書畵同一妙境)' 등으로 의식하였다. 이러한 사유들이 구체적으로 논서시에서 어떻게 형상화되었는가를 구명하였다.

다섯째, 논서시에 내재된 서체별 특징을 분석한 결과, 각 서체마다 중국과 우리나라 역대 작가 및 작품들이 골고루 작시되었다는 점을 알 수 있다. 이는 바로 우리나라 서론이 진지하게 논의된 것을 입증하는 것이다. 우리나라 역대 서가들은 전서 · 예서 · 해서 · 행서 · 초서 중 어느 한 서체에 국한하지 않고, 시공과 용도에 따라 모든 서체를 구사하였다. 그 가운데 대표적으로 전서는 이한진(李漢鎭), 예서는 김정희(金正喜), 해서는 한호(韓濩), 행서는 김생(金生), 초서는 황기로(黃耆老)를 들 수 있다. 이들은 모두 어느 특정인과 특정시대의 서체와 서풍에 편협하지 않고, 고금을 넘나들면서 장점은 흡수하고, 단점은 과감히 배척하여 자기만의 개성 있는 영역을 확보하였던 것이다.

여섯째, 논서시에서 서예를 정신과 형태로 다루고 있다. 정신 우위를 지향한 문인들은 기운(氣韻) · 인품(人品) · 학식(學識) · 정신미(精神美)에, 형태 우위를 강조한 문인들은 자법(字法) · 수법(手法) · 조형미(造形美) 등에 주안점을 두었다. 하지만 대체적인 경향은 정신과 형태의 조화를 도모하여 '내외일치(內外一致)'와 '심수상응(心手相應)'의 경지를 이상으로 여겼다. 또한 학습과 창작의 방법으로 법고(法古)와 창신(創新)을 함께 거론하였다. 법고(法古)는 객관적 규율로서, 창신은 주관적 변화로서의 가치이다. 양자는 옛것을 바탕으로 하여 자기만의 신의(新意)를 가져야 고도의 예술세계를 추구할 수 있다는 결론에 이른다. 그리고 양강(陽剛)과 음유(陰柔)를 서론(書論)에 응용하여 이론적 근거를 제시하였다. 즉 음양의 원리를 획법(劃法)과 자법(字法) 등에 적용하여 새로운 변화의 국면을 추구하는 데 활용하였다. 이 둘은 결국 상대적인 동태관계(動態關係)로 인식하여 음유미(陰柔美)와 양강미(陽剛美)를 도출하게 되었다.

이와 같이 논서시의 연구를 통하여 우리나라 서예의 특징과 성격이 총체적으로 구명(究明)되었다. 본고의 연구 성과로 인하여 우리나라 논서시의 통시적(通時的) 이해는 물론, 한국 예술사의 한 국면(局面)을 파악하는 데 기여할 수 있을 것이다.

2006년 8월 24일

대명동 요월헌(邀月軒)에서

김광욱 삼가 씀

서문 序文

우리 조선(祖先)들의 문집에는 시로써 자신의 시론을 형상화[以詩論詩]한 논시시(論詩詩)와, 시로써 서예론을 전개[以詩論書]한 논서시(論書詩) 등이 있다. 우리는 조상들이 자아의 예술세계를 한시(漢詩)로 형상화한 그 하나만을 보더라도 선조들의 사유(思惟)에는 고답적인 세계와 함께 한국 지성사(知性史)의 두께와 깊이를 알 수 있다.

우리는 조상들이 자신의 서예론(書藝論)을 한시로 노래한 논서시를 단순한 문예취향(文藝趣向)이나 풍류운사(風流韻事)의 차원에서 논의하거나 이해하려고 해서는 안 된다. 그 이유는 논서시에는 바로 조선(祖先)들의 심원(深遠)한 지성과 예술적 심미안이 결합되어 있는 한국 서예학(書藝學)이기 때문이다. 즉 우리 선조들의 논서시는 중국(中國) 서예론의 에피고넨(epigonen)이 아닌 독자적인 한국의 서예론이 전개되어 있기 때문에 한시로 쓴 한국 서예사의 일부인 것이다. 5천년 우리 예술사에서 서예사와 서예학을 바르게 섭렵하려면 이에 대한 이해가 필수적이다.

문제는 서예론을 전개한 논서시가 한문학의 꽃인 한시라는 점이다. 한시는 고도의 지적 통제와 절제된 언어로 이루어져서 지금 사람들이 이해하기가 쉽지 않다. 더구나 논서시는 난해하기 때문에 중국은 물론 한국의 역대 서예가 및 서론과 서예작품에 대한 해박한 지식이 있어야만 그 세계를 바르게 이해할 수 있는 것이다.

그런데 간산(艮山) 김광욱(金光郁) 교수가 이를 해냈다. 바로 이 책이다. 이 『한국 서예시 연구』는 김교수의 박사학위 논문이다. 일찍이 한유(韓愈)가 「진학해(進學解)」에서 말한 것처럼, 김교수가 10여 성상(星霜)을 "분고유이계구"(焚膏油以繼晷)하며 천착한 결과물이다.

이 책은, 신라시대부터 조선조까지 논서시를 발췌하여 분석하고, 논서시에 내재된 내용을 서체별로 분류하여 각 서체의 간사(簡史) 및 특징과 함께 논서시에 나타난 작가 및 작품에 대하여 고찰한 후, 논서시에 형상화된 서예 인식을 정신(精神)과 형태(形態), 법고(法古)와 창신(創新), 양강(陽剛)과 음유(陰柔)로 분류하여 분석하였다.

이 책은 우리나라 서예의 특징과 성격을 총체적으로 구명(究明)하였으므로 논서시의 통시적(通時的) 이해는 물론, 한국 예술사의 한 국면을 파악하는 데 기여할 것이다. 특히 서예 관련자료 도판(圖版) 120여장을 함께 수록하여 책을 읽는 즐거움을 더해주고 있다.

김광욱 박사는 교수이자 서예가이다. 우리나라 서단(書壇)에는 현재 많은 서예가가 있다. 그러나 서예를 학문적으로 심도 있게 연구한 저술은 서예가의 숫자와 비례하여 많지 않은 것으로 알고 있다. 이런 상황에서 이 책의 간행은 우리나라 서예사를 이해하는 데 기여함은 물론 한국 서예학을 발전시키는 데 이바지할 것이라고 생각한다.

불녕(不佞)이 김광욱 교수와 인연을 맺은 지 참으로 오랜 세월이 흘렀다. 첫 만남은 십삼사 년 전, 온 산에 불을 지른 듯 단풍이 아름답고 곱게 물들던 가을에 논개(論介)의 충절이 서린 진주(晉州)에서였다. 그 해 가을 이후로 사제(師弟)의 인연을 맺게 되었다. 서예학에 대하여 아는 바가 없음에도 불구하고, 서문을 쓰는 것은 박사학위 지도교수라는 인연으로 인하여 간곡한 청을 차마 거절할 수 없었기 때문이다. 김교수는 작년에 편역한 『서법연구(書法研究)』를 출간하더니, 올해는 박사학위를 영득(榮得)하고 이 책을 간행하는 등 연구에 정진하고 있다.

앞으로도 "분고유이계구(焚膏油以繼晷)"를 지속하여 후속(後續) 연구서를 상재(上梓)하고 한국 서예학 발전에 견인차 역할을 해주기를 바라는 마음 간절하다.

2006년 7월 하한(下澣)

단국대학교 대학원 원장실에서

김 상 홍(金相洪)

I. 서 론

고래(古來)로 시・서・화의 예술은 주로 문인들이 공통적으로 향유한 것이었지만, 오랜 역사의 변화과정에서 분화와 결합을 거치면서 더욱 다양하게 세분화되었다. 이들이 분화되었다고 하여 완전히 외면할 성질의 것은 아니며, 서로 연계성과 공통성을 내포하고 있다. 이 삼자(三者)의 관계는 상대방의 장점을 자기의 영역으로 흡수, 원용(援用)하면서 풍부하게 발전되어 왔다. 특히 한・중・일의 예술적 사고로 볼 때 광의로는 하나의 범주로, 협의로는 별개의 영역으로 나눌 수 있다.

문학은 인간의 성정과 정서를 표현한 것이다. 그 가운데 시는 문학의 정화인 동시에 언어예술이다. 시는 개인이 가지고 있는 사상과 감정을 절제된 언어로 표현하는 예술이다. 또한 시인(詩人)은 '시(視)・지(知)・각(覺)'을 공유하여야 한다. 그래서 이 삼자(三者)를 가지고 시에 적절히 형상화하여야 된다.[1] 시는 성정의 발로인 만큼 작가마다 개성이 담겨져 있다. 따라서 시인은 '재(才)'와 '학(學)'을 바탕으로 독창적인 시의 세계를 전개하는 것이다.

논서시(論書詩)*는 시로써 글씨를 논한 '이시논서(以詩論書)'를 말한다.[2]

1) 金相洪, 『漢詩의 理論』, 高麗大學校 出版部, 1997, pp. 7～9.

* 논서시(論書詩)는 이 책 제목의 서예시(書藝詩)를 의미한다.

주지하듯이 논서시는 고시(古詩)·율시(律詩)·절구(絶句) 등 다양한 형태로 창작되었으며, 중국은 물론 우리나라에도 많이 남겨져 있다. 논서시는 논리적·종합적·체계적이기보다 오히려 단편적·주관적인 면이 없잖아 있다. 그렇지만 자기의 견해를 몇 행 내지 몇 글자로 표현했다고 폄하해서는 결코 바람직하지 않다. 왜냐하면 시는 산문보다 자신의 사상과 정서를 함축적으로 발현할 수 있는 장점도 지니고 있으며, 동시에 감상자들로 하여금 다양하게 연상하게 할 수 있는 부분도 내재하기 때문이다. 이것을 보다 정확하게 논증하려면 서론서(書論書)나 서(序)·발(跋)·기(記)·표(表)·비첩(碑帖) 등과의 비교를 통해 광범위하게 분석하는 것이 타당하리라 본다. 지금까지 우리나라의 논서시 연구[3]는 산견(散見)하고 있으나 종합적으로 정리하여 조명한 바가 없다.

본 연구의 목적은 논서시를 통하여 당시 문인들의 서예관과, 서예비평관 및 서학(書學)전반에 걸친 다양한 면모를 탐색하는 데 있다. 그 이유는 올바른 한국 서예인식의 총체적 파악을 위해서 각 영역의 다양한 분석이 보충되어야하기 때문이다. 예컨대 서사(書史)·서론(書論)·서가(書家)·서품(書品)·서평(書評)·서체(書體)·비첩(碑帖)·기법(技法) 등의 제 분야를 검토함으로써 서학에 깊이를 더할 뿐만 아니라, 당시 문인들의 서예인식과 서예가들의 서풍을 추찰(推察)·확인할 수 있을 것이다.

본고에서는 먼저 시대의 흐름에 따라 신라와 고려·조선전기·조선중기·조선후기로 나누어 서예와 관련된 배경을 요약하고, 조선시대까지의 논서시를 발췌하여 분석하되 시작(詩作)의 연대순으로 규명하고자 한다.

---

2) 이병주, 『고전의 산책』, 민족문화문고간행회, 1985, p. 328.

3) 徐東亨, 「朝鮮後期 書·畵詩 硏究 -豹菴, 紫霞, 秋史의 作品을 중심으로」, 성신여자대학교대학원, 박사학위논문, 1996. (논서시가 일부 선행연구됨.)

또한 논서시의 내용을 서체별로 분류하여 전서·예서·해서·행서·초서에 따른 각 서체의 간사(簡史)와 특징을 살펴보고, 아울러 논서시에 나타난 작가 및 작품에 대해서도 검토한다. 그리고 논서시에 나타난 서예인식을 정신(精神)과 형태(形態), 법고(法古)와 창신(創新), 양강(陽剛)과 음유(陰柔)로 분류하여 탐구한다.

이러한 논의를 수행하기 위하여 시대별로 논서시를 분석하고, 그 시에 내재된 당시 문인들의 서예인식을 고찰하고자 한다.

첫째, 신라의 논서시에는 우리나라 서론(書論)이 맹아(萌芽)되었으며, 고려조의 논서시는 서론이 발전되어 활발하게 전개·분화되었다. 신라와 고려조는 중국의 당(唐)·송(宋)·원(元)과 빈번한 교류로 한학은 물론 서예도 중국과 밀접하게 관련되어 있다. 신라와 고려전기의 서예는 주로 왕희지(王羲之)와 구양순(歐陽詢)의 서풍이 주류를 이루었으나, 고려후기에는 조맹부(趙孟頫)의 서풍이 서단에 다량으로 전파되었다. 이 당시 문인들은 시로써 중국과 한국의 서예와 관련된 문제를 다각도로 다루고 있다. 이는 신라와 고려의 문인들이 서예 전반에 대한 이해가 매우 높았음을 증명하는 것으로 논서시를 통해 확인하기로 한다.

둘째, 조선전기의 논서시에는 성리학적(性理學的) 성향이 내재되어 있다. 조선전기의 서예 경향은 진(晉)·당(唐)의 서풍과 조맹부의 서풍이 본격화되었다. 그 가운데 이용(李瑢)은 조맹부의 서풍을 근간으로 하면서도 개성 있는 예술세계를 지향하였다. 그리고 이황(李滉)을 비롯한 성리학자들은 조선의 독자적인 서풍을 추구하였다. 이 당시는 서평들이 개인문집이나 왕조실록 등에 많이 수록되었으며, 논서시의 수량도 많아졌다. 그 중에서도 서거정(徐居正)과 이황 등의 논서시는 서론에 매우 구체적으로 접근하여 논서시의 전형이 되기도 하였는데, 그 전형의 면모를 구명한다.

셋째, 조선중기의 논서시에는 자주적(自主的) 서론(書論)이 활발하게 전개되었다. 즉 동국진체론(東國眞體論)의 성립은 한국 서예사에서 새로운 지평(地平)을 연 것이다. 서예는 대체로 조선전기의 여풍(餘風)이 지속되면서 차츰 명대(明代)의 서풍을 섭렵하게 되었다. 때마침 한호(韓濩)가 등장하면서 자기특유의 '석봉체(石峯體)'를 계발하여 당시의 서단을 풍미하였다. 또한 이서(李漵)가 창도(唱導)한 '동국진체'는 조선서단을 도약시키는 계기가 되었으며, 아울러 본격적인 서예이론서들도 출현하였다. 조선중기의 논서시는 한국과 중국의 제가들에 대하여 다양하게 비평하였다. 그 중에서도 박홍미(朴弘美)의 논서시는 서예에 관해 심도 있게 작시했다는 점에서 주목할 만하다. 따라서 당시 문인들이 지녔던 서예에 대한 사유가 논서시에서 어떻게 표출되었는가를 고찰한다.

넷째, 조선후기의 논서시에는 고증학적(考證學的) 서론(書論)이 내재되어 있다. 조선후기는 청대의 금석·고증학의 섭렵으로 문학과 예술전반에 걸쳐 새로운 양상으로 전개되었다. 북학파들은 '학예일치(學藝一致)'의 경지를 이상으로 여겨 시·서·화 겸수의 문인취미가 고조된 결과, 많은 삼절(三絶)들이 배출되었다. 이 당시는 서예의 전문적인 서론들이 다수 저술되었고 비평서들도 즐비하다. 당시의 공통된 인식은 서예를 단순한 기능으로 보지 않고 '예술' 또는 '서학(書學)'의 개념으로 보았다. 예컨대 '득심응수(得心應手)'·'심수상응(心手相應)'·'시서화일체론(詩書畵一切論)'·'시문서화동일묘경(詩文書畵同一妙境)' 등으로 의식하였다. 이러한 사유들이 구체적으로 논서시에서 어떻게 형상화되었는가를 구명한다.

다섯째, 논서시에 내재된 서체별 특징을 검토한 결과, 각 서체마다 골고루 작시되었다는 점을 알 수 있다. 이는 바로 우리나라 서론이 진지하게 논의된 것을 입증하는 것이다. 우리나라 역대 서가들은 전서·예서·해서 · 행서 · 초서 중 어느 한 서체에 국한하지 않고, 시공과 용도에 따라 모든 서체를 다양하게 구사하였다. 그 가운데 대표적으로 전서는 이한진(李漢鎭), 예서는 김정희(金正喜), 해서는 한호(韓濩), 행서는 김생(金生), 초서는 황기로(黃耆老)를 들 수 있다. 이들은 모두 어느 특정인과 특정시대의 서체와 서풍에 편협하지 않고, 고금(古今)을 넘나들면서 장점은 흡수하고, 단점은 과감히 배척하여 자기만의 개성 있는 영역을 확보하였던 것이다.

여섯째, 논서시에서 서예를 정신과 형태로 다루고 있었다. 정신 우위를 지향한 문인들은 기운(氣韻) · 인품(人品) · 학식(學識) · 정신미(精神美)에, 형태 우위를 강조한 문인들은 자법(字法) · 수법(手法) · 조형미(造形美) 등에 주안점을 두었다. 하지만 대체적인 경향은 정신과 형태의 조화를 도모하여 '내외일치(內外一致)'와 '심수상응(心手相應)'의 경지를 이상으로 여겼다. 또한 학습과 창작의 방법으로 법고(法古)와 창신(創新)을 함께 거론하였다. 법고(法古)는 객관적 규율로서, 창신은 주관적 변화로서의 가치이다. 양자는 옛것을 바탕으로 하여 자기만의 신의(新意)를 가져야 고도의 예술세계를 추구할 수 있다는 결론에 이른다. 그리고 양강(陽剛)과 음유(陰柔)를 서예에 적용하였다. 주역의 음양원리를 획법(劃法)과 자법(字法) 등에 원용하여 새로운 변화의 국면을 추구하였다. 이 둘은 결국 상대적인 동태관계(動態關係)로 사유하였으며, 양자의 관계에서 서예의 음유미(陰柔美)와 양강미(陽剛美)가 제출되었다.

이와 같이 논서시의 연구를 통하여 우리나라 서예의 특징과 성격이 구명(究明)될 것이다. 본고의 연구 성과로 인하여 우리나라 논서시의 통시적(通時的) 이해는 물론 한국 예술사의 한 국면을 파악하는 데 기여할 수 있을 것이다.

Ⅱ. 신라와 고려조의 논서시와 그 세계

1. 신라시대－논서시의 맹아(萌芽)

역사적으로 우리나라와 중국은 교류가 비교적 활발했다. 또한 생활방식과 문화의 형태가 대체로 유사했기 때문에 장구한 세월에 걸쳐 교류를 지속하여 왔다. 이러한 역사적 관계 속에서 삼국시대부터 이미 다량의 중국 서적들이 우리나라로 유입되었다.

신라는 한문의 사용이 삼국 중에서도 가장 늦었지만 3세기 무렵에 주목할 만한 일이 있었다. 그것은 『삼국사기(三國史記)』에 수록된 내용으로 다음과 같은 기록이 있다.

> 5년 봄 정월에 처음으로 남당(南堂)에서 정사(政事)를 보았다. 한기부(漢祇部) 사람 부도(夫道)란 자가 집은 가난하나 아첨함이 없고 서(書)와 산(算)을 잘하여 그때에 이름이 드러났다. 왕이 그를 불러 아찬(阿飡)으로 삼고 물건을 저장하는 창고의 사무를 맡기었다.[4]

---

4) 金富軾, 『三國史記』卷2, 沾解王條, 景仁文化社 影印, p. 18. "五年春正月, 始聽政於南堂. 漢祇部人夫道者, 家貧無諂, 工書算, 著名於時. 王徵之爲阿飡, 委以物藏庫事務."

여기에서 아찬(阿湌)이란, 성골(聖骨)이나 진골(眞骨)의 신분이 아닌 평민이 오를 수 있는 최고의 관등이다. 위의 문헌에 의하면 신라시대 첨해왕(沾解王) 5년(251)에 지위가 낮아도 글씨를 잘 써서 인재로 등용되었다는 사실을 알 수 있다.

한편 삼국시대는 한자와 서적의 유입에 따라 서예도 병행하여 발전되어 왔다. 예컨대 고구려의 유명한 필적으로는 「광개토대왕비(廣開土大王碑)」<도1>·「모두루묘지명(牟頭婁墓誌銘)」<도2>·「중원고구려비(中原高句麗碑)」 등이 있다. 백제는 「무녕왕릉지석(武寧王陵誌石)」<도3>·「사택지적비(砂宅智積碑)」<도4> 등이 있다. 신라는 「단양적성비(丹陽赤城碑)」<도5>·「진흥왕순수비(眞興王巡狩碑)」<도6>·「황초령순수비(黃草嶺巡狩碑)」 등이 전하고 있다. 또한 통일신라는 「문무왕릉비(文武王陵碑)」<도7>·「쌍계사진감선사탑비(雙谿寺眞鑑禪師塔碑)」·「무장사비(鍪藏寺碑)」<도8> 등이 현전하고 있다. 삼국의 서예가로는 김인문(金仁問: 629～694), 김생(金生: 711～791), 최치원(崔致遠: 857～?) 등이 대표적이다.

추사(秋史) 김정희(金正喜: 1786～1856)는 「여김군석준(與金君奭準)」에서 "우리나라 신라대의 글씨는 중국과 병칭(並稱)할 수 있는데 모두 오로지 구법(歐法)을 익혔다."[5]라고 하였다. 또한 「서증정육(書贈鄭六)」에서 "우리나라의 글씨에서 신라와 고려 사이의 고비(古碑)는 모두 구법(歐法)이니 곧바로 산음(山陰: 왕희지)으로 거슬러 올라갈 수 있다."[6]라고 언급했다.

삼국과 달리 통일신라는 급속도로 당 문화의 영향을 받게 되어 구양순

5) 金正喜, 「與金君奭準」, 『阮堂全集』, 韓國文集叢刊301, 民族文化推進會, 2003, p. 92. "東人羅代書, 可與中國並稱, 皆專習歐法."

6) 上揭書, 「書贈鄭六」, p. 139. "東人書, 羅麗間古碑皆歐法, 直可以上溯山陰."

<도1>

<도2>

의 필법이 더욱 유행하였던 것이 아닌가 생각된다. 당나라 사람들은 특히 글씨의 '법(法)'을 숭상하여 형식이 정제·엄밀하였으며, 이러한 자체의 조형은 변화를 추구하되 어지럽지 않은 법칙을 세우게 되었다. 그 가운데 최치원의 귀국으로 인하여 서예는 한층 더 발전의 전기를 마련하였다.

한국의 서예가 초창기에는 분명히 중국의 서예를 수용하였다고 볼 수 있다. 이러한 과정에서 나타난 현상은 서체를 약간의 변형된 형태로, 또 일부는 조금의 윤색에 불과한 경향도 있다. 비록 우리의 것으로 재창조하

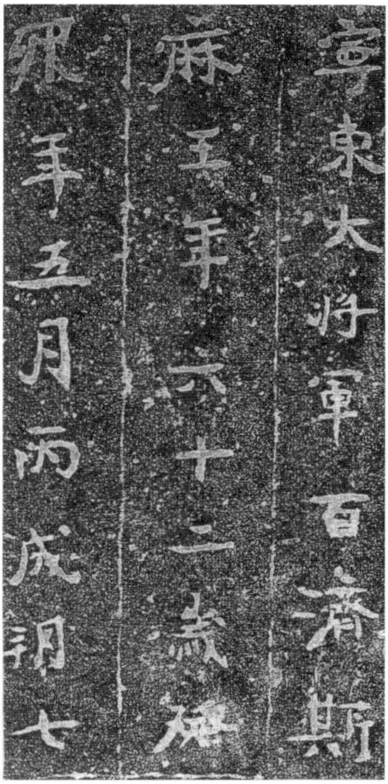

<도3>

<도4>

였더라도 중국서예의 흔적을 쉽게 엿볼 수 있다. 그러나 삼국의 서예는 단순히 모방에만 그친 것이 아니라, 점차 우리 자체의 특성에 맞는 것으로 소화하여 변화·정착하게 되었다.

신라는 당과의 관계가 매우 긴밀하였기 때문에 당나라에 유학생을 파견하였다. 뿐만 아니라 신문왕(神文王)은 국학(國學)을 설치(682)하여 유학과 경전을 장려하였고, 원성왕(元聖王)은 독서삼품과(讀書三品科)를 두어(788) 국학을 거친 인재를 발탁하는 제도를 정비하였다. 이와 같은 상황에 따라

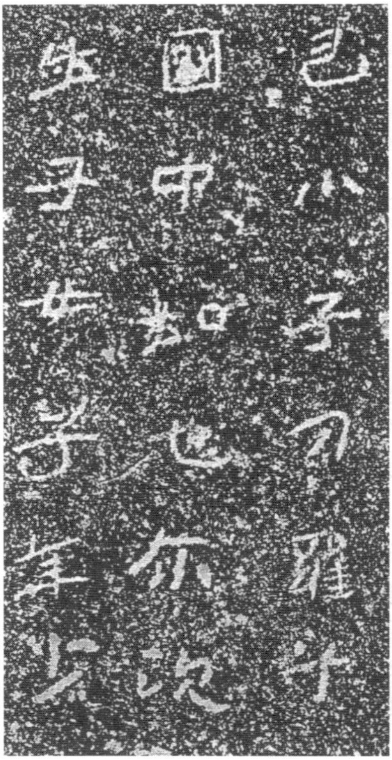

<도5>

<도6>

최치원도 일찍이 당나라에 유학의 길을 택하게 되었던 것이다.

최치원의 귀국으로 인하여 당시의 한문학은 차치하고라도 서예의 발전에 지대한 영향을 주었다고 생각된다. 최치원은 한문학에 정통하여 '동국문종(東國文宗)'으로 일컬어졌고, 서예적인 측면에서 살펴보아도 필적의 우수함을 여실히 보여주고 있다.

최치원의 필적으로 지금까지 전해오는 경남(慶南) 하동군(河東郡) 쌍계사(雙谿寺)에 소재한「쌍계사진감선사대공탑비(雙谿寺眞鑑禪師大空塔碑)」

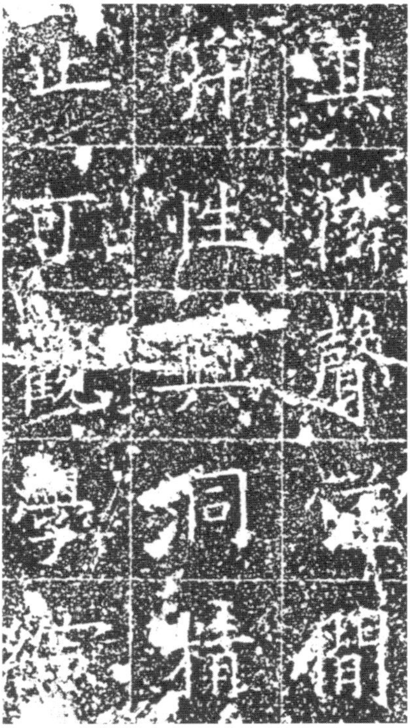

<도7>

<도8>

<도9>는 신라 정강왕(定康王) 2년(887)에 쓴 것이다. 이 비는 최치원이 30세 때 찬(撰)하고 쓴 것인데, 전액의 전서와 본문의 해서가 공히 탁월하다. 이 글씨에 대하여 『동국금석(東國金石)』의 평에서는 "쌍계사의 노공체(魯公體: 안진경체)는 익숙하면서 민첩하고 길쭉하다."[7]라고 하였다. 그러나 「쌍계사비」가 노공체(魯公體)라고 평한 것에 대하여 의문을 제시하지

7) 徐有渠, 「新羅雙谿寺諡眞鑑禪師碑」, 『東國金石』, 韓國學文獻硏究所編, 『三韓金石錄 外』, 亞細亞文化社 影印, 1981, p. 216. "雙溪寺魯公體, 熟而捷且橢."

<도9>

않을 수 없다. 왜냐하면 파임의 극히 일부분을 제외하고는 구양순과 구양통(歐陽通)의 서풍에 근접하기 때문이다.

최치원의 글씨는 『대동운부군옥(大東韻府群玉)』에서 “그의 글씨는 근골(筋骨)이 심히 굳세면서도 자형을 상하게 하지 않았으니, 진실로 죽순이 돌을 헤치고 올라오는 형세가 있다.”[8]라고 논평하였다. 이와 같은 평들과 실제의 작품을 비교해 볼 때 사실과 상이하지 않으며, 우리의 서예가 삼국시대부터 우수하였다는 점을 입증할 수 있다.

현재까지 한국 논서시의 효시는 최치원이 지은 것이다. 이것은 신라시대의 유일한 작품이므로, 이 한 편의 시를 통해 신라의 전반적인 서예관을 탐색하여 일반화할 수는 없다. 그러나 당시에 이미 글씨를 논한 시가 있었다는 것은 매우 중요한 의의를 지닌다고 할 수 있다. 논서시가 본격적으로 전개된 시기는 고려시대 즉 1300년경으로 추정된다. 물론 현전하는 수량이 많지 않으나, 어느 정도의 윤곽은 가늠할 수 있다고 본다.

먼저 신라시대에 유일하게 보이는 최치원의 논서시 「필법(筆法)」을 감상해 보기로 하자.

---

8) 權文海, 『大東韻府群玉』卷3, 崔致遠條, 正陽社 影印, 1950, p. 91. “其書, 筋骨甚厲而不傷於態, 眞有擭龍坼石之勢.”

見說書窓暫臥龍　　듣자니 서재의 창에서 잠시 운둔할 때에
神傳妙訣助奇鋒　　신이 묘결을 전하여 기이한 필봉을 도왔네.
也知外國人爭學　　외국에도 알려져 사람들이 배우기를 다투니
惟恨無因乞手蹤[9]　　필적 구할 수 없음이 못내 한스럽구나.

이 시는 백제 사람들이 남조(南朝) 때 소자운(蕭子雲: 486～548)의 글씨를 국보로 여긴 것에 대하여 최치원이 지은 7언 절구이다. 본 시의 주(註)에 "남조 때 소자운이 글씨를 잘 썼으니, 백제가 사람을 시켜 손수 쓴 글씨를 구하여 국보로 삼았다."[10]라고 기록되어 있다.

소자운의 초서・예서는 사람들이 전범으로 삼았는데, 그는 종요(鍾繇: 151～230)와 왕희지(王羲之: 303～361)의 글씨를 잘 본받아서 글자체를 약간 변형시켰다. 당나라 장회관(張懷瓘)은 「서단(書斷)」에서 "그의 진서(眞書)는 젊어서 자경(子敬: 왕헌지)을 스승으로 삼았고, 만년에는 원상(元常: 종요)을 배웠다. 만년에 이르러서는 근골이 또한 겸비되어 이름이 당세에 떨쳐졌고, 모든 조정사람들이 그를 본 받았다."[11]라고 하였다. 이처럼 소자운은 여러 서체에 뛰어난 인물로 우리나라에까지 영향을 주었다.

시의 기・승구에는 서재에서 잠시 운둔할 때에 신이 묘결을 전하여 기이한 필법을 도왔다는 내용이다. 그리고 전・결구는 소자운의 글씨가 외국에서까지 알려져 사람들이 배우기를 다투지만, 그 필적을 구할 수 없기 때문에 한이 된다는 것이다.

이 시를 통해 최치원의 서예인식의 중요성을 살펴보면, 먼저 글씨를

9) 崔致遠, 『桂苑筆耕集』, 韓國文集叢刊1, 民族文化推進會 影印, 1990, p. 102.
10) 上同. "南朝蕭子雲善書, 百濟使人求手蹤, 以爲國寶."
11) 張懷瓘, 「書斷」, 『歷代書法論文選』(上冊), 華正書局, 民國77年, p. 173. "其眞書少師子敬, 晩學元常. 及其暮年, 筋骨亦備, 名蓋當世, 擧朝効之."

단순히 서사에 머물지 않고 필법을 중시하였다는 점과, 아울러 소자운의 글씨가 삼국시대에 전파되었다는 점이다. 그리고 글씨를 시의 소재로 사용할 만큼 친근한 관심사였다는 점을 들 수 있다. 비록 한 수의 시로써 삼국의 전반에 걸친 서예관을 조명하기란 용이하지 않으며, 더구나 절구로 짧게 표현된 것이어서 내용의 한계도 있다. 이 당시에는 서예의 이론과 비평서들이 거의 부재한 상태이다. 따라서 최치원이 서예에 관하여 시를 지었다는 데 큰 의의가 있으며, 그 가치를 부여하고자 한다.

2. 고려시대－논서시의 분화(分化)

고려의 문인들은 송나라의 사조에 깊은 관심이 있었다. 그래서 고려는 송나라에 사신을 보내어 다량의 서적들을 구입하였다. 그 중에서 소식(蘇軾: 1037～1101)과 황정견(黃庭堅: 1045～1105)의 문집이 유행하게 되었다. 이러한 상황을 고려해 볼 때 그들 역시 서예의 대가들이었기 때문에 그들의 작품과 창작관도 자연히 섭렵되었을 것으로 여겨진다. 그렇지만 고려중기에 이르기까지는 주로 당나라의 서풍을 이어가고 있었다.

고려전기의 서예는 통일신라의 맥을 이어 왕희지와 구양순의 서풍이 주류를 이루었다. 김정희는 「답조이당면호(答趙怡堂冕鎬)」에서 "우리나라 신라와 고려의 금석문은 모두 구법(歐法)이나, 「평백제탑(平百濟塔)」은 저체(褚體)로 쓰여졌다."[12]라고 하였다. 고려시대 문종(文宗: 1046～1083) 때에는 서예인을 '이속직(吏屬職)'으로 두었음은 주목할 만한 사실이다. 이들은

12) 金正喜, 「答趙怡堂冕鎬」, 『阮堂全集』, p. 179. "吾東羅麗金石, 一切皆歐法, 而平百濟塔爲褚體也."

중서성(中書省)・문하성(門下省)・사관(史館)・비서성(秘書省)・동궁(東宮)・제비주부(諸妃主府)・제왕자부(諸王子府)에 딸린 이속(吏屬)의 하나였다. 『고려사(高麗史)』・「백관지(百官志)」에는 "속관으로 문종 때 주사육인(主事六人)・영사육인(令史六人)・서영사육인(書令史六人)・주보삼인(注寶三人)・대조이인(待詔二人)・서예이인(書藝二人)을 두었다."[13]라고 하였다. 또 「춘추관(春秋館)」에서는 "이속(吏屬)으로 문종(文宗) 때 서예사인(書藝四人)과 기관일인(記官一人)을 두었다."[14]라고 하였다. 게다가 인종 조(仁宗朝: 1122~1146)에는 과거의 하나인 잡과(雜科)에 명서업(明書業)을 두었다. 명서업이란 문자와 서법을 구명하는 직업이다. 아울러 『고려사(高麗史)』, 「선거지(選擧志)・잡목(科目)」에 보면 "무릇 명서업의 방식은 2일 동안에 걸쳐서 실시하였는데, 첫 날에는 설문육조(說文六條)・오경자양사조(五經字樣四條)를 시험하여 모두 통과하면 다음날에 서품(書品)・장구시일수(長句詩一首)・진서(眞書)・행서(行書)・전서(篆書)・인문일과(印文一窠) … 등을 시험한다."[15] 라고 기재되어 있다. 그들을 양성하는 기관으로는 성균관(成均館) 내에 '서학박사(書學博士)'가 있고, 서리(胥吏)로는 각 관서마다 서령사(書令史)・서예(書藝)・시서예(試書藝)・서수(書手) 등이 있어 서사를 담당하였다. 이런 제도의 완비는 서예의 보편화를 촉진시켰다.[16]

이상과 같이 고려의 서예인들은 전문직업인으로 발탁되었고, 여러 서체에 능하였으며 시(詩)・자학(字學)・인문(印文)에까지 밝았다는 점을 알 수

13) 『高麗史』(中) 卷76, 百官志, 門下府, 景仁文化社, 1961, p. 559. "掾屬, 文宗, 置主事六人, 令史六人, 書令史六人, 注寶三人, 待詔二人, 書藝二人."

14) 上揭書, 卷76, 百官志, 春秋館, p. 669. "吏屬, 文宗, 置書藝四人, 記官一人."

15) 上揭書, 卷73, 選擧志, 科目, p. 592. "凡明書業式, 貼經二日內, 初日貼說文六條, 五經字樣四條, 並全通, 翌日書品, 長句詩一首, 眞書, 行書, 篆書, 印文一窠…."

16) 任昌淳, 「韓國書藝概觀」, 『韓國의 美6・書藝』, 中央日報, 1981, p. 181.

있다. 그러나 고려후기에는 충선왕(忠宣王)이 세자로 있을 때 원나라에 머물면서 '만권당(萬卷堂)'을 세워 시·서로 소일하면서 중국의 우수한 문인 및 서화가들과 교류를 하였는데, 그 중 조맹부(1254~1322)와의 교류가 대표적이다. 이러한 연유로 고려후기는 조맹부의 서풍이 많이 전파되는 계기가 되었다.

여기에서 주목해야 할 사실은, 우리나라의 '서예'란 용어가 고려시대에 이미 사용되었다는 점이다. 물론 중국에서도 서예라는 용어가 일찍이 삼국시대(220~280)에 있었다. 그것은 『삼국지(三國志)』의 기록을 살펴보면 "중서령(中書令)인 감택(闞澤)으로 하여금 서예를 가르치게 하였다."[17]라고 기재되어 있다.

현대에 '서예'란 용어 사용을 가장 먼저 언급한 사람은 소전(素荃) 손재형(孫在馨: 1902~1981)이다. 노산(鷺山) 이은상(李殷相: 1903~1982)은 「서예단(書藝壇)의 금자탑(金子塔) 소전(素荃) 손재형(孫在馨) 서첩(書帖)에 붙여」의 서문에서 "겨레의 해방과 함께 새로 출발한 우리 서법(書法), 새 시대 예술성 살려 '서예'란 새 이름 지은이가 바로 소전이었네."[18]라고 한 것이 시초가 되었다. 그 이후 원곡(原谷) 김기승(金基昇: 1909~2000)은 『신고한국서예사(新稿韓國書藝史)』에서 다음과 같이 기술했다.

> 일정시대(日政時代)에 '서도(書道)'라고 하던 것을 '서예(書藝)'라는 새 말을 쓰자고 주장한 것도 획기적인 뜻이 있었다. 소전(素荃)이 '서도' 대신에 '서예'로 한 것은 우선 일정(日政) 때의 불쾌한 기억을 씻어 버리

17) 陳壽, 「孫和」, 『三國志』卷59, 景仁文化社 影印, pp. 342~343. "使中書令闞澤, 教以書藝."

18) 李殷相, 「書藝壇의 金子塔 素荃 孫在馨 書帖에 붙여」, 『素荃 孫在馨』, 瑞林出版社, 1981, p. 6.

자는 뜻도 있지만 '서예'라고 하는 것이 더 합리적이요, 현대성을 띄운다 고 보았던 것이다.[19)]

그 이후로 대부분의 저서나 논문에서도 대동소이한 주장들을 하고 있다. 이러한 주장은 소전 손재형으로부터 시작되어 여러 학자들 사이에서 뚜렷한 고증 없이 이어져 내려오고 있다. 그러나 필자의 견해로는 분명히 오류로 판단되므로 재고할 여지가 있다. 왜냐하면 앞에서 제시한 『고려사(高麗史)』의 인용문에 의거해 보면 고려시대에 이미 '서예'란 용어를 널리 사용하였다. 따라서 '서예'란 용어는 고려시대에 이미 사용된 것이 1900년대에 손재형이 재창, 내지 '서(書)의 예술'이라는 의디로 사용하였다고 보는 견해가 타당할 것이다.

한편 고려의 비(碑)로는 승려 탄연(坦然: 1070~1159)의 「문수원중수비(文殊院重修碑)」<도10>, 유신(柳伸: ?~1104)의 「불일국사탑비(佛日國師塔碑)」, 이암(李嵒: 1499~?)의 「문수원장경비(文殊院藏經碑)」<도11>, 한수(韓脩: 1333~1384)의 「회암사지공대사비(檜巖寺指空大師碑)」<도12> 등이 유명하다. 그리고 고려의 서예가로는 석(釋) 탄연(坦然), 공민왕(恭愍王: 1330~1374), 한수(韓脩: 1333~1384), 이암(李嵒: 1297~1364) 등이 대표적이다.

어떤 새로운 서체나 서풍은 돌발적으로 일어나는 현상이 아니라, 반드시 그 전기(前期)나 전인(前人)들의 영향 하에서 새로움이 부가되는 것이다. 예컨대 서체방면으로는 전서→예서→해서·행서·초서로, 시기적으로는 상(商)→주(周)→진(秦)→한(漢)→진(晉)→당대(唐代)로, 서풍방면으로는 종요(鍾繇)→왕희지(王羲之)→구양순(歐陽詢), 안진경(顔眞卿)으로 대별(大別)

19) 金基昇, 『新稿韓國書藝史』, 正音社, 1975, p. 908.

<도10>

<도11>

할 수 있겠다. 그래서 고려는 통일신라로부터, 통일신라는 삼국의 토대 위에서 점진적으로 계승·정착되었다고 볼 수 있다. 한국의 서예가 삼국시대는 중국서예의 흡수단계이고, 고려시대는 한·중서예의 융화기라고 할 수 있다. 이러한 과정이 점차 변화·정착되면서 한국의 서예가 토착화되었을 것으로 간주된다.

<도12>

고려의 논서시는, 삼국보다 그 수적인 면에서나 시적 소재의 다양성 및 주제의 명확성으로 볼 때 진일보한 것으로 보인다. 특히 고려는 '삼은(三隱)'의 논서시가 많이 있다. 이들의 논서시를 상고해 보면 정신적인 측면과 기법적인 측면을 동시에 중요시한 점이 역력하다. 그리고 '삼은'을 제외하고도 당시의 지식계층에서는 글씨를 단순히 실용적인 사자(寫字)의 도구로만 보지 않고, '서(書)의 예술'이라는 점을 의식하였다. 그 이면에는 이속직으로 선발된 전문직의 종사자들도 서예의 발전에 일익을 담당했다고 볼 수 있다.

다음은 고려시대의 논서시이다. 먼저 이인로(李仁老: 1152~1220)의 「최태위가장초서족자(崔太尉家藏草書簇子)」를 통하여 그의 서예관을 살펴보기로 한다.

顚張脫帽落雲烟	장욱이 모자를 벗고 글씨 쓰니 구름과 연기 이는 듯하고
妙筆通靈迸作仙	묘한 필법이 신령과 통하여 세찬 신선과 같네.
不見明珠還舊浦	밝은 구슬이 옛 合浦로 돌아오는 것을 보지 못하고
空留畵餠出饞涎[20]	공연히 그림의 떡을 남겨 입에서 침만 흘리게 하네.

20) 徐居正 編, 『東文選』卷20, 太學社 影印, 1975, p. 347.

이 시는 이인로가 초서로 된 족자를 보고 작시한 것이다. 기구의 '전장(顚張)'이란 당나라 장욱(張旭: 약 658~747년경)을 지칭한다. 그는 술을 좋아하여 취한 뒤에 붓을 휘둘렀으며, 그의 행동에 광태(狂態)가 있었으므로 사람들이 '장전(張顚)'으로 불렀다.

장욱에 대하여 『신당서(新唐書)』에는 "술을 좋아하여 매번 크게 취하면 소리를 지르며 미친 듯이 달려가 글씨를 썼는데, 간혹 머리카락에 먹을 적셔 쓰기도 했다."[21]라고 기록되어 있다. 또한 두보(杜甫: 712~770)는 「음중팔선가(飮中八仙歌)」에서 "장욱은 삼배(三盃)로 초성(草聖)을 전하였고 / 왕공 앞에서 모자를 벗고 머리를 드러내어 / 붓을 휘둘러 종이에 쓰게 되면 구름과 연기가 이는 것 같았다."[22]라고 읊조렸다.

기구에서 "장욱이 모자를 벗고 글씨 쓰니 구름과 연기가 이는 듯 하다."[전장탈모낙운연(顚張脫帽落雲烟)]란 구절은, 두보의 위 시를 환골탈태하였음을 알 수 있다. 남송(南宋) 사람 강기(姜夔: 1163~1203?)는 「속서보(續書譜)」에서 "비록 거듭 변화하는 단서가 많을지라도 일찍이 그 법도를 어지럽히지는 않았다. 장전(張顚)과 회소(懷素)의 법도가 가장 야일(野逸)하다고 하나, 이 법을 버리지는 않았다."[23]라고 하였다. 장욱의 '광초(狂草)'는 비록 기이하고 변화가 많았지만, 그토록 자유롭게 표현할 수 있었던 바탕은 부단한 연찬의 결과이다. 환언하면, 법도를 기초로 한 학서 과정 이후의 차원 높은 단계라고 볼 수 있다. 그리고 미치광이란 말은

21) 劉詩 編著, 『中國古代書法家』, 文物出版社, 1991, p. 81. "嗜酒, 每大醉, 呼叫狂走, 乃下筆, 或以頭濡墨而書."

22) 杜甫, 仇兆鰲 注, 「飮中八仙歌」, 『杜詩詳注』, 文史哲出版社, 民國74, p. 138. "張旭三盃草聖傳, 脫帽露頂王公前, 揮毫落紙如雲煙."

23) 姜夔, 「續書譜」, 『歷代書法論文選』(上冊), p. 358. "雖復變化多端, 而未嘗亂其法度. 張顚懷素規矩最號野逸, 而不失此法."

일상적으로 생각하는 정말로 미친 사람이 아니라, 글씨를 너무나 혹애하였기 때문에 사람들이 이러한 점을 강조하여 미치광이라 불렀던 것이다. 그래서 승구와 같이 글씨에 미친 사람의 필법이 신선의 경지에 이르렀던 것이다. 전구의 '명주환구포(明珠還舊浦)'란 한(漢)나라의 맹상(孟嘗)이 합포(合浦)의 태수로 갔을 때의 일이다. 그 곳은 구슬이 많이 생산되었는데, 예전에는 백성들이 그것을 캐어 먹고 살았으나, 중간에 태수들이 탐욕을 부려 구슬로 사리(私利)를 채웠기 때문에 구슬이 다른 고을로 옮겨가게 되어 굶어 죽는 자가 길에 가득하였다. 맹상이 태수가 되면서 어진 정치를 펼쳐 1년 만에 옮겨갔던 구슬이 다시 돌아왔다는 고사이다. 결구에서는 신령스러운 초서의 작품이지만 가질 수 없는 화중지병(畵中之餠)으로 묘사하였다.

위의 시에서 최태위가 집에 소장한 초서족자는 장욱의 광초인지, 아니면 훌륭한 초서이기 때문에 장욱의 글씨에 비유하였는지는 알 수 없다. 다만 초서족자가 신령과 통할 정도로 빼어난 작품이라는 점은 확연하다.

다음은 동안거사(動安居士) 이승휴(李承休: 1224～1300)가 지은 「허사업휘공(許司業諱珙), 작우물육예시(作寓物六藝詩), 기수편우어운(其首篇寓於雲), 인이명지(因以名之), 차운봉정제사수(次韻奉呈第四首), 서(書).」를 감상해 보기로 하자.

書傳鳥印沙　글씨는 새 발자국이 모래에 찍힌 듯하고
洒愛鴉栖壁　쇄락하기는 갈 까마귀가 벽에 깃든 듯하네.
虎攫恐風生　호랑이가 후려치듯 하니 바람일까 두렵고
龍騰疑雨滴　용이 승천하듯 하니 비 내릴까 의심스럽구나.
端如朝至尊　단아함은 지존을 뵙는 것과 같고

壯若卦勍敵	장엄함은 힘센 적을 매단 것 같다네.
醉筆雜眞行	취해서 운필하여 진서·행서가 섞이니
手中私電激[24]	손안에서 우레가 격렬하구나.

이 시는 허공(許珙: 1233~1291)의 「육예시(六藝詩)」에 차운한 것이다. 시의 수련은 글씨의 모습을 형상화했다. 글씨는 새의 발자국이 모래에 찍힌 듯 하고, 쇄락(灑落)하기는 갈 까마귀가 벽에 깃 든 형상과 같다. 함련과 경련은 각각 상·하구가 서로 짝으로 수사(修辭)되어 대우(對偶)를 이루고 있다. 예컨대, 호랑이와 용의 형상을 필세에, 단아함과 장중한 서풍을 '지존(至尊)'과 '경적(勍敵)'에 비유하였다. 미련에서 '취(醉)'란 그저 마시고 취하여 흥을 낸다는 뜻이 아니다. 그것은 일상생활에서 탈피하여 자유로운 정신세계로 깊이 몰입한 상태를 의미한다. 바로 도취의 상태이다. 도취란 묵향에 취할 수도 있고 흥취에 취할 수도 있을 것이다. 따라서 무아의 경지에 이르러 글씨를 쓰니 손안에서 격렬함이 일어나는 경계로 보인다.

다음은 고려시대 문인이었던 초은(樵隱) 이인복(李仁復: 1308~1374)의 「제조계귀곡각운선사어서화시권(題曹溪龜谷覺雲禪師御書畵詩卷)」을 살펴보기로 한다.

仰看奎畵照禪林	奎畵가 禪林을 비추는 것을 우러러보니
新賜圖書冠古今	새로 내리신 그림과 글씨는 고금에 으뜸이로다.
八法旣均眞得體	八法이 이미 고르니 진정으로 서체를 얻었고
二師惟肖可傳心	二師를 오직 본 받아 마음을 전할 수 있다네.
粃糠顧陸天機妙	고, 육을 쭉정이로 여길 만큼 천기가 묘하고

24) 李承休, 『動安居士集』, 韓國文集叢刊2, 民族文化推進會, 1990, p. 407.

臣僕鍾王筆意深　종, 왕을 신복으로 여길 만큼 필의가 깊구나.
留鎭山門有榮耀　사찰에 길이길이 남겨지면 영광이 있으리니
上恩奚啻重千金[25)]　임금님의 은혜가 천금의 무게뿐이랴!

이 시는 공민왕이 귀곡각운(龜谷覺雲) 선사(禪師)에게 하사한 서・화・시권에 대하여 지은 것이다. 이 작품에 대하여 이색(李穡)은 「사귀곡서화찬(賜龜谷書畫讚)」에서 "「달마절로도강도(達磨折蘆渡江圖)」, 「동자보현육아백상도(童子普賢六牙白象圖)」, 「각운(覺雲)」, 「귀곡(龜谷)」이라는 대자(大字)는 모두 네 개의 두루마리이다. 높이와 넓이가 꼭 같은데 모두 임금의 친필이다."[26)]라고 하였다.

위의 찬(讚)에 따르면 수련에서 '도(圖)'는 '「달마절로도강도」'와 '「동자보현육아상도」'이며, '서(書)'는 '귀곡'과 '각운'의 네 글자를 가리킨다. 공민왕은 서화에 능했고 특히 큰 글씨에 뛰어났다. 그 중 현재까지 전해지는 안동(安東)의 '영호루(映湖樓)'는 대표적인 현액이다. 성현(成俔: 1439～1504)은 『용재총화(慵齋叢話)』에서 "우리나라 공민왕이 쓴 강릉(江陵)의 '임영관(臨瀛館)'과 안동의 '영호루'는 참으로 노련하고 건장하여 보통 사람이 미칠 바가 아니다."[27)]라고 하였다. 또한 청성(靑城) 성대중(成大中: 1732～1812)은 「제영호루액후(題映湖樓額後)」에서 "자체가 높고・무겁고・넓고・두터워서 엄연히 태평스러운 기상이 있다."[28)]라고 하였다.

---

25) 徐居正 編, 『東文選』卷51, p. 294.

26) 李穡, 「賜龜谷書畫贊」, 『牧隱藁』, 韓國文集叢刊5, 民族文化推進會, 1990, p. 103. "達磨折蘆渡江圖, 童子普賢六牙白象圖, 覺雲龜谷大字共四軸. 高廣如一, 皆上親筆."

27) 成俔, 『慵齋叢話』卷9, 學民文化社 影印, 2000, p. 410. "我國恭愍王所書, 江陵臨瀛館安東映湖樓, 眞老健短非凡人所及也."

28) 成大中, 「題映湖樓額後」, 『靑城集』, 韓國文集叢刊248, 2000, p. 503. "字體尊重

그리고 함련과 경련은 대우(對偶)를 이루는데, 함련의 '팔법(八法)'은 경련의 '종(鍾), 왕(王)'을 가리키고, 함련의 '이사(二師)'는 경련의 '고(顧), 육(陸)'을 지칭한다. 이를테면 삼국시대에 위(魏)나라의 종요(鍾繇)와 동진(東晉)의 왕희지는 '영자팔법(永字八法)'을 체득하여 서예의 대가가 되었고, 동진의 고개지(顧愷之: 약 345~406)와 남송(南宋)의 육탐미(陸探微: ?~485)는 그림의 대가들이었다. 그런데 본 시에서 '고, 육'을 쭉정이로 '종, 왕'을 신복으로 비유하여 공민왕의 서화를 이 네 사람보다 뒤쳐지지 않는다고 강조하였다. 미련에서 임금님이 쓴 서화를 사찰에 걸어 놓으면 영광이 길이길이 남으며, 임금님의 은혜가 천금이상으로 나갈 것이라고 하였다.

이 시에서는 공민왕의 글씨가 이미 팔법을 체득하여 필의가 매우 깊었으며, 그림이 천기(天機)의 오묘함으로 전해졌음을 알 수 있다. 물론 임금님의 서화에 대한 품평이라서 조금의 과장된 표현도 있지만, 현재까지 전해지는 공민왕의 필적으로 보아 타당한 평가라고 할 수 있으며, 서화에 뛰어났다는 사실은 확실하다.

다음은 담암(澹菴) 백문보(白文寶: ?~1374)의 「현릉사사예김도대서나복산인김도장원팔자(玄陵賜司藝金濤大書蘿葍山人金濤長源八字)」를 분석해 보기로 하자.

…(上略)…

吾君大書字	우리 임금님이 크게 글씨를 써
九重垂寵頒	九重에서 은총으로 내려 주셨네.
銀鉤光星日	훌륭한 글씨는 별과 해처럼 빛나니
千載爲盛觀	천년의 성대한 볼거리가 되리라.

宏厚, 儼然有太平氣像."

臣拜頌至寶　신하는 절하고 지극한 보배로움을 노래하니
子孫傳所慳[29]　자손에 길이 전하여 아끼리라.

이 시는 백문보(白文寶)가 공민왕의 글씨에 대하여 모두 22구의 5언 고시로 지은 것이다. 그러나 여기에서는 후반부의 여섯 구만 옮겼다. 『중경지(中京誌)』에서는 "나복산(蘿葍山)에 고려의 김도(金濤)가 살았는데, 공민왕이 '나복산인김도장원(蘿葍山人金濤長源)'이란 여덟 글자를 써서 하사하였기 때문에 그 동네의 이름을 '팔자(八字)'라고 불렀다."[30]라고 하였다. 시제에서 '현릉(玄陵)'이란 공민왕을 일컬으며, '사예(司藝)'란 김도(金濤)가 성균사예(成均司藝)의 벼슬을 하였다는 뜻이다.

위의 시에서 공민왕의 큰 글씨를 "훌륭한 글씨, 별과 해처럼 빛난다."[은구광성일(銀鉤光星日)]라고 하여 자연의 아름다움에 비유했다. 자연이란 인위적이고 의식적인 모든 것으로부터 완전히 벗어난 상태이다. 자연은 인간과 함께 스스로 그러하게 공유하는 동시에 인간은 자연의 일부분이기도 하다. 그리고 자연은 시 속에서 순간의 의미로 나타나지 않고 대부분 영원한 것으로 묘사되어지고 있다. 그래서 "천년의 장관이 되리라."[천재위성관(千載爲盛觀)]라고 하였다. 자연은 있을 수 있는 것 가운데 최고·최량의 것이기 때문에 공민왕의 글씨를 성일(星日)의 빛으로 묘사하였다. 이 시는 공민왕 글씨의 가치를 상징적으로 비유한 것이다.

공민왕은 서화에 관심이 많았고, 우수한 서화작품도 많이 남겼다. 이처럼 왕이 서화에 대한 관심도가 높을수록, 서화의 보편화를 촉진하는 데

---

29) 白文寶, 『淡庵逸集』, 韓國文集叢刊3, 民族文化推進會, 1990, p. 306.

30) 『中京誌』卷2, 部坊條, 朝鮮光文會 影印, 1914, p. 7. "蘿葍山高麗金濤居之, 恭愍王書賜蘿葍山人金濤長源八字, 故名其洞曰八字."

지대하게 기여했다고 볼 수 있다.

다음은 목은(牧隱) 이색(李穡: 1328~1396)의 「한첨서재광암서비(韓簽書在光巖書碑). 복불능왕관(僕不能往觀). 요술소회(聊述所懷).」를 분석해 보기로 하자.

柳巷筆鋒如快劒	유항의 필봉은 쾌검과 같은데
雲巖碑石臥長橋	운암의 비석이 긴 다리 가에 누워있다지.
他年墮淚苔痕綠	후년에 푸른 이끼 낀 흔적에 눈물을 흘릴 것이니
鍾鼓叢林自暮朝[31]	절간에는 아침저녁으로 쇠북소리만 울리겠지.

이 시는 유항(柳巷) 한수(韓脩: 1333~1384)가 쓴 비문의 글씨를 생각하며 이색(李穡)이 지은 것이다. 시제에서 '광암(光巖)'은 광암사(光巖寺)로 경기도 개성(開城)에 있는 운암사(雲岩寺)의 옛 이름이다. 한수는 해서·초서·예서에 뛰어났으며, 그의 필법은 종요와 왕희지의 필법을 근간으로 하면서 안진경의 서예를 익혔다. 성현은 『용재총화』에서 "한수 역시 유명하니 그 글씨가 힘차고 굳세며 진법(晉法)을 많이 얻었다. 그가 쓴 「현릉비(玄陵碑)」는 지금까지 남아 있다."[32]라고 하였다. 현재 비첩으로 남아있는 「회암사지공대사비(檜岩寺指空大師碑)」·「신륵사나옹화상비(神勒寺懶翁和尙碑)」<도13>·「안심사사리탑비(安心寺舍利塔碑)」<도14>의 글씨는 대체로 왕희지와 구양순의 유풍(遺風)을 지니고 있다. 이 비들은 단아(端雅)·주경(遒勁)하며 중국 당대(唐代)의 해서와 비교하여도 크게 손색이 없는 수작이라 할 수 있다.

---

31) 李穡, 『牧隱藁』, p. 56.

32) 成俔, 『慵齋叢話』卷1, 學民文化社, 2000, p. 6. "柳巷亦有名, 其書遒勁, 多得晉法, 所書玄陵碑, 至今猶存."

<도13>

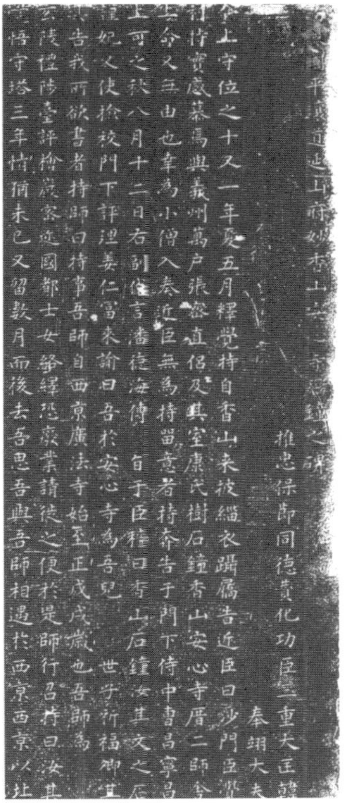

<도14>

기구의 '유항(柳巷)'은 한수(韓脩)의 아호이다. 유항의 필봉을 '쾌검(快劒)'에 비유한 것은 예리한 검으로 사물을 자르듯 단정하게 쓰여 져 있다는 것이다. 승구의 '운암비(雲岩碑)'는 운암사에 있는 「현릉비」이다. 그리고 전구의 '타루(墮淚)'란 「타루비(墮淚碑)」의 고사로, 진(晉)의 명장(名將)인 양호(羊祜)를 기리기 위해 세워진 비이다. 사람들이 그 비를 보면 모두 눈물을 흘렸기 때문에 「타루비」라고 하였다. 따라서 운암사에 있는 「현릉비」

도 이색이 훗날 푸른 이끼가 돋은 공민왕의 비를 찾아가 눈물을 흘린다는 뜻이다. 여기에서 전구의 '태록(苔綠)'은 시각적인 표현이고, 결구의 '종고(鍾鼓)'는 청각적인 표현으로, 시 · 청각이 어우러지는 공감각적(共感覺的)인 시상(詩想)이라 할 수 있다. 아울러 전구의 '타년(他年)'은 시간적인 표현, 결구의 '총림(叢林)'은 공간적인 표현으로 시 · 공간을 대비시켰다. 따라서 시 · 청각과 시 · 공간의 조화를 통하여 시의 운치를 더욱 고조시키고 있다.

다음은 이색(李穡)의 「금기서화(琴碁書畵), 오속위지사예(吾俗謂之四藝), 작사절(作四絶), 서(書).」를 감상해 보기로 한다.

浮雲字體竟難同	부운과 자체는 끝내 함께하기 어려운데
眞草紛紛儘逞雄	진초가 어지럽게 이어져 굳세고 씩씩함을 다했네.
肥瘦短長俱媚嫵	살찌고 · 여의고 · 짧고 · 긴 것을 아름답게 갖추었지만
只愁跳出六書中[33]	단지 육서 속에서 도망쳐 나올 것이 근심되는구나.

고려시대 이색은 우리나라 풍속 중 '사예(四藝)'를 '금기서화(琴碁書畵)'라고 하였다. 이것은 당시 지식층의 보편적인 예술 인식이었다. 이러한 배경은 여러 가지로 해석될 수 있으나 크게 두 가지로 귀납할 수 있다. 그것은 유학과 과거이다. 고려는 유학을 현실적인 학문의 수단으로 삼았고, 유학은 지배층 가운데 문인들의 실용과 교양 및 사상의 일부를 형성하였던 것이다. 그리고 과거는 시 · 문 · 경전으로 선발하였으며, 특히 잡과 중에는 전문직인 명서업(明書業)도 있었다는 것[34]은 전술한 바와 같다. 유학과

33) 李穡, 『牧隱藁』, p. 66.

34) 許興植, 「儒學과 科擧」, 『韓國史硏究入門』, 知識産業社, 1987, p. 200.

과거는 문인들의 실용적인 필수조건이었다. 이러한 사회적 분위기가 결국 문인들 사이에서 보다 진전된 예술적 경지로 전환·발전되어 왔다.

기·승구를 보면 초서의 글자체는 정자(正字)를 설명한 육서(六書)의 원리와 다른 것을 말하고, 진초(眞草)가 분분한 모습이 부윤과 자체가 함께한 모습을 가리키는 내용이다. 전구에서 '비수단장(肥瘦短長)'이란 운필법의 하나이다. 서예는 문자의 형식미를 빌려 정감과 뜻을 표현하는 예술이다. 형식미의 요소에는 용필(用筆)·결구(結構)·장법(章法) 등 다방면으로 나타난다. 용필에는 장로(藏露)·방원(方圓)·곡직(曲直)·비수(肥瘦)·대소(大小)·장단(長短) 등이 있다. 그 중에 비수와 장단은 용필에서 매우 중요한 역할을 하는데, 이것은 부드러운 모필(毛筆)에 의해서만 가능하다. 즉 하나의 필획에서 굵고 가늠이 어느 정도이며, 얼마나 길고 짧은가의 문제는 조형미를 좌우하는 관건이 된다.

남송(南宋) 때의 강기(姜夔: 1163~1203?)는 「속서보(續書譜)」에서 "글자의 장단(長短)·대소(大小)·사정(斜正)·소밀(疏密)은 자연스럽게 균일하지 않아야 한다. …(중략)… 획이 많으면 마땅히 야위게 써야하고, 획이 적으면 마땅히 살찌게 써야 한다."[35]라고 하였다. 또 "용필은 너무 살찌게 하지 않아야 하니, 살찌면 자형이 탁하게 된다. 또 너무 야위게 하지 않아야 하니, 야위면 자형이 마르게 된다."[36]라고 하여 장단·비수에 대하여 적절히 설명해 주고 있다. 결구는 '육서(六書)'에서 도출되어 적중했는가에 대한 근심이다.

이 시를 통해서 우리는 '금(琴)·기(碁)·서(書)·화(畵)'가 그려시대에

---

35) 姜夔, 「續書譜」, 『歷代書法論文選』(上冊), p. 356. "字之長短大小斜正疏密, 天然不齊. …(中略)… 畫多者宜瘦, 小者宜肥."

36) 上揭書, p. 357. "用筆不欲太肥, 肥則形濁. 又不欲太瘦, 瘦則形枯."

'사예(四藝)' 중의 하나라는 사실을 알 수 있다. 이것은 글씨를 단순히 기능으로만 보지 않고 '예(藝)'로 보아 '서(書)의 예술'로 인식한 점은 한국서예사에서 매우 중요한 의미를 갖는다. 이것은 상기한 바와 같이 문종(文宗) 당시에 이미 이속직(吏屬職)으로 서예인을 두었음과 그 맥을 같이 한다. '예(藝)'는 기술보다 고차원적인 것으로 자유로운 정신세계까지를 포함한다. 즉 '기(技)'와 '기(氣)'가 동시에 작용하여 발현되어지는 경지이다. 또한 이색이 용필 방면에서 좀더 구체적으로 '비・수・장・단'과 '육서'에 대하여 언급한 것은 단순히 시의 소재 선택에서 진전하여 구체적인 필법의 인식접근까지 이루어졌음을 알 수 있다. 이색이 이를 시에 수용한 사실은 서(書)의 지향점에 대한 정확한 인식과 비평의 안목 또한 높았음을 말해주는 증거이다.

다음은 포은(圃隱) 정몽주(鄭夢周: 1337～1392)의 「사자(寫字)」를 감상하기로 한다.

心專姸好飜成惑	마음이 姸好를 오로지하면 도리어 의혹이 생기고
氣欲縱橫更入邪	기가 종횡으로 내달리고자하면 다시 邪로 들어간다.
不落兩邊傳妙訣	두 곳에 빠지지 않고 묘결을 전한다면
毫端寫出活龍蛇[37]	붓끝에서 살아 있는 용의 모습을 묘사해 낼 것이다.

정몽주<도15>가 살았던 고려 말에는 원과의 교류가 빈번하여 서적이나 글씨가 대량으로 유입되었다. 그 가운데 조맹부의 글씨가 특히 주목할 만하다. 원나라 서예는 형태를 숭상하는 풍조가 만연하였는데, 여기서 '태(態)'란 주로 형식상의 아름다움을 말한다. 조맹부는 '상태(尙態)'의 이상을

37) 鄭夢周, 『圃隱集』, 韓國文集叢刊5, 民族文化推進會, 1990, p. 597.

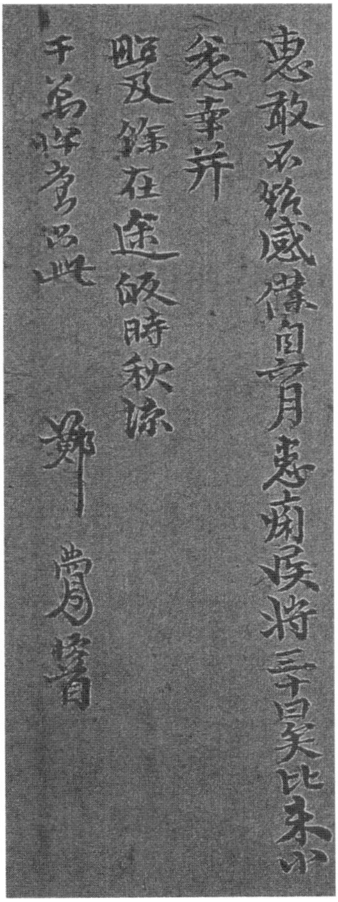

<도15>

실천한 대표적인 인물이라고 할 수 있다. 이러한 풍조는 고려에 본격적으로 도입되어 당시의 서단에 영향을 미쳤다. 정몽주는 형태의 아름다움에만 치중한 당시의 문예사조에 대하여 분명한 견해를 밝혔다.

기구에서 '심전(心專)'은 어떤 분야의 일에 임하든 전심전력을 해야 한다는 뜻이지만, 마음이 '연호(姸好)'에 지나치지 않아야 한다는 것은 형태의 아름다움에만 치중하지 말라는 것이다. 승구에서 기운을 너무 제멋대로 쓰고자 하면 미혹(迷惑)과 사특(邪慝)한 곳으로 빠진다고 하였다. '기(氣)'란 정신적인 격조이며 불가시적(不可視的)인 세계이다. 그것을 언어로 정확히 표현하기란 한계가 있지만, 많은 경험과 체험을 통해서는 도달할 수 있는 경지이다. 여기에서 '기(氣)'의 의미는 형태에 대(對)가 되는 정신적인 기운(氣韻)·기력(氣力)·기세(氣勢)로 이해된다. 전·결구에서는 연미(姸美)와 기운(氣韻)을 적절하게 운용하여 묘결을 전해야만 활기찬 글씨가 붓끝에서 이루어진다고 하였다.

정몽주의 서예관은 형태와 기운이 병존하면서 묘결을 전해야만 생동하는 글씨를 쓸 수 있다고 하였다. 글씨는 형태의 아름다움도 중요하지만 그 형태에서 우러나오는 기운이 발산되어야 한다. 이 두 가지는 한쪽에만 치우치지 않고 동시에 발현되어야 한다. 왜냐하면 연미함만을 추구하게 되면 기운이 쇠약해져 글씨가 나약해지며, 기운이 너무 방종하게 되면 필법이 흐트러져 좋은 형태를 표현하기 어렵게 된다. 즉 외적인 형상화를 통해 감지되는 정신적 분위기의 정도가 예술수준을 가늠하는 척도가 된다. 이러한 경지에 도달하려면 동서고금을 막론하고 어떤 대상에 제한을 두지 않아야 한다. 그것이 장점이라면 섭렵하고 단점이라면 과감히 버릴 수 있는 용기가 필요하다. 이러한 학서의 과정을 통하여 자기의 것으로 용해되어 재창조된다.

이 시는 성리학적 사유가 서예에 반영된 시로 그 의의가 크다. 어느 쪽에도 지나치게 치우치지 말아야 한다는 사실을 통해 중용의 정신을 서예에 시사하고 있음을 알 수 있다.

다음은 척약재(惕若齋) 김구용(金九容: 1338～1384)의 「봉제상서영암이대자권자(奉題上書嬴庵二大字卷子)」를 읽어 보기로 하자.

鳳翥鸞翔筆意新	봉황과 난새 날듯 필의가 새로우니
端知奇妙出天眞	단연 기묘함은 천진에서 나왔음을 알겠네.
臨池入木還堪笑	장지와 왕희지도 도리어 웃을 만하니
竭力樵心始有神[38]	힘 다하고 마음 조려 비로소 신묘함을 얻으셨구나.

위의 시는 공민왕이 '영암(嬴庵)'이라고 크게 두 글자를 쓴 데 대하여 김구용이 감상하고 지은 것이다. 여기에서 기구의 '봉저난상(鳳翥鸞翔)'이란 봉황과 난새가 날아가듯 아름다운 형상을 말하는 것이다. 즉 훌륭한

38) 金九容, 『惕若齋學吟集』, 韓國文集叢刊6, 民族文化推進會, 1990, p. 41.

글씨를 논할 때 사람들이 비유하는 구절이다. 청나라의 주화갱(朱和羹)은 「임지심해(臨池心解)」에서 "우군(왕희지)의 글씨를 논하는 사람들이 항상 '난새가 날아돌고 봉황이 높이 뜨는 듯 하다'고 칭찬 한다."[39]라고 했는데, 여기서의 '난상봉저(鸞翔鳳翥)'를 이 시에서 환골탈태하였다. 그리고 '필의(筆意)'란 평담하고 유창하며 자연스러운 운필을 말하는 동시에 기맥(氣脈)과 필맥(筆脈)을 가리킨다. 승구에서 기묘(奇妙)함이 천진(天眞)에서 나왔음을 깨달았다고 하여, 기·승구는 난새와 봉황이 나는 형세처럼 필의가 천진하면서 기묘하였다는 뜻을 묘사한 것이다. 전구에서 '임지(臨池)'란 후한(後漢)의 장지(張芝)가 연못가에서 글씨를 익힐 때 못의 물이 온통 까맣게 변했다고 하는 고사이다. '입목(入木)'은 필세가 힘차 먹물이 나무에 깊이 배어든다는 고사이다. 즉 '임지'와 '입목'은 장지와 왕희지를 지칭하는 말이다. 마지막 구절에서 공민왕의 글씨가 마음을 졸이고 힘을 다하여 쓰니, 비로소 신채(神彩)가 있다고 품평하였다.

따라서 글씨는 필의가 자연스러우면서 새롭고, 기묘함은 천진함에서 나와야 한다. 이러한 경지에 이르려면 수많은 수련과 노력의 과정이 바탕되어야 하며, 그래야만 비로소 신묘함을 얻을 수 있다는 것이다.

이어서 도은(陶隱) 이숭인(李崇仁: 1349～1392)의 「내원당대선사귀곡운공(內願堂大禪師龜谷雲公), 몽사어필보현달마초상이권(蒙賜御筆普賢達磨肖像二卷), 귀곡각운사대자(龜谷覺雲四大字), 이시위하(以詩爲賀), 제삼수(第三首).」를 감상해 보자.

經筵足暇日　　경연에 한가한 날 많아

---

39) 朱和羹, 「臨池心解」, 『歷代書法論文選』(下冊), p. 684. "所以論右軍書者, 每稱其鸞翔鳳翥."

宸翰灑餘淸　임금님의 맑은 기운 넉넉히 뿌린다.
圖書四軸妙　네 축의 묘한 그림과 글씨
缾錫一生榮[40]　스님께 일생의 영화로다.

이 시는 이숭인이 공민왕의 그림과 글씨를 보고 3수로 축하한 시이다. 그 중에 세 번째 시이다. 시제에서 '내원당(內願堂)'은 대궐 안에 있는 불당으로 '내불당(內佛堂)'이라고도 한다. 이것은 고려시대 개성(開成)의 궁중에 있었던 불당이다. 그 곳에 있었던 대조계종사(大曹溪宗師) 도총관(都摠攝)이 보현(普賢)과 달마(達磨) 스님의 초상화(肖像畵) 이권(二卷)과 귀곡각운(龜谷覺雲)이란 네 글자를 공민왕에게 하사받았다.

기구에서 '경연(經筵)'이란 임금이 학문을 닦기 위하여 학식과 덕망이 높은 사람들을 불러 강론하게 하던 자리이다. 고려 예종(睿宗) 11년(1116)에 궁중에 '청연각(淸燕閣)'을 짓고 강론한 것이 시초이다. 승구의 '신한(宸翰)'이란 천자(天子)의 친필을 말한다. 전구의 '도서사축(圖書四軸)'이란 보현과 달마의 초상화 두 축과, 구곡·각운의 두 축으로 된 글씨이다. 결구의 '병(缾)'은 정수(淨水)를 담는 그릇이며, '석(錫)'은 석장(錫杖)을 이르는데, 여기에서 '병석(缾錫)'은 구곡각운 스님을 지칭한다.

따라서 시 작자는 임금님이 하사한 그림과 글씨가 맑고 오묘하여 친필을 받은 대선사(大禪師)를 일생 동안 영광스럽다고 찬사한 것이다. 이것은 왕권의 존엄성에 편승하여 왕의 서화취미가 서·화의 위상을 승격시키는 데 일조한 점도 있다.

이상으로 신라와 고려조의 논서시를 살펴보았다. 먼저 신라는 중국과의 지속적인 교류로 한자와 서적 및 서예의 보급이 용이했다. 게다가 통일신

---

40) 李崇仁,『陶隱集』, 韓國文集叢刊6, 民族文化推進會, 1990, p. 566.

라는 당 문화의 영향을 받아 급속도로 당나라의 필법을 수용하게 되었다. 그 가운데 최치원의 귀국으로 더욱 현저하게 되었는데, 주로 해서체인 구양순의 서풍을 들 수 있다. 서예사적으로 간과할 수 없는 것은 신라 첨해왕 5년(251)에 이미 지체가 낮아도 글씨를 잘 썼기 때문에 인재로 발탁되었다는 사실이며, 이는 매우 중요한 문제라 할 수 있다.

현재 신라의 논서시가 유감스럽게도 최치원의 「필법(筆法)」만 남아 있다. 이 때는 서론도 부재한 상태여서 한 수의 시로써 당시 서예의 조류를 가늠하기란 역부족이다. 하지만 남아 있는 필적들과 비교하여 짐작해 보면 대체적인 경향을 파악할 수 있다고 본다. 최치원의 「필법」에서는 글씨를 단순히 실용적 서사에만 국한시킨 것만이 아니라, 필법도 중시하였다. 또한 남조(南朝) 때 소자운(蕭子雲)의 필적이 백제인들에게 널리 보급되었다는 점과, 글씨를 시의 소재로 다룰 만큼 관심의 대상이었다는 점을 밝힐 수 있었다. 이런 면에서 비록 한 수의 논서시이지만 다른 서적에서 볼 수 없는 중요한 의미를 내포하고 있다.

한편, 고려의 문인들은 송나라의 문물에 깊은 관심이 있어 사신을 통해 다량의 서적을 입수하였다. 송나라의 필법도 일부 수용되었지만, 주된 서풍은 여전히 구양순이었다. 그러나 고려후기에 접어들면서 충선왕이 원나라에 '만권당'을 지은 이후부터 우리의 우수한 문인과 서·화가들이 조맹부 등과 활발한 교류를 가지게 되었다. 이를 계기로 고려후기에는 조맹부의 서풍이 서단의 전반에 유행되었다.

서예사적 측면에서, 고려시대는 서예인을 이속직으로 채용했다는 점과 과거의 잡과에 명서업을 두어 문자와 서법을 구명하였다는 점이 주목할 만한 사실이다. 그리고 그들을 양성하는 기관으로 성균관 안에 서학박사(書學博士)가 있었고, 서리(胥吏)로는 각 관서마다 서령사(書令史)·서예(書

藝)・시서예(試書藝)・서수(書手)가 있어 서사를 담당케 했다. 이러한 제도의 완비는 서예의 보편화에 촉매제 역할을 하였다. 현재 사용하는 '서예'란 용어도 이 때부터 사용된 것이다.

논서시는 고려시대에 본격적으로 전개되었다. 그 수적인 면에서나 시적 소재의 다양성 및 주제의 명확성으로 볼 때 본 궤도에 올랐다고 할 수 있다. 이인로(李仁老)는 장욱(張旭)의 광초를 예찬했고, 이승휴(李承休)는 허공(許珙)의 '육예시(六藝詩)' 중 '서(書)'에 대하여 차운하였다. 이인복(李仁復), 백문보(白文寶), 김구용(金九容), 이숭인(李崇仁) 등은 공민왕의 우수한 필적을 찬양했다. 특히 고려는 공민왕에 대한 논서시가 많다. 공민왕은 서화에 지대한 관심을 가지고 있었을 뿐만 아니라 서화작품 또한 훌륭했다. 다른 한편으로, 왕이 서화에 대한 관심이 많았기 때문에 보편화를 촉진하는 데 적극적으로 기여했다고 볼 수 있다. 또한 이색(李穡)은 한수(韓脩)의 비문 글씨를 보고 '이시논서(以詩論書)'하였으며, '금기서화(琴碁書畵)'를 우리나라의 '사예(四藝)'라 일컬었다. 이것은 당시 서예가 지식층의 보편적 예술로 인식되었다는 것을 반영한 것이다. 그리고 정몽주(鄭夢周)는 「사자(寫字)」에서 형태와 기(氣)가 한 곳으로 치우치지 말고 묘결을 전해야만 기운생동의 글씨가 된다고 강조하였다.

요컨대, 신라의 최치원과 고려의 많은 문인들이 시로써 서예와 관련된 문제를 작시하고 있었다. 신라와 고려인들은 중국의 서예이론을 수용하면서 전문적인 서예비평론을 체계화하는 데까지 이르지 못한 한계는 있다. 그러나 논서시를 통해 서예를 다각도로 비평하였으며, 높은 경지에 도달한 문인들도 있었다. 이는 고려인들이 서예에 대한 감수성이 풍부했다는 증거이다. 이러한 점은 논서시를 통해 확인할 수 있었다.

Ⅲ. 조선조의 논서시와 그 세계

1. 조선전기-성리학적 성향의 대두(擡頭)

1) 배 경

조선왕조 519년간에 대한 시대구분은 논자에 따라 견해를 달리할 수 있다. 본고에서는 논의 전개상 조선전기를 태조(太祖: 1392)에서 명종(明宗: 1567)대까지 175년간으로 설정하였다.

조선왕조의 건국이념은 유학을 바탕으로 하였다. 이것은 천여 년 간 민간신앙과 뿌리 깊게 지속된 불교를 배척하고 유학을 숭상하는 새로운 사상이 형성되었다. 그 사상적 배경은 고려 말에 정주학(程朱學)의 계통이 본격적으로 수용된 것이 하나의 실마리였다. 고려 말에 이르러 사회의 위기가 한층 더 심각하여 그 대응책으로 획기적인 조처가 필요했다. 그 대안으로 불교보다 효율적인 유학을 이념으로 삼았다. 유학을 신유학(新儒學) 또는 성리학(性理學)으로 체계화하여 어떤 반론도 해소할 수 있는 논리적 근거를 마련하였던 것이다.[41]

그러나 불씨(佛氏)의 심오한 종지(宗旨)를 일조(一朝)에 양기(揚棄)해 버

41) 조동일, 『한국문학통사』(2), 지식산업사, 1986, p. 241.

리기에는 주저하지 않을 수 없었음도 사실이었다. 그러므로 조선은 유불혼성(儒佛混成)이었던 것이다. 다만 고려와 조금의 차이가 있다면, 이는 선유후불(先儒後佛) 또는 불(佛)에 대하여 양억음존(陽抑陰尊)의 경향이 농후했던 것이다.[42] 이러한 근거는 세종(世宗) 때에 대궐 안에 내불당(內佛堂)의 설치(1418)와 『석보상절(釋譜詳節)』의 번역과 『월인천강지곡(月印千江之曲)』의 발간 등을 들 수 있다. 그리고 세조(世祖)가 등극하면서 불서(佛書)를 번역하고 간행하기 위하여 간경도감(刊經都監)까지 설치(1461)하였던 것으로 비추어 볼 때 불교도 쉽게 위축될 만한 것이 아니었다.[43]

조선시대에 접어들면서 정치적인 안정과 문화의 발달로 서적의 편찬사업이 본격적으로 착수되었는데, 이것은 서예의 발전과도 무관하지 않다. 그 이유는 활자본이든 필사본이든 문자를 이용하기 때문이다. 즉 어떠한 서체로 할 것이며, 누가 쓸 것인가의 문제가 편찬사업에서도 관심 있게 연구의 대상으로 부각되었다. 이와 같이 집현전을 중심으로 한 편찬사업은 이후에 홍문관과 규장각으로 계승되면서 발전의 전기를 마련하였다.

조선전기에는 승문원(承文院)에서 '사자관(寫字官)'을 두었다. 이들은 문관들에게 글씨 쓰기를 장려하기 위하여 명필의 글씨를 쓰게 하는 일과 글씨를 베끼거나 바로잡는 일을 담당하였으며, 대서(代書)의 역할도 하였다. 이러한 제도는 고려에 비하여 수적으로 한층 더 불어났을 뿐만 아니라, 문관들에게도 글씨를 적극적으로 권장하는 추세였다.

서예와 관련된 기록은 왕조실록에서도 그 일단을 엿볼 수 있다. 세종 17년에는 승문원에서 사자관들의 서법이 해정(楷正)하지 않다고 하여 진체(晉體)인 왕희지체를 모범으로 삼게 하였다. 『세종실록(世宗實錄)』에 나

42) 李家源, 『韓國漢文學史』, 普成文化社, 1986, p. 158.

43) 李丙疇, 『韓國漢詩의 理解』, 民音社, 1987, pp. 126～127.

타난 기록을 살펴보기로 한다.

> 허조(許稠)가 "지금 승문원의 관리들이 글씨 쓰는 것이 바르지 못함은 진실로 좋은 서체를 보지 못한 까닭입니다. 좋은 서체는 진나라의 글씨만 한 것이 없으니 원컨대 그것을 구하여 법을 체득하게 하심이 좋겠습니다."라고 아뢰었다. 임금님께서 "내가 글씨 쓰는 데에 일찍이 뜻을 두지 않았으나, 우리나라 사람들이 모두 설암체(雪庵體)를 숭상하니 조금은 기특(奇特)하다. 그러나 체를 얻지 못하여 마침내 글자의 모양이 고루해졌으니 진나라 글씨만 같지 못한 것이다. 내가 장차 구하여 그것을 하사하겠노라!"라고 하였다.[44]

또한 『성종실록(成宗實錄)』에서도 유생들 중 글씨에 뛰어난 자들을 선발하여 승정원(承政院)으로 발탁하였다. 이들의 글씨가 고인들의 명필에 근사하였다는 기록이 있다.

> 이전에 조정의 관리와 유생 중에 글씨를 잘 쓰는 자를 선택하여, 매월 글자를 써서 아뢰도록 하였다. 이에 이르러 승정원에 전하여 이르길 "연습하는 것이 고인(古人)의 필적과 비슷하나, 지금 대략 삼가 함에 이르지 못하고 임의대로 쓰니, 비록 익숙한 듯 하나 바른 글씨체에는 맞지 않으니 그것을 깨달아야 한다."라고 하였다.[45]

---

44) 『朝鮮王朝實錄』(3), 『世宗實錄』卷84, 世宗17年 4月 8日, 己酉條, 國史編纂委員會 影印, 1968, p. 622. "稠仍啓曰, 今承文院官寫字者不楷正, 良由未見好體也. 好體莫如晉字, 願求之, 使得取法. 上曰, 予於書字曾不留意, 我國人皆尙雪庵體, 稍奇特. 然未能得體, 則其終字樣甚陋, 莫如晉字. 予將求以賜之."

45) 『朝鮮王朝實錄』, 『成宗實錄』卷160, 成宗14年 11月 5日, 甲辰條, 國史編纂委員會 影印, 1968, p. 544. "前此, 擇朝官儒生中能書者, 令每月寫字以啓. 至是, 傳于承政院曰, 所以肄習者, 其彷彿古人筆跡, 而今略不致謹, 任意書之, 雖似快熟, 不合楷體, 其諭之."

그리고 『중종실록(中宗實錄)』에는 세종조(世宗朝) 당시 서화에 유능한 자들에게 포상・장려하여 능서(能書)・능화자(能畵者)들이 헤아릴 수 없을 정도로 많았다고 언급되어 있다.

> 세종 조 당시에는 정치를 도모한 이외에 비록 백공기예(百工技藝)라도 장려하고 권장하지 않음이 없었기 때문에 여러 장인들이 지극히 정밀하고 공교함을 다하였습니다. 서・화의 소기(小技)에 조금이라도 유능한 자가 있으면 포상・장려・권면하여 사람들이 모두 모핵(慕効)하고 각기 정미함을 다하였습니다. 그런 까닭으로 능서(能書)・능화자(能畵者)를 다 헤아릴 수 없었습니다.[46]

이러한 사례들은 조선의 왕실에서도 글씨에 대한 관심도가 매우 높아 논의의 대상으로 삼았으며, 유생들도 명가들의 필적에 방불할 정도로 학습하였다는 것을 증명한다.

또한 조선시대에 접어들어 사학이 점차 발흥하면서 지방 도처에 이르기까지 서당의 보급이 더욱 성행하게 되었다. 서당에서는 학문을 가르치는 교육기관이었지만 서예 지도도 병행하였다. 따라서 서당의 확산은 서예를 보급・촉진하는 다른 하나의 이유이기도 한 것이다.

다른 사례로는, 조선전기의 성리학자 하륜(河崙: 1347~1416)은 유자(儒者)의 소업(所業)으로 '십학(十學)' 중에 '자학(字學)'을 포함시켰으며, 성현(成俔: 1439~1504)도 서화를 중요하게 생각하였다. 뿐만 아니라 김일손(金馹孫: 1464~1498)은 진유(眞儒)의 소업(所業)으로 '사(射)・어(御)・서(書)・수

46) 『朝鮮王朝實錄』, 『中宗實錄』卷84, 中宗32年 4月 13日, 辛酉條, 國史編纂委員會 影印, 第18輯, 1968, p. 62. "當世宗朝, 圖治之外, 雖百工技藝, 莫不獎勸, 故凡工匠, 極致精巧. 至於書畵小技, 稍有能名者, 莫不褒獎勸勉, 人皆慕効, 各致其精. 故能書能畵者, 不可勝數."

(數)'가 자기의 분내(分內)에 있어야 한다고 했으며, "서·화·시·문은 도두 한 가지로 흉중의 두엄풀이다. 흉중에 소유한 것이 없으면 어찌 능히 그 꽃을 피울 수 있으리오!"[47]라고 하여 서예의 가치를 정신에 두었다. 이상의 주장들은 성리학자들이 자학(字學)·서(書)·화(畵)가 유자(儒者)의 소업(所業)으로 간주한 사실들이다.

한편 조선전기에 접어들면서 조맹부의 서풍이 본격화되었다. 비록 새로운 왕조가 건립되었다고 하더라도 곧바로 서체의 변혁이 일어난 것은 아니다. 조맹부 역시 전통에의 복귀, 즉 진(晉)·당(唐) 서풍의 복고주의를 주창하고 실천한 대표적 인물이다. 그러므로 조맹부의 서풍은 왕희지와 당나라 서풍에서 나온 것으로 귀족적이고 전아(典雅)한 서풍의 일종이다. 이것은 고려 말부터 이어져 내려온 하나의 유풍(遺風)이다. 그 가운데 대표적인 사람으로 안평대군(安平大君) 이용(李瑢)을 들 수 있다. 이용은 조맹부의 서풍을 근간으로 하면서 독자적인 서풍으로 발전시켜 조선중기에 이르기까지 지대한 영향을 끼치게 되었다. 또한 성리학자들 나름대로의 서풍을 확립한 대표적인 서가로는 퇴계(退溪) 이황(李滉: 1501~1570) 등을 들 수 있다. 따라서 조선전기 서단의 경향은 크게 왕희지, 조맹부의 서풍과, 성리학적 사유에 근거를 둔 독자적인 조선풍(朝鮮風)이 융화하면서 배태된 다양한 서풍들이 만연하게 되었다.

2) 논서시 분석

조선전기는 고려에 비하여 서평들이 개인문집이나 왕조실록 등에 다양하게 나타나며, 논서시도 그 수량이 증가하고 있다. 그 가운데 서거정과

47) 金馹孫, 「書仲勻書」, 『濯纓集』, 韓國文集叢刊17, 民族文化推進會, 1988, p. 217. "書畵詩文, 殆一樣胸中之土苴也. 胸中無所有, 何能發其華耶."

이황의 논서시는 서론에 매우 구체적으로 접근하여 논서시의 전형이 되기도 한다. 본 절에서는 조선전기의 논서시를 분석하여 당시 문인들의 서예 인식을 규명하고자 한다.

먼저 취금헌(醉琴軒) 박팽년(朴彭年: 1417～1456)의 「제예내한사마우사양천사증비해당시첩(題倪內翰司馬右史兩天使贈匪懈堂詩帖)」<도16>을 분석해 보기로 하자.

好書王子喜臨池	왕자가 서예를 좋아하여 글쓰기를 기뻐했으니
松雪風流又一時	송설의 풍류가 또 한 시절이었네.
美質揷花無盡態	아름다운 바탕에 꽃을 꽂으니 자태가 무궁하고
神光射日更多奇	신묘한 광채가 해를 쏘듯 기이함 더욱 많구나.
久欽妙手人間少	인간 세상에 드문 묘한 솜씨 오래 흠모하니
果見高名天下知	과연 높은 명성이 천하에 알려짐을 보네.
我有鵝溪一匹絹	나에게 아계견 한 필이 있으니
濡毫莫惜掃淋漓[48]	붓 적셔 휘호함을 아끼지 말아주오.

시제에서 '예내한(倪內翰)'은 명나라의 사신 예겸(倪謙)을, '사마우사(司馬右史)'는 사마순(司馬恂)을 가리킨다. 이 시를 짓게 된 배경은 다음과 같다. 명나라의 사신인 예겸과 사마순이 조선에 와서 비해당(匪懈堂)이 쓴 '범옹책(泛翁策)'이란 세 글자를 보고 놀라면서 완상하였다. 그래서 누구의 글씨냐고 물으면서 묘적(妙跡)을 얻어 중국에 전파시키기를 원했기 때문에, 이용이 하룻밤 사이에 진서 · 행서 · 초서 수백 장을 써서 그들에게 주었다. 그들은 감사의 표시로 시와 부를 지어 시첩을 이용에게 주었다. 이 때에 쓴 글씨를 보고 박팽년(朴彭年)이 7언 율시로 3수를 지었는데 그

48) 朴彭年, 『朴先生遺稿』, 韓國文集叢刊9, 民族文化推進會, 1988, p. 455.

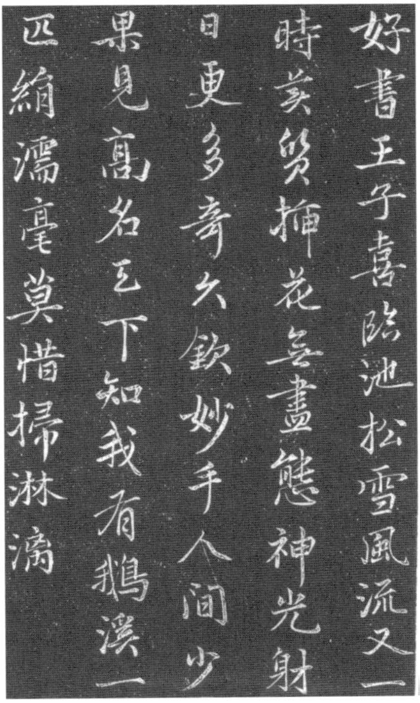

<도16>

가운데 첫 번째 시이다.

안평대군의 이름은 용(瑢), 자는 청지(淸之), 호는 비해당(匪懈堂)이다. 그는 세종(世宗)의 3남으로 어머니는 소헌왕후(昭憲王后) 심씨(沈氏)이며 1428년(세종 10)에 안평대군으로 봉해졌다. 이용에 대한 기록은 왕조실록이나 문집에 비교적 많이 남아 있다.

먼저 『세종실록(世宗實錄)』에 보면 중국의 사신들이 이용의 글씨에 대하여 말하기를, "중국의 진겸(陳謙)은 글씨로 천하에 유명하나 주경정채(遒勁精彩)함은 아마 여기에 미치지 못하니 진실로 송설옹(松雪翁)의 삼매경을 얻은 자이다."[49]라고 하였다. 『문종실록(文宗實錄)』에는, 명나라에 부름을 받고 나아가 명나라 황제의 신임을 얻어 환관(宦官)을 지낸 윤봉(尹鳳)이 내방하여 이용에게 이르기를 "전 날에 예겸(倪謙)과 사마순(司馬恂)에게 이용의 글씨를 준 것은 중국 조정의 문사들이 모두 탄복하였으니 나 또한 희망한다."[50]라고 하였다. 또 매죽헌(梅竹軒) 성삼문(成三問: 1418～1456)은 「제

49) 『朝鮮王朝實錄』(5), 『世宗實錄』卷127, 世宗32年 1月 11日, 丙辰條, 國史編纂委員會 影印本, 1968, p. 168. "國朝陳謙, 以書名天下, 遒勁精彩, 殊不及此, 眞得松雪翁之三昧者也."

예내한(題倪內翰), 사마우사양천사증비해당시첩(司馬右史兩天使贈匪懈堂詩帖)」에서 "지금 비해당의 글씨를 보니 필력이 천하에 당할 자가 없다. …(중략)… 후인들이 종요와 왕희지가 없음을 다시 한탄하지 않는다."[51]라고 하였다. 이러한 서평들로 볼 때 이용이 우리나라는 물론 중국의 조정에까지 서명(書名)을 떨치게 되었던 사실이 확연하다.

수련에서는 이용이 글씨를 좋아하여 잘 썼고, 조맹부의 서풍을 이어서 한 시대를 풍미하였음을 읊었다. 물론 이용은 송설체를 모방에 그치지 않고 계승하면서 독자적인 서풍을 가미한 인물이다. 그리고 함련은 이용이 아름다운 자질에 꽃까지 더하여 그것의 자태가 무궁하고, 글씨가 훌륭함을 표현하였다. 경련에서는 이용의 절묘한 글씨를 사람들이 오래도록 흠모했는데, 마침내 천하에 명성을 얻었다는 것이다. 미련에서는 작자 자신에게도 비단 한 필이 있으니 필체를 아끼지 말고 써 주기를 간절히 바라는 심경을 읊었다.

이용은 글씨 이외에 시와 그림에도 조예가 깊었음을 알 수 있다. 더불어 이용(李瑢)<도17>의 글씨는 조선시대 500여 년에 걸쳐 지대한 영향을 주었던 만큼 위대한 서가였음이 입증된다.

위의 시에 이어서 백옥헌(白玉軒) 이개(李塏: 1417~1456)가 지은 동제시(同題詩)를 살펴보자.

---

50) 『朝鮮王朝實錄』(6), 『文宗實錄』卷3, 文宗卽位年 8月 19日, 庚寅條, 國史編纂委員會 影印本, 1968, p. 273. "前日倪謙司馬恂, 所賫君之書字, 中朝文士皆嘆服, 予亦望焉."

51) 成三問, 「題倪內翰, 司馬右史兩天使贈匪懈堂詩帖」, 『成謹甫集』, 韓國文集叢刊 10, 民族文化推進會, 1988, pp. 188~189. "今見匪懈書, 筆力天下無與當. …(中略)… 後人不復歎無鍾與王."

筋骨精神逈不群　근골과 정신이 빼어나 뭇사람과 같지 않아서
颯然飛動走風雲　시원하게 날아 움직이는 것이 바람과 구름이 내달리듯.
會心豈待張公劍　마음으로 회통했으니 어찌 張公의 칼을 기다릴 것이며
應手還同郢匠斤　손으로 조응하니 도리어 郢匠의 연장과도 같구나.
天下聲名雌孟頫　천하에 명성이 있는 조맹부와 자웅을 겨룰 만 하고
書中評品婢羊欣　글씨를 품평하면 양흔도 아래로다.
古來才妙皆寒素　예로부터 묘한 재주는 모두 寒素함에서 나왔으니
富貴多能罕見聞[52]　부귀하면서 재능 많은 사람은 보고 들은 것 드무네.

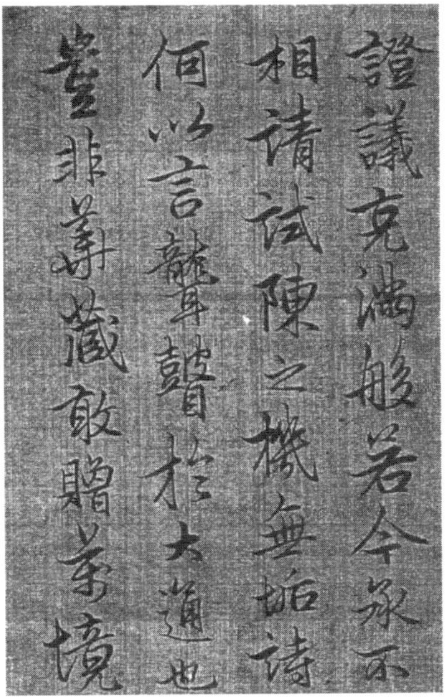

<도17>

이 시는 이개(李塏)가 앞의 시와 함께 동제시(同題詩)로 3수를 지었는데, 첫 번째 시이다. 매월당(梅月堂) 김시습(金時習: 1435~1493)은 "안평대군 장소공(章昭公) 용(瑢)은 천품이 호방·고매하고 문한(文翰)에 탁월하여 여러 종영(宗英)의 으뜸이 된다."[53]라고 하였다. 그리고 성현(成俔)의 『용재총화』에서는 다음과 같이 평했다.

비해당은 왕자로서 배우기를 좋아하였고 더욱 시문(詩文)에 뛰어났다. 서법도 매우 뛰어나서

52) 『六臣遺稿』, 六先生文集刊行委員會, 民族文化社, 1986, p. 249.

53) 金時習, 「靖義諸臣列傳補遺」, 『梅月堂集』, 附錄, 卷2, 韓國文集叢刊13, 民族文化推進會, 1988. "安平大君章昭公瑢, 天姿豪邁, 文翰絶倫, 爲諸宗英之首."

> 천하에 제일이 되었고, 또한 그림과 거문고의 기예도 잘 하였다. 성격은 또한 들뜨고 방탕하며 옛 것을 좋아하고 경치를 탐하였다. 북문 밖에 무이정사(武夷精舍)를 짓고 또 남호(南湖)에 임하여 담담정(淡淡亭)을 지었다. 만 권의 책을 소장하고 문사들을 불러 모아 12경시(景詩)를 짓고 또 48영(詠)을 지었다.[54]

수련은 근골과 정신이 모두 세상에서 탁월함을 찬사했다. 함련에서는 마음으로 깨달았으니 장공의 칼을 기다릴 필요가 없고, 손은 목수가 자귀를 다루는 것 같았다고 하였다. 여기에서 '장공검(張公劍)'이란, 진(晉)나라 무제(武帝) 때 두우성(斗牛星) 사이에 붉은 기운이 나타나자 장화(張華)가 뇌환(雷煥)을 풍성령(豊城令)으로 삼아 보검(寶劍)을 찾아오게 하였다는 고사이다. '영장근(郢匠斤)'이란 영(郢) 땅의 목수를 비유한 것으로, 귀신같은 솜씨를 말한다. 함련은 '회심(會心)'과 '응수(應手)', '장공검(張公劍)'과 '영장근(郢匠斤)'이 대우를 이루면서 회심응수(會心應手)의 고매한 경계를 찬탄하였다. 경련에서 남조(南朝)의 양흔(羊欣: 370~442)은 왕헌지 이후 서단에서 탁월한 서예가였으며, 조맹부는 원대(元代)의 저명한 서예가였다. 이들은 모두 글씨로 천하에 명성을 얻은 자들이지만, 이용의 글씨는 조맹부와 자웅(雌雄)을 겨룰 만하고, 양흔은 이용보다 한 수 아래로 비유하면서 글씨의 격조를 한층 더 상승시켰다. 미련에서는 예로부터 묘한 재주를 가진 사람은 주로 보잘 것 없고 미미한 환경에서 나왔지만, 유독 이용은 부귀가 모두 갖추어진 여건 속에서 다재다능했다는 것을 역설했다.

---

54) 成俔, 『慵齋叢話』卷2, 學民文化社, 2000, p. 80. "匪懈堂以王子好學, 尤長於詩文. 書法奇絶, 爲天下第一, 又善書圖琴瑟之技. 性又浮誕, 好古貪勝. 作武夷精舍于北門外, 又臨南湖, 作淡淡亭. 藏書萬卷, 招聚文士, 作十二景詩, 又作四十八詠."

이 시에서 '근골(筋骨)'은 서법에서 나타나는 점획의 품질이며, '정신(精神)'은 곧 마음이다. 이를테면 근골은 형상이요, 정신은 기운으로 나타난다. 서예미는 정신과 기운을 취하여 아름다운 형태로 표현하는 데 있다. 만약 형상만을 모방한다면, 비록 형체는 같을지라도 정신이 없게 되어 바람직한 서예라 할 수 없다. 따라서 서예의 오묘한 경지는 심오한 정신미와 아름다운 형태미를 겸비하는 것임을 암시해 주는 대목이다.

이 시와 연관된 청나라 유용(劉墉: 1719~1804)의 논서시 한 수를 음미해 보자. "근골이 가볍게 나타나면 고(苦)가 그치지 않고 / 손과 팔에 얽매이면 포로가 된다. / 요컨대 글씨의 교훈을 따라 서결(書訣)을 구해야 하니 / 어찌 백척(百尺)되는 누각의 계단을 버림과 다르리오."[55] 이 시는 수완(手腕)에 얽매이지 않으려면 마음으로 비결을 회통해야 자유로운 경지에 도달할 수 있다는 말이다. 즉 심수(心手)의 조화를 이룩하려면 고인(古人)으로부터 들어가서 고인으로부터 나와야 한다는 과정을 의미하는 것이다.

이용은 송설체를 기반으로 공부하였으나 점차 근골(筋骨)과 비동(飛動)의 자유롭고 호방한 서풍을 창출하기에 이르렀다. 따라서 이 시의 주지(主旨)는 이용의 글씨가 중국의 서예가들 이상으로 근골과 정신이 모두 뛰어나며 심수회통(心手會通)의 경지에 도달하였음을 읊은 것이다.

다음은 사가정(四佳亭) 서거정(徐居正: 1420~1488)의 「초서행(草書行). 증김자고(贈金子固)」를 감상해 보기로 하자.

二張已逝右軍非	二張은 이미 떠났고 右軍도 없으니

55) 劉墉, 「論書絶句」, 『五體歷代論書詩』, 陝西旅游出版社, 1992, p. 9. "露骨浮筋苦不休, 縛來手腕作俘囚. 要從筆諫求書訣, 何異損階百尺婁."

章草稱聖天下稀	장초의 서성이라 칭할 사람 천하에 드물구나.
中間作者多似雨	그 사이에 작가들은 빗발처럼 많지만
家鷄野鶩不須數	집닭과 들오리를 반드시 헤아릴 필요 없다네.
君從何處得草訣	그대는 어디로부터 草訣을 얻어왔는지
筆劃超詣頗奇絶	필획이 超詣한 것이 매우 기이하네.
如今爲我書數張	지금 나를 위하여 몇 장 썼으니
風雨颯爽生中堂	비바람이 상쾌하게 집 가운데에 생겨나듯 하네.
鸞翔鳳翥蛟龍躍	난새와 봉황이 나르고, 교룡이 도약하듯
玉樹交柯纏鐵索	玉樹 가지가 섞이고 쇠사슬이 얽힌 듯 하구나.
一肥一瘦骨肉均	한번 살찌고 한번 마른 것이 뼈와 살이 고르며
飛動變化驚鬼神	날아 움직여 변화함이 귀신을 놀라게 하는구나.
不必學顚長史濡頭醉狂突	장욱이 머리에 먹을 묻혀 미친 듯이 내달리는 것을 배울 필요 없고
不必見公孫娘技劒舞混脫	공손랑의 검무 기술에 흠뻑 젖어든 것을 볼 필요가 없도다.
下視崔杜爲僕奴	최원과 두조를 내려보며 노복으로 삼고
直與衛素爭幷驅	곧장 위관과 회소와 경쟁하여 나란히 달리네.
四佳老人非具眼	四佳老人은 안목을 갖추지 못했지만
得之朝夕作珎玩	그것을 얻어 조석으로 소중히 완상한다네.
君不見李太白草書行	그대는 보지 못 했는가 이백이 「초서행」에서
一爲懷素揚名聲	한번에 회소가 명성 드날린 것을.
又不見杜子美草書詩	또 보지 못 했는가 두자미의 「초서시」에서
更爲張旭能發揮	다시 장욱이 발휘된 것을.
我欲鋪張爲君謌	내가 포장하여 그대 위해 노래하나
才非李杜知奈何	재주가 이백, 두보가 아니니 어찌하리.
才非李杜知奈何[56]	재주가 이백, 두보가 아니니 어찌하리.

56) 徐居正, 『四佳集』, 韓國文集叢刊11, 民族文化推進會, 1988, pp. 134～135.

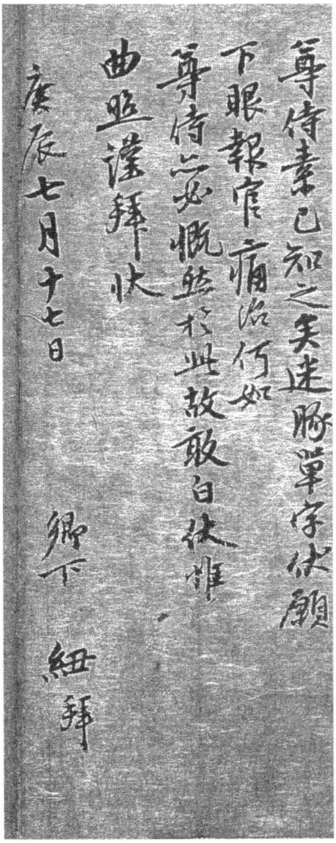

尊侍素已知之矣迷豚草字伏願
下眼報惠痛治何如
尊侍亦必慨然於此故敢白伏惟
曲照謹拜狀
庚辰七月十七日
鄉下 紐拜

<도18>

시제에서 '자고(子固)'는 김유(金紐: 1420～?)의 자이다. 김유<도18>의 호는 금헌(琴軒)이며 시(詩)·서(書)·금(琴)에 뛰어나 삼절로 일컬어졌다. 그는 특히 행서와 초서에 매우 뛰어났기 때문에 서거정이 「초서행(草書行)」을 지어 그에게 준 것이다.

제1·2구의 '이장(二張)'은 동한(東漢)의 장지(張芝)와 당나라의 장욱을, '우군(右軍)'은 동진(東晉)의 왕희지로 모두 '초성(草聖)'으로 일컬어진다. 그렇지만 이들은 이미 서거했기 때문에 천하에 성인으로 칭송받을 사람이 드물다고 하였다. 제3·4구는 그 사이에 초서를 쓴 사람들이 많았지만 그다지 특출한 인물을 찾아볼 수 없다는 뜻이다. 제5·6구에서는 김유의 초서 비결이 어느 곳으로부터 나왔는지 필획이 모두 훌륭하다는 내용이다. 제7·8구는 김유가 나를 위해 몇 장 써준 것을 보니, 바람이 시원하게 불어서 상쾌한 마음이 생겨난다고 하였다. 여기에서 '풍우삽상(風雨颯爽)'은 초서 필획의 영활함을 시사한 것이다. 제9·10구에서는 초서 운필의 자태를 동물·식물·사물에 비유하여 자유분방하고 참치한 형상으로 그려내었다. 제11·12구는 필획에서 비수골육(肥瘦骨肉)의 적절함과 변화비동(變化飛動)의 신묘함을 자아낸다고 극찬하였다. 제13·14구의

'전장사(顚長史)'는 당의 장욱을 가리킨다. 장욱은 술이 취하면 미친 듯이 달려가 머리에 먹을 적셔 글씨를 썼으며, 공손대랑(公孫大娘)이 추는 검무(劍舞)에서 그 필법을 얻었다고 한다. 이것을 보고 배울 필요가 없다고 하였다. 제15・16구는 동한(東漢)의 최원(崔瑗: 77~142)과 두조(杜操: 76?~88?)의 글씨는 김유(金紐)의 노예로 삼을 만하고, 삼국의 위관(衛瓘: 220~290)과 당의 회소(懷素: 725?~785?)와는 경쟁할 만하다고 하였다. 이 네 사람은 중국의 서예사에서 초서로 유명한 자들이다. 제17・18구는 시 작자 자신이 갖춘 안목이 없어서, 김유가 써 준 것을 완미하면서 쓴다고 하였다. 제19~22구에서는 이백(李白)이 「초서행(草書行)」에서 회소의 명성을 드날렸고, 두보(杜甫)는 「초서시(草書詩)」로써 장욱의 초서 실력을 잘 형상화 한 것이다. 제23~25구는 시 작자 본인도 김유의 초서를 노래로써 넓게 펼치고 싶으나, 재주가 이백과 두보에 미치지 못하므로 어찌할 수 없다고 겸하하였다. 제24・25구는 같은 문장을 두 구절로 반복하면서 겸양의 뜻을 한층 더 강조하였다.

이 「초서행」은 서거정 이전까지의 논서시 가운데서도 초서에 대하여 가장 구체적이고 종합적으로 표현된 시이다. 예컨대 중국역대 초서의 대가들이 망라되었고, 필획・운필・변화 등의 상징어들이 골고루 포진되었으며, 시성(詩聖)들이 초서에 대하여 읊은 시를 제시하였다. 따라서 서거정의 이 「초서행」은 어떤 서론에 못지않게 초서에 대하여 상세히 제시되었을 뿐만 아니라, 김유의 초서에 대한 종합적인 비평 시이다.

서거정의 예술관은 성정론(性情論)으로 집약된다. 그는 「가산기(假山記)」에서 "그러나 사람이 사물을 좋아하는 데에는 내외의 분별이 있다. 만약 밖으로 형색의 말(末)에서 구하고 안으로는 성정의 직(直)에서 구하지 않는다면, 한갓 좋아한다는 이름만 있고 좋아하는 실재는 없게 된다."[57]라고 하였다. 그는 성정의 곧음과 내실을 요체로 여겼으며, 이러한 예술인식은 조선후기에 이르기까지 계속 작용하게 되었다.

다음은 용재(慵齋) 성현(成俔: 1439～1504)의 「초서가(草書歌)」를 분석해 보기로 하자.

吾兄筆法神復神	나의 형 필법이 신선하고 신묘하여
字如右軍逼天眞	글씨가 우군처럼 천진함에 가깝네.
世上何人肯爭鋒	세상에 어떤 이가 필봉을 다투리오!
秋蛇春蚓空紛綸	가을 뱀과 봄 지렁이가 뒤섞여 어지럽네.
剡藤皎皎新如霜	섬등지의 희고 깨끗함은 서리같이 새롭고
端溪彩石金蛇光	단계 벼루의 무늬는 금빛 광채로다.
黑雲含雨忽揮灑	비 머금은 검은 구름이 홀연히 비를 뿌리고
翔鸞舞鳳爭頡頏	난새 날고 봉황이 춤추며 우열을 다투네.
銀鉤鐵畫亂縱橫	철획처럼 훌륭한 초서는 종횡으로 어지럽고
逸跡不數張伯英	빼어난 자취는 장백영도 헤아릴 수 없구나
觀者咸求靑李帖	보는 사람들 모두가 「청리첩」을 구하니
門戶須將鐵作闌	문에는 철로 문지방을 만들어야 하리.
我今相隨慕眞跡	내가 지금 서로 쫓아 진적을 사모하고
不棄家鷄隨野鶩[58]	집닭을 버리고 들오리를 따르지 않으려네.

이 시는 조선전기의 문신이자 서예가인 안재(安齋) 성임(成任: 1421～1484)의 초서에 대하여 동생인 성현(成俔)이 지은 것이다. 성임(成任)<도 19>은 촉체(蜀體)에 능하였으며 해서·예서·초서에 일가를 이루었다.

57) 徐居正, 「假山記」, 『四佳集』, p. 198. "然人之好物, 有內外之辨. 若外求之形色之末, 而不內求諸性情之直, 則徒有好之之名, 無好之之實矣."

58) 成俔, 『虛白堂集』, 韓國文集叢刊14, 民族文化推進會, 1988, p. 244.

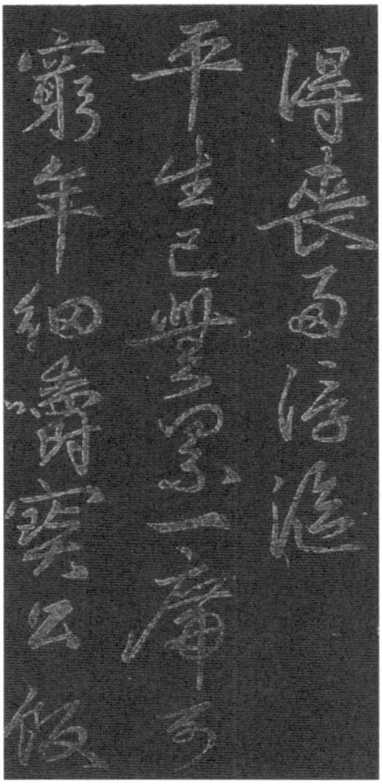

<도19>

그는 '홍화문(弘化門)'의 편액을 쓰기도 하여 후인들에게 그 필적의 우수성을 널리 인정받았다. 서거정은 『필원잡기(筆苑雜記)』에서 "문안공(文安公) 성임은 진서·초서·예서의 3법이 모두 절묘하였다. 아버지 혜공(惠公)이 말하기를 '중부(仲父)인 독곡(獨谷) 문경공(文景公)이 글씨를 잘 써서 한 시기를 울리셨다. 너의 필적을 보니 가업을 떨어뜨리지 않았구나.'라고 했다. 공의 서법이 만년에 더욱 진보하였다."59)라고 기록되어 있다. 그리고 김정희는 「잡지(雜識)」에서 "서법이 조선조부터 모두 송설체 한 길로만 나아갔다. 그러나 신(申), 성(成)같은 이가 쓴 문의 현판은 웅장하고 기이하며 고고하고 우아하여 크게 옛 법을 갖추었다."60)라고 평가했다. 지금까지 전해져오는 성임의 여러 비(碑) 중에서도 서울시 종로구 탑골공원에 있는 「원각사비(圓覺寺碑)」는 왕희지 서풍의 행서체로 쓰인 대표작이다.

제1·2구는 형인 성임의 초서 필법이 신묘하여 왕희지의 천진함에 가

59) 徐居正, 「筆苑雜記」卷2, 『徐四佳全集』, 文淵閣 影印, 1988, p. 803. "成文安公任, 眞草隷三法皆妙. 先恭惠公曰, 仲父獨谷文景公, 以善書鳴一時. 觀汝筆跡, 不墮家業. 公書法晩乃益進."

60) 金正喜, 「雜識」, 『阮堂全集』, p. 153. "書法自本朝, 皆趨松雪一路. 然如申成諸公所書門榜, 雄奇古雅, 大有舊法."

깝다고 글씨의 풍격을 술회했다. 제3·4구의 '추사춘인(秋蛇春蚓)'은 가을 뱀과 봄 지렁이처럼 행·초서가 서로 엉키고 이어짐을 비유한 상징어이다. 성임은 '추사춘인' 과 같이 필맥의 연결이 조화로워 세상에 어떤 사람도 감히 그와 필봉을 다툴 수 없다고 하였다. 제5·6구의 '섬등'은 최고급 종이인 섬등지(剡藤紙)이며, '단계'는 단계석(端溪石)으로 만든 최고급의 벼루를 가리킨다. 그래서 종이의 희고 깨끗함을 서리에 비유했고, 벼룻돌에는 금빛의 광채가 나타난다고 표현했다. 제7·8구는 휘호할 때 먹물의 형상과 쓰인 글자들의 변화무쌍한 자태를 묘사하였다. 제9·10구는 종횡으로 자유분방하게 잘 쓰인 초서의 필적은 초서의 대가인 장백영(張伯英)도 쓰기가 힘들다고 역설하였다. 제11·12구는 당시 성임의 글씨를 구하려는 사람들의 출입이 너무 많아서 문지방을 철로 만들었다고 하였다. 이것은 남조(南朝)의 승려 지영(智永)이 '영흔사(永欣寺)'에 있을 때 글씨를 구하려는 사람들이 온 종일 꼬리를 물며 왕래가 끊이지 않아, 문지방이 모두 밟아 없어져 철로 문지방을 덮어 씌워 '철문함(鐵門檻)'이라 불렀다는 고사에서 온 내용이다. 제13·14구에서는 동생인 성현 자신도 형의 필적을 사모하여, 형의 글씨를 지칭하는 '가계(家鷄)'를 버리고 다른 명필들의 글씨인 '야목(野鶩)'을 추종하지 않는다는 것이다.

이 시를 통해서 우리들은 성임의 초서 필법과 필세 및 필의를 연상할 수 있겠다. 예컨대 필법은 왕희지에 가깝고, 필세는 천진난만하고 자유로운 변화의 자태로 운필되었으며, 필의는 법고(法古)의 토대 위에 자신만의 초서의 세계를 구축하여 당시 사람들의 귀감이 되었다고 볼 수 있다.

다음은 눌재(訥齋) 박상(朴祥: 1474~1530)의 「제봉암사(題鳳巖寺), 청설루액비해당삼대자(晴雪樓額匪懈堂三大字), 백운대유정건암오언율(白雲臺留鄭虔庵五言律), 최고운수제비자반만(崔孤雲手製碑字半漫).」을 살펴보기로 하자.

回崖複壁擁靈奇　벼랑을 돌아 이중벽은 신령하고 기이함을 감싸니
石犬依然吠石龜　石犬이 의연히 石龜를 보고 짖는구나.
晴雪更新王子額　청설루는 왕자가 현액을 새로이 썼고
白雲曾做翰林詩　백운대에서 일찍이 翰林들이 시를 지었네.
山花掃蕩尋春晚　산꽃들이 모두 떨어지니 봄을 찾는 것 늦고
碑篆熹微訪古遲　碑의 전서가 희미하니 古碑 찾음이 더뎠네.
落日上方明寶樹　절간에 해 떨어지면서 보배로운 나무들을 밝혀주고
三三五五遶沙彌[61]　사미승들이 삼삼오오 짝을 지어 돌고 있구나.

이 시는 박상(朴祥)이 봉암사(鳳巖寺)에 있는 현액·시·비문에 대하여 느낌을 적고 동시에 사찰의 전경을 묘사하였다. 먼저 시제에서의 '봉암사(鳳巖寺)'는 경상북도 문경군(聞慶郡) 가은읍(加恩邑) 원북리(院北里) 희양산(曦陽山)에 있다. 신라 헌강왕(憲康王) 5년(879)에 지증국사(智證國師)가 창건하였고, 고려 태조(太祖) 18년(935)에 정진국사(靜眞國師)가 중창하였다. 이 사찰에는 이용이 쓴 '청설루(晴雪樓)'의 현액과, '백운대(白雲臺)'에는 정건암(鄭虔庵)이 지은 5언 율시와, 최치원이 비문을 짓고 승려 혜강(慧江)이 83세에 비문을 쓰고 이를 새겨 건립한 「지증대사적조탑비(智證大師寂照塔碑)」<도20>가 있다. 이 비문은 해행서(楷行書)로 쓰여 졌으며, 전문(全文)이 4천여 자이다. 이와 함께 고려 때 장단열(張端說)이 구양순의 서풍으로 쓴 「봉암사정진대사원오탑비(鳳巖寺靜眞大師圓悟塔碑)」<도21>가 남아 있다.

수련은 세속을 떠나 봉암사에 이르기까지의 자연경관을 형상화했다. 함련에서는 '청설루'에 있는 이용의 현액이 새롭다고 했으며, '백운대'에 남겨져 있는 정건암의 5언 율시에 대해서 읊었다. 경련의 '춘만(春晚)'은

61) 朴祥, 『訥齋集』, 韓國文集叢刊19, 民族文化推進會, 1988, p. 4.

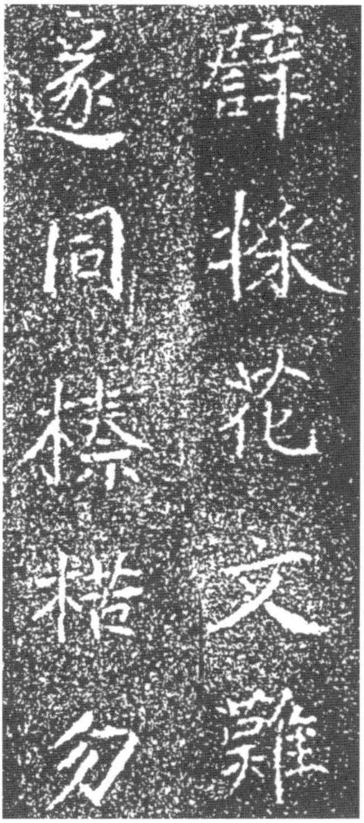

<도20>

<도21>

늦봄의 정취를 '고지(古遲)'와 대비시켜 뒤늦게 찾아온 심경을 트로했다. 다시 미련에서는 자연 속에서 진세(塵世)의 번거로움을 씻어버리고 그 속에 점점 몰입하는 의경을 묘사했다.

다음은 퇴계(退溪) 이황(李滉)의 「차운돈서풍혈대김생굴이절(次韻惇叙風穴臺金生窟二絶)」을 감상해 보자.

蒼籀鍾王古莫陳　　창힐, 사주, 종요, 왕희지, 옛 사람들 얘기 하지 말라.

吾東千載挺生身　우리나라에도 천년 전에 빼어난 사람 있었다네.
怪奇筆法留巖瀑　괴기한 필법이 폭포수 바위에 남아 있으니
咄咄應無嘆逼人[62]　그의 뒤따를 사람 없음을 탄식하노라!

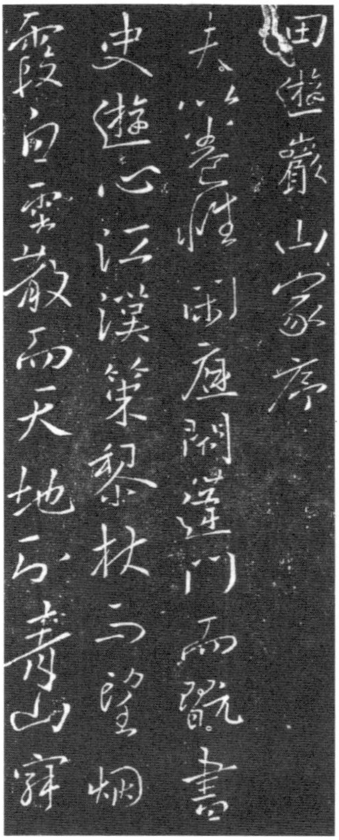

<도22>

이 시에서 말하는 '김생굴(金生窟)'이란, 신라 때 명필인 김생(金生: 711~791)을 가리킨다. 김생<도22>은 필적이 매우 뛰어나 '해동서성(海東書聖)'이란 칭호를 받으면서 대대로 추앙을 받아왔다. 그럼 먼저 김생에 대하여 『삼국사기(三國史記)』의 기록을 살펴보자.

> 김생은 부모가 한미(寒微)하여 그 세계(世系)를 알 수 없다. 경운(景雲) 2년(신라 성덕왕 10년 · 711년)에 출생하였는데 어려서부터 글씨를 잘 썼다. 평생 동안 다른 기예를 공부하지 않고 나이 80이 넘도록 붓을 잡고 쉬지 않았으며, 예서 · 행서 · 초서가 모두 신묘한 지경에 이르렀다.[63]

또한 학사(學士) 홍관(洪灌: ?~1126)이

62) 李滉, 『退溪集』, 韓國文集叢刊29, 民族文化推進會, 1989, p. 126.

63) 金富軾, 『三國史記』卷48, 列傳第八, 金生條, p. 461. "金生, 父母微, 不知其世系. 生於景雲二年, 自幼能書. 平生不攻他藝, 年齡八十, 猶操筆不休, 隸書行草書皆入神."

송(宋)나라에 가서 양구(楊球)와 이혁(李革)에게 김생의 행초일권(行草一卷)을 그들에게 보여 주었는데, 두 사람이 크게 놀라면서 "오늘 왕우군의 친필을 보게 될 줄은 몰랐다."[64]라고 하였다. 그리고 홍관이 김생의 글씨라고 하니 다시 "천하에 우군을 제외하고 어찌 이와 같은 묘필이 있겠는가!"[65]라고 극찬했다. 이인로(李仁老)는 『파한집(破閑集)』에서 "계림 사람 김생은 용필이 신묘하여 초서도 아니고 행서도 아닌 것이 멀리 57종의 여러 서가들의 체세(體勢)에서 나왔다."[66]라고 하였다. 이어서 서거정은 『필원잡기(筆苑雜記)』에서 "우리나라의 필법은 김생이 제일이다. 학사(學士) 요극일(姚克一), 승려 탄연(坦然)과 영업(靈業)이 버금가는데 모두 우군을 법으로 삼았다."[67]라고 하였다. 김생의 글씨는 왕희지의 필법에 근원을 두었으며, 신라는 물론 고려와 조선에 이르기까지 우리나라의 대표적인 서가로 추앙받고 있다.

그러면 시제에서 '김생굴(金生窟)'이란, 『동국여지승람(東國輿地勝覽)』에 "김생은 안동(安東)의 문필산(文筆山)에서 글씨를 배웠기 때문에 그 이름을 따랐으며, 또한 경일봉(擎日峰)에 김생굴이 있다."[68]라고 기록되어 있다. 김생은 안동의 문필산 경일봉에 있는 석굴에서 40여 년 동안 글씨를 연마하여 마침내 신묘한 경지에 들어갔다는 뜻이다.

---

64) 上同. "不圖今日得見王右軍手書."

65) 上同. "天下除右軍, 焉有妙筆如此哉."

66) 李仁老, 『破閑集』卷上, 韓國詩畵叢編, 第1輯, 影印, 東西文化院, 1989, p. 37. "鷄林人金生用筆如神, 非草非行, 逈出五十七種諸家體勢."

67) 徐居正, 「筆苑雜記」卷1, 『徐四佳全集』, p. 727. "我東國筆法, 金生爲第一. 姚學士克一僧坦然靈業亞之, 皆法右軍."

68) 『東國與地勝覽』卷24, 安東條, 古典刊行會 影印, 1958, p. 400. "金生學書于安東文筆山, 仍名之, 又擎日峰有金生窟."

기구에서 '창주종왕(蒼籒鍾王)'이란 중국 역대의 명필로 즉 창힐(蒼頡), 사주(史籒), 종요(鍾繇), 왕희지(王羲之)를 지칭한다. 이를테면 창힐은 고문(古文)을, 사주는 주문(籒文)을, 종요와 왕희지는 해서·행서·초서의 성인들이다. 이어서 승·전구에서 이황은 김생을 이들과 비견된다고 극찬하면서 폭포수 아래 바위에 새겨진 신기한 필적을 제시하였다. 여기에 새겨진 김생의 필적은 중국 역대의 성인들과 겨루어도 전혀 손색이 없을 정도라고 하였다. 그리고 결구에서는 뒤이을 사람이 없음을 한탄하였다.

이 당시는 중국을 추종하고 사대적 성향이 강했던 상황을 감안할 때, 자국의 예술에 대한 긍지와 주체의식이 강하게 우러나오는 시라고 할 수 있겠다. 김생은 해동이 낳은 서성으로, 우리들이 중요하게 인식하고 계승하여야 한다. 게다가 이황은 중국의 글씨를 그대로 모방하는 것을 거부하면서 우리나라의 독자적인 서풍을 전개했다는 점은 한국 서예사에서 매우 중요한 의미를 내포한다.

이어서 이황이 60세에 문봉(文峯) 정유일(鄭惟一: 1533~1576)에게 화답시로 지은 「습서(習書)」[근세조장서성행(近世趙張書盛行), 개미면오후학(皆未免誤後學).]를 분석해 보기로 한다.

字法從來心法餘	字法은 예로부터 心法의 나머지이니
習書非是要名書	글씨를 익히는 것은 명필을 구함이 아니다.
蒼羲制作自神妙	창힐과 복희가 만든 것은 저절로 신묘하고
魏晉風流寧放疎	위·진의 풍류가 어찌 방탕하고 성그리오!
學步吳興憂失故	오흥(조맹부)을 배우다가 옛것을 잃을까 걱정되고
效顰東海恐成虛	동해(장필)를 흉내 내다 허황될까 두렵구나.
但令點劃皆存一	다만 점·획은 모두 存心·主一이니
不係人間浪毁譽[69]	사람들이 멋대로 비방하고 칭찬함과는 관계없네.

이황에 대하여 김육(金堉)은 『해동명신록(海東名臣錄)』에서 "문장이 이미 좋고 서법 역시 절묘하다."[70]라고 하였다. 하서(河西) 김인후(金麟厚: 1510~1560)의 「연보(年譜)」에는 "이백과 두보의 문장에 왕희지와 조맹부의 글씨로다."[71]라고 기록되어 있다. 그리고 최립(崔岦: 1539~1612)은 「퇴계서소병지(退溪書小屛識)」에서 이황이 쓴 작은 병풍글씨에 대하여 다음과 같이 품평했다.

> 대개 글씨는 마음의 획이다. 마음의 획이 형상하는 바는 진실로 그 사람을 상상해 볼 수 있다. 하물며 선생의 글씨는 단정·정중하고 굳세고 긴밀하여, 비록 초서를 쓰더라도 정법을 이탈하지 않았다. 평생 동안 마음에서 공부를 게을리 하지 않아서 반드시 글씨에도 없지 않았다.[72]

이황<도23>의 글씨는 단정하고·정중하며·굳세고·긴밀한 것이 특징이며, 성리학자인 만큼 한 치의 흐트러짐도 없었다. 더구나 글씨는 마음에서 우러나오는 획으로서 '심법(心法)'을 '자법(字法)'보다 우위에 두었다. 그리고 옥동(玉洞) 이서(李漵)도 「필결(筆訣)」에서 이황과 같이 심법(心法)을 우선 연구하고 자획(字劃)을 전해야 한다고 했다.

---

69) 李滉, 『退溪集』, p. 110.

70) 金堉, 『海東名臣錄』, 李滉條, 『韓國歷代人物傳集成』4, 民昌文化社 影印, 1980, p. 3498. "文旣好書法亦妙."

71) 金麟厚, 「年譜」, 『河西全集』, 韓國文集叢刊33, 民族文化推進會, 1989, p. 311. "李杜文章王趙筆."

72) 崔岦, 「退溪書小屛識」, 『簡易集』, 韓國文集叢刊49, 1990, p. 301. "盖書, 心畫也. 心畫所形, 誠足想見其人. 况先生書, 端重遒緊, 雖或作草而不離正. 平生心不放工夫, 未必不蹟於斯焉."

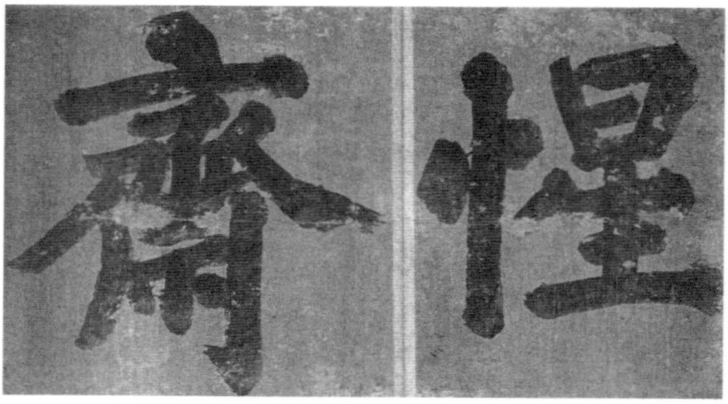

<도23>

> 반드시 그 심법을 궁구하고 일체 자획의 겉모양을 모방하지 말아야 하니, 산가지 글자가 될까 걱정되고, 죽은 획이 될까 걱정되며, 서노(書奴)가 될까 걱정된다. 옛 말에 이르기를, "최상의 경지는 정신을 전하는 것이고, 그 다음은 뜻을 전하는 것이며, 또 그 다음은 형태를 전하는 것이다."라고 하였으니, 형태를 전하는 것이란 겉모양만을 전하는 것이 아니겠는가?[73)]

이처럼 정신성을 강조한 것은, 글씨가 정신이라는 것을 떠나서는 운위될 수 없는 예술임을 웅변하는 일이다. 나아가 예술 일반에 적용되는 지상명제라고 할 것이다. 따라서 모든 동양의 예술을 거론하면 의례히 최상의 경지로 언급되게 마련인 정신성, 이것이 동양의 예술을 지탱하는 견고한 뿌리이며, 옥동 또한 같은 맥락에서 전신(傳神)을 서(書)의 이상으로 부각시켰던 것이다.[74)]

---

73) 李漵, 「筆訣」, 『弘道先生遺稿』卷12下, 『近畿實學淵源諸賢集』, 成均館大學校 大東文化硏究院, 2002, p. 758. "必須繹其心法, 切勿依樣字畫, 恐爲筭字, 恐爲死畫, 恐爲書奴. 古語曰, 太上傳神, 其次傳意, 其次傳形, 傳形非依樣乎. (以下 李漵, 「筆訣」)

시제에서 '조장(趙張)'은 원의 조맹부와 명의 장필(張弼: 1425~1487)<도24>을 말하는데, 자미(姿媚)하게 치달은 이들의 글씨가 당시에 성행하여 후학을 그르친다고 보았다. 이황은 고려 말과 조선에 이르기까지 만연된 조맹부의 연미(姸媚)한 서풍을 싫어했다.

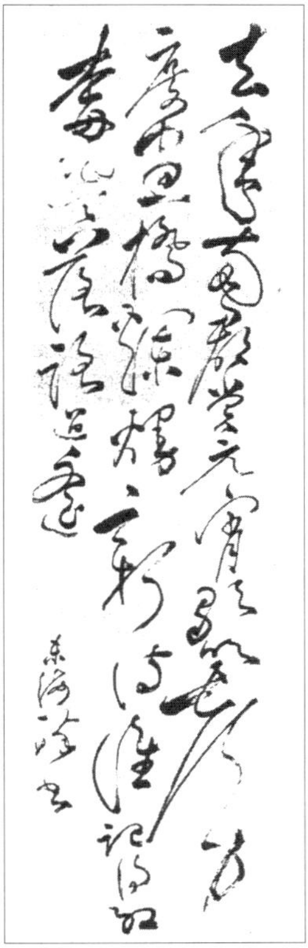

<도24>

수련에서 '심법(心法)'으로부터 '자법(字法)'이 나온다고 한 것은, 글씨의 형태보다는 정신을 상위개념으로 본 것이며, '습서(習書)'란 '명서(名書)'를 요구하는 것이 아니라는 것이다. 이러한 이론은 일찍이 중국 남조시대의 왕승건(王僧虔: 426~485)이 제기하였다. 그는 「필의찬(筆意贊)」에서 "서예의 묘한 경지는 신채(神彩)를 최상으로 하고 그 다음이 형질(形質)이다. 이 둘을 겸하는 자가 고인을 이을 수 있다."[75]라고 하였다. 이것이 소식(蘇軾: 1037~1101)과 동기창(董其昌: 1555~1636)으로 이어지면서 본격화된 이론으로 자리했으며, 정신우위의 사고와 그 맥을 같이 하는 것이다. 함련의 '창희제작(蒼羲制作)'이란 창힐이 글씨를 만들었고, 복희는 팔괘(八卦)를 만들었다는 전설이다. 경련의 '학보(學步)'는 『장자』에 나오는 '한단학보(邯鄲學步)'·'한단지보(邯鄲之步)'의 고사이다. 즉 남의 재주를 배우려

74) 文貞子, 「李滉와 李匡師의 藝術論 硏究」, 檀國大學校大學院, 博士學位論文, 1999, p. 127.

75) 王僧虔, 「筆意贊」, 『歷代書法論文選』, 華正書局有限公司, 民國77年, p. 57. "書之妙道, 神彩爲上, 形質次之, 兼之者方可紹於古人."

다가 자기가 가지고 있던 재주마저도 잊어버림을 비유한 것이다. '오흥(吳興)'은 중국의 절강성(浙江省) 오흥현(吳興縣)으로 조맹부의 출생지이다. 그리고 '효빈(效顰)'은 남의 흉내를 잘못 내는 것을 말한다. '동해(東海)'는 장필(張弼)의 자호이다. 미련에서는 일점 · 일획에도 한결같은 정성이 담겨야 한다고 강조하였다. 이 한결같은 정성이 마음속에 있을 때 비로소 밖으로 나타나게 되는 것이다.

이 시를 통하여 우리는 이황의 서예관을 확연하게 가늠할 수 있다. 이황은 조맹부의 연미한 서풍을 경시했으며 자법(字法)을 심법(心法)의 하위개념으로 보았다. 또한 위 · 진까지의 서풍을 중시했으며 무조건 남의 것만을 모방하지 말고 주체성을 가지라고 강조했다. 그리고 일점 · 일획은 존심(存心) · 주일(主一)이니 소홀하게 쓰지 말고 정성을 다하라는 점을 들 수가 있다. 그래서 이황의 필법은 대개 경건(勁健)하고 방엄(方嚴)한 것으로 집약할 수 있다. 이러한 이황의 서예관은 이후 유학자들에게 이어진 동시에, 서예가들에게도 좋은 귀감이 되고 있다. 결국 이황은 글씨를 쓰는 행위가 특별한 것이 아닌 인격실현의 여사(餘事)인 동시에 '도예일치(道藝一致)'로 승화시켜 나갔다고 볼 수 있다. 이 시는 서예를 성리학의 심성수양과 관련해 지은 것으로 이황의 성리학적 서예관이 잘 나타나 있다.

다음은 이황이 64세 때 7언 절구로 지은 「산음환아(山陰換鵝)」를 감상해 보자.

蕭灑山陰對羽人	깨끗한 산음에서 도사를 대하고
道經揮寫動千春	「도덕경」을 휘둘러 써서 천년 동안 진동하니.
換鵝歸去風流遠	거위로 바꿔 돌아가니 풍류가 심원한데
一點何曾累逸眞[76]	조금이라도 어찌 빼어난 모습에 누가 되리.

이 시는 이황이 왕희지의 글씨에 대하여 읊은 것이다. 왕희지는 거위를 몹시 좋아하였다. 어떤 도사가 자기 집에 좋은 거위가 있으니 「도덕경(道德經)」을 써 주면 거위를 준다고 하여, 왕희지가 기뻐하면서 글씨를 써 주고 거위를 조롱에 넣어 갔다는 고사를 형상화한 것이다. 이백(李白)은 「왕우군(王右軍)」이란 시제로 왕희지의 청진(淸眞)한 기질과 소쇄(瀟灑)한 인품을 노래하였다.

> 우군(右軍)은 본래 맑고 진실하여 / 속세에 있으면서도 때 묻지 않았네. / 산음 땅에서 도사를 만나니 / 도사는 첫눈에 거위를 팔라고 하는 우군을 좋아하게 되었네. / 흰 비단을 펴 도덕경을 쓰니 / 신묘한 필법이 입신의 경지에 든 듯. / 글쓰기를 마치자 거위를 바구니에 담아 갔으니 / 어찌 일찍이 주인과 이별하고 할 틈이 있었겠는가?[77]

천하제일의 명필이 거위 몇 마리를 얻기 위하여 「도덕경」 오천 자를 베껴 준다는 것은, 세속에 물든 사람들로서는 도저히 상상도 할 수 없는 일이다. 왕희지는 원래 낭야(琅琊) 임기(臨沂)[지금의 산동성(山東省) 임기현(臨沂縣)] 사람이었으나, 회계군(會稽郡) 내사직(內史職) 이후로는 회계산음(會稽山陰)에서 계속 살았다. 산음은 회계산의 북쪽에 있는 지금의 절강성(浙江省) 소흥시(紹興市)를 지칭한다. 왕희지는 '서묘문(誓墓文)'을 써놓고 퇴관(退官)하여 산천을 유람하면서 학문과 서예에 더욱 매진하였다. 이러한 은거생활은 그의 인생과 서예에 커다란 전환점이 되었다.

기구에서 '소쇄산음(蕭灑山陰)'이라고 한 것은 아주 맑고 산뜻한 산음의

---

76) 李滉, 『退溪集』, p. 124.

77) 『詳說古文眞寶大全』, 保景文化社, 1983, p. 14. "右軍本淸眞, 瀟灑在風塵. 山陰遇羽客, 要此好鵝賓. 掃素寫道經, 筆精妙入神. 書罷籠鵝去, 何曾別主人."

경관을 말한다. 산음의 주위를 「난정서(蘭亭敍)」에서는 "이 곳은 높은 산과 험준한 봉우리, 무성한 숲과 길게 자란 대나무가 있다. 또 맑은 시냇물과 급격히 흐르는 여울이 좌우에서 띠처럼 서로 비추고 있다."[78]라고 하였다. 그리고 '우인(羽人)'이란 도사를 말한다. 따라서 이러한 훌륭한 자연의 경관에 동화되면서 도사들과 더불어 유유자적한 인생을 향유했다는 뜻이다. 승구에서 '도경(道經)'은 「도덕경(道德經)」이라는 설도 있고, 「황정경(黃庭經)」이란 설도 있다. 이것은 「악의론(樂毅論)」<도25> · 「동방삭화찬(東方朔畫贊)」<도26> 등과 함께 왕희지 해서의 대표작들이다. 그리고 "도덕경 글씨 써서 천년을 움직였네."[도경휘사동천춘(道經揮寫動千春)]라고 한 것은, 왕희지가 글씨로 천하를 감동시켰다는 뜻이다. 중국 서예사에서 왕희지의 서예적 성과는 신체(新體), 즉 해서 · 행서 · 초서를 체계화 내지 완성시켰다는 것이 괄목할 만한 점이라 할 수 있다. 전 · 결구는 이 「도덕경」을 써 주고 거위로 바꾸어간 그 풍류가 천여 년 동안 지나도 유원하였기 때문에, 조금이라도 참됨에 누를 끼쳐서는 안 된다는 것이다. 여기에서도 왕희지의 도가적 색채가 농후하게 나타나는데, 이러한 사상은 당시 위 · 진시기의 전반적인 조류였다.

다음은 이황의 「증언우(贈彥遇)」를 살펴보기로 한다.

家鷄君有庾公才	그대는 집닭이라 유공의 재주가 있지만
野鶩非王底索來	난 하찮은 들오리인데 어찌 글씨를 찾는가?
自覺蒹葭難倚玉	갈대는 백옥에 의지하기 어려움을 아니
會當空面卻須回[79]	마땅히 빈 지면으로 도리어 돌려보내리.

78) 上揭書, p. 101. "此地有崇山峻嶺, 茂林脩竹. 又有淸流激湍, 映帶左右."

79) 李滉, 『退溪集』, p. 154.

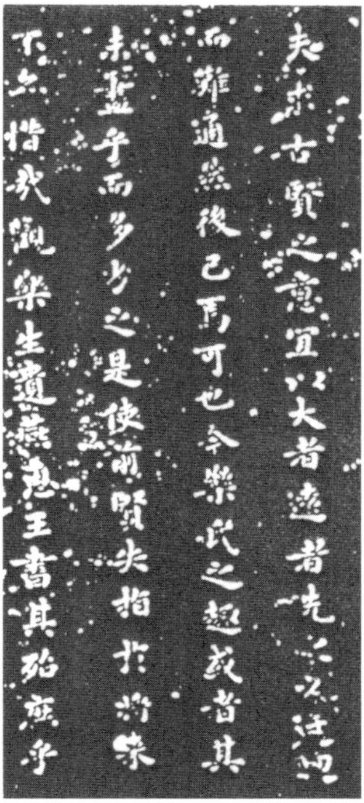

<도25>

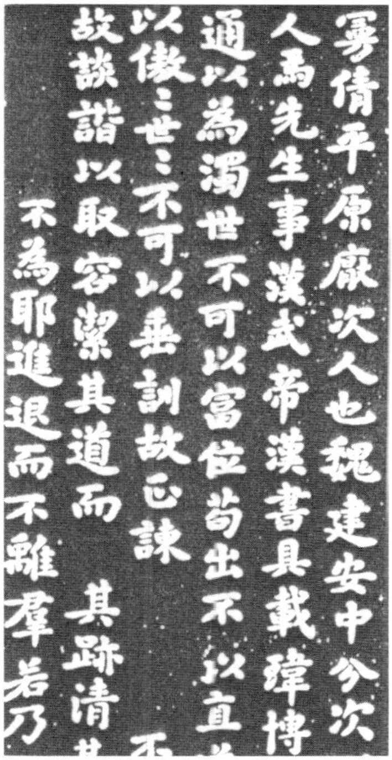

<도26>

이 시의 주에 김언우(金彦遇)가 "새로 쓴 글씨 3, 4건에 공이 스스로 제표(題標)하지 않고 자신을 낮추어 늙은 졸서(拙書)를 찾으니 진나라 사람의 '가계야목(家鷄野鶩)'의 설과 같으므로 장난삼아 한 절구를 지어서 주다."[80]라고 하였다. 이황이 69세 때 지어 보낸 것이다.

기·승구의 '가계야목(家鷄野鶩)'은 '가계야치(家鷄野雉)'에서 비롯되었다. 이것은 집에서 사육하는 닭과 야생하는 꿩을 말하는데, 즉 집에서

80) 上同. "新書三四件, 公不自題標, 枉索於老拙, 有同晋人家鷄野鶩之說, 戲呈一絶云."

기르는 닭을 싫어하고 야생하는 꿩을 좋아하는 것에 비유한 것이다. 왕희지가 행·초서체의 새로운 법을 내놓으니 온 세상 사람들이 모두 그의 글씨를 따랐다. 『진중흥서(晉中興書)』에 진대(晉代)의 유익(庾翼)이 당시 왕희지와 더불어 유명하였다. 유익이 이르기를 "소인배들은 집의 닭을 싫어하고 들의 꿩을 좋아하여 모두 일소(逸少)의 글씨를 배우는데, 모름지기 나 또한 마땅히 그와 견줄 만하다."[81]라고 하였다. 이것은 자기 스승의 낡은 글씨체를 포기하고 새로운 것을 추구하고 실현하려는 하나의 실례이다. 여기에서 '가계(家鷄)'는 유익(庾翼)을, '야목(野鶩)'은 왕희지를 말하지만, 본시에서 '가계'는 김언우를, '야목'은 이황 자신을 일컫는다. 따라서 김언우가 글씨를 잘 쓰는데 이황에게 제표를 원하니, 이황 자신의 글씨가 졸서라고 사양하였다. 그러면서 전구에서는 자신의 글씨를 갈대에, 김언우의 글씨를 玉에 비유하면서 결국 공면(空面)으로 뒤돌려 보낸다는 내용이다.

이황은 김언우의 글씨를 인정하면서 한편으로 본인의 글씨를 졸서라고 겸하하였다. 이러한 시의 내용으로 볼 때, 당시 김언우는 글씨에 조예가 매우 깊었음을 알 수 있다.

이어서 졸옹(拙翁) 홍성민(洪聖民: 1536~1594)의 「황고산필법병풍(黃孤山筆法屛風)」을 감상해 보자.

墨池驅出北溟魚	묵지가 북명어를 몰아내니
云是孤山處士書	이것이 고산처사의 글씨라네.
揮灑當時惟戱劇	휘호할 당시에는 장난 같았으나

81) 林尹, 高明 主編, 『中文大辭典』(3), 中華學術院印行, 民國71, p. 502. "小兒輩厭家鷄愛野稚, 皆學逸少書, 須吾還當比之."

繞來堂壁侈吾廬[82] 집의 벽에 둘러치니 우리 집이 호화롭구나.

<도27>

황기로(黃耆老)<도27>의 호는 고산(孤山), 매학정(梅鶴亭)이며 특히 초서를 잘 썼기 때문에 '초성(草聖)'으로 일컬어졌다. 황기로는 원래 경상북도 선산(善山)에 살았으며 사마(司馬)에 오른 뒤 고향에 은거하여 여러 번 벼슬에 임명되었으나, 단 한 번도 취임하지 않고 오직 글씨에만 정진하였다. 그 뒤 그의 명성은 중국에까지 알려졌음은 물론이거니와 명종(明宗)도 "천하지초성(天下之草聖), 희지후일인(羲之後一人)."이라고 칭찬하였다. 그래서 당시에 그의 글씨를 구하려고 깁과 종이를 가지고 방문하는 자가 하루에도 한 둘이 아니었다. 고산은 조부의 뜻을 받들어 선산 낙동강 서쪽 보천탄(寶泉灘) 언덕 위에 매학정(梅鶴亭)이란 정자를 짓고 살았다.[83]

『서청(書鯖)』에서는 "그의 글씨가 변화하여 열리듯 닫히듯 하며, 붓이 자유롭고 상쾌하여 초성(草聖)이라고 지목하였으니 어찌 지나친 칭찬이리오!"[84]라고 하였다. 또 「송계만록(松溪漫錄)」에서는 "초서를 잘하여 한 때

82) 洪聖民, 『拙翁集』, 韓國文集叢刊46, 民族文化推進會, 1989, p. 466.

83) 蔡龍福, 「黃孤山의 生涯와 書世界」, 『書藝學』創刊號, 美術文化院, 2000, p. 31.

에 병풍은 모두 그의 손에서 나왔다."[85]라고 하였다. 유몽인(柳夢寅)의 글을 보면 당시 황기로 글씨의 위상과 행동거지를 역력하게 살필 수 있다.

> 황기로는 술 마시기를 좋아했고 초서를 잘 썼다. 그의 글씨를 얻고자 하던 사람이 큰 잔치를 열어 그를 맞아 들였더니, 원근(遠近)의 손님들이 각각 겸소화전(縑素華牋)을 천백 축(軸)씩 가지고 왔다. 황기로는 종이가 많으면 많을수록 더욱더 힘을 썼고 붓의 좋고 나쁨을 가리지 않았으며, 또 자신의 좋은 붓도 가져가지 않았다. 다만 먹을 몇 말 갈게 하고 주인집의 몽당붓을 취합했는데, 아이들이 담 위에서 가지고 놀던 붓이나, 부녀자들이 언문편지 쓰다 남은 것을 모두 합쳐 보태어 묶고, 몇 자나 되는 긴 붓대를 사용하여 붓대의 머리 부분을 잘라 끈으로 매어 묶었다. 날이 저물어 몹시 취한데 이르러도 붓을 잡을 생각이 없자 모든 손님들이 늦다고 손가락질 하였다. 술에 취하여 붉은 것과 푸른 것도 분간하지 못할 지경에 이르러서야 주먹으로 붓대의 끝 부분을 잡았는데, 손가락은 쓰지 않았다. 먹을 묻혀 마음대로 붓을 휘두르니, 한번 붓을 휘두름에 능히 글씨 수삼백 장을 써서 날이 기울기 전에 마쳤다.[86]

기구에서 '묵지(墨池)'는 '연지(硯池)'를 말하고, "묵지에서 북명어가 몰

---

84) 吳世昌 編著, 『槿域書畵徵』, 黃耆老條, 啓明俱樂部, 昭和3年, p. 82. "其書變化開合, 縱逸毫爽, 目以草聖, 豈溢美哉."

85) 權應仁, 「松溪漫錄」, 『寒皐觀外史』, 韓國精神文化硏究院 影印, 第2輯, 2002, p. 761. "善草書, 一時屛障, 皆出其手."

86) 柳夢寅, 「於于野談」, 『於于集』附, 景文社 影印, 1979, pp. 159~160. "黃耆老, 嗜飮酒, 善草書. 欲得其書者, 設大宴邀之, 遠近賓客, 各持縑素華牋千百軸. 耆老多多益辦, 而不擇筆之美惡, 亦不持自家好穎而去. 但令磨墨數斗, 聚主人家禿筆, 如兒童墻頭棄翰婦人諺札之餘, 悉合而添束之, 用數尺長管, 折管頭以繩纏縛之. 至日暮泥醉, 無意操筆, 諸賓皆遲指. 及酒闌不分朱碧而後, 以拳握管端, 不用之. 濡墨恣揮之, 一揮能盡數三百紙, 日未昃而罷."

아 나왔다."[묵지구출북명어(墨池驅出北溟魚)]란 구절은 이백(李白)이 회소(懷素)의 초서에 대하여 지은 「초서가행(草書歌行)」에서 선명하게 나타나고 있다. 이백은 「초서가행」이라는 작품을 회소에게 바쳤다. 위의 시와 비교할 겸 전체를 인용해 보자.

> 회소라는 소년 스님은 / 초서가 천하에 독보라네. / 묵의 연못에서 북명어가 날아오르듯 하고 / 붓끝으로 중산의 토끼를 다 잡는 듯하다. / 8월 9월 날씨가 서늘한데 / 술꾼이며 글쟁이들 고당에 가득하네. / 삼베며 흰 비단이 몇 상자나 늘어섰고 / 선주 벼루에 먹색깔이 번쩍이네. / 우리 선생님 취한 뒤에 책상에 기대더니 / 눈 깜짝할 사이에 수천 장을 해치운다. / 거센 바람 소낙비 섬뜩하고 / 떨어지는 꽃잎, 날리는 눈발 아득하기만 하네. / 일어서서 벽을 향하곤 손을 쉬지 않더니 / 한번 휘두른 몇 자가 말만큼이나 크다네. / 멍하며 귀신 놀란 소리를 들은 듯 / 자주자주 용이며 뱀이 달리는 듯 보이네. / 왼쪽으로 몰고 오른쪽으로 삼가니 놀란 번개요 / 그 모습 초나라와 한나라가 전쟁을 하듯 하네. / 호남의 7군이 몇 집이나 되는가? / 집집마다 병풍에 글씨뿐이라네. / 왕희지와 장백영 등 / 예부터 몇 명이나 이름을 날렸던가? / 장욱은 늙어 죽어 꼽을 수 없으니 / 내 이것을 배워야지 예 것은 안 배울래. / 예부터 만사는 타고나는 것이 중요하다는데 / 공손대랑의 혼탈무가 다 무엇인가?87)

앞의 홍성민(洪聖民) 시의 기구 부분은 이백의 시구에서 환골탈태하였

---

87) 『詳說古文眞寶大全』, p. 70. "少年上人號懷素, 草書天下稱獨步. 墨池飛出北溟魚, 筆鋒殺盡中山兎. 八月九月天氣凉, 酒徒詞客滿高堂. 牋麻素絹排數廂, 宣州石硯墨色光. 吾師醉後倚繩床, 須臾掃盡數千張. 飄風驟雨驚颯颯, 落花飛雪何茫茫. 起來向壁不停手, 一行數字大如斗. 怳怳如聞神鬼驚, 時時只見蛟龍走. 左盤右蹙如飛電, 狀同楚漢相攻戰. 湖南七郡凡幾家, 家家屛障書題徧. 王逸少張伯英, 古來幾許浪得名. 張顚老死不足數, 我師此義不師古. 古來萬事貴天生, 何必要公孫大娘渾脫舞."

다. 즉 황기로의 초서 글씨를 회소의 초서처럼 '북명어(北溟魚)'에 비유하여 훌륭함을 노래한 것이다. 전·결구에서는 글씨를 쓸 당시에는 장난으로만 알았는데 막상 집안에 병풍을 펼쳐 놓고 보니 너무나 호화롭기까지 하였다는 것이다. 이것은 바로 시 작자가 황기로의 병풍 글씨에 매료되어 그 감회를 시로 읊은 것이다.

본 절에서는 조선전기를 대략 1392년부터 1567년까지 175년간으로 설정하였다. 물론 이 기간을 분기점으로 확연하게 선을 그을 수 있는 서단의 혁신이 있었던 것은 아니다. 다만 시대의 맥락에서 새 왕조의 출범과 함께 새로운 이념과 사상의 대두에 기인하여 임의로 분획한 것이다.

조선전기의 건국이념은 유학에 바탕을 두었지만 점차 유불혼성(儒佛混成)의 경향으로 나아갔다. 이때는 정치적인 안정과 문화의 발달로 편찬사업이 활발하였으며 승문원에 '사자관(寫字官)'을 두어 문관들에게 글씨 쓰기를 장려하였고 대서(代書)의 역할도 담당하게 했다. 또한 글씨에 뛰어난 자들을 선발하여 승정원으로 발탁하였으며, 세종 조(世宗朝)에는 서화에 유능한 자들에게 포상하기에 이르렀다. 그리고 사학의 발흥으로 지방 각처에까지 서당이 보급되면서 서예도 학문과 더불어 보급의 전기를 마련하였다. 게다가 일부 유학자들이 서예를 점차 중요시하면서 유자(儒者)의 소업(所業)으로 인식하였다.

조선전기에 접어들면서 조맹부의 서풍이 서단을 풍미하였다. 이것은 고려 말부터 이어져 온 것이 더욱 보편화된 것이다. 조맹부는 복고주의를 주창하고 실천한 인물로 진·당 서풍으로의 회귀를 지향하였다. 그의 영향을 받은 대표적인 인물이 이용이다. 반면, 그에 맞서 조맹부의 연미한 서풍의 반동으로 나타난 이황 등의 성리학자들은 조선인의 독자적인 서풍을 확립하였다. 이것은 이후에 동국진체를 형성하는 데 실마리가 되었다.

즉 조선전기의 서풍은 왕희지, 조맹부의 중국서풍과 이용, 이황 등의 조선서풍이 혼재하는 양상이다.

조선전기의 논서시는 먼저 박팽년(朴彭年), 이개(李塏), 박상(朴祥) 등의 다수가 이용(李瑢)의 우수한 필적을 찬양한 데서 시작되었다. 그 내용으로는 송설(松雪)의 풍류(風流), 근골정신(筋骨精神)의 요원(遙遠)하고 비동(飛動)함, 현액의 새로움 등을 표현하고 있다. 이용은 시・서・화의 삼절로 조선의 서단에 서막을 열어준 인물이라 해도 과언이 아니다. 현전하는 「몽유도원도」의 필적이 이를 확연히 증명해 준다. 그리고 서거정은 25행의 「초서행(草書行)」으로 중국 역대 초서의 대가들과 필획・운필・변화・상징어 등을 총 망라하여 김유(金紐)에게 지어주었다. 이 시에서 서거정(徐居正)의 해박한 초서 안목은 가히 쉽게 볼 수 없는 것이었다. 또한 성현(成俔)은 성임(成任)의 초서에 대하여 「초서가(草書歌)」로 찬미했다. 이황은 김생의 글씨가 위대함을 극찬하였다. 특히 이황의 「습서(習書)」에서는 조맹부의 글씨가 성행하여 후학을 그르쳤다고 하면서, '심법(心法)'을 '자법(字法)'의 상위개념으로 보았다. 그리고 한 점과 한 획이라도 한결같이 써야함을 주지시켰다. 이황은 이러한 사유를 이론에 그치지 않고 실천에 옮긴 결과, 그의 글씨는 단정하고 정중한 맛을 띤다. 결국 이황의 서예관은, 서예를 인격실현의 여사(餘事)로 여기고 '도예일치(道藝一致)'를 지향한 것이라고 볼 수 있다. 그리고 왕희지의 해서 필법을 존중하였으며 김언우(金彦遇)의 글씨를 호평한 시도 있었다. 홍성민(洪聖民)은 초서로 쓴 황기로(黃耆老)의 병풍 글씨를 높게 품평하였다.

이상에서 살펴본 바와 같이 조선전기의 문인들은 서예와 관련된 문제들을 심도 있게 작시하였다. 그 내용으로는 작가의 인품에서부터 작품・필력・필세・필의 등에 이르기까지 서예 전반에 대해 구체적으로 접근하였다. 뿐만 아니라 조선전기는 중국의 논서시를 원용하기도 했다. 이러한 논서시들은 서론에서 볼 수 없는 내용들도 많아서 서학의 이해에 상당한 역할을 하리라고 판단된다.

2. 조선중기－동국진체의 성립

1) 배 경

조선중기는 선조(宣祖: 1567)대부터 숙종(肅宗: 1720)대에 이르기까지 153년간으로 설정하였다. 이때는 조선전기의 사회와 문화가 모순을 드러내자 문화 전반에서 새로운 표현 방식의 시도를 도모하였다. 그러나 임진왜란(1592～1599)과 병자호란(1636) 등의 영향으로 문화가 전반적으로 침체되었다. 따라서 양난(兩亂)의 충격으로 기존의 관념을 쉽게 극복하기란 한계가 있었다. 이러한 한계를 극복하기 위해서는 많은 시간과 진통이 요구되었다.

조선중기의 서예는 크게 조선전기의 여풍이 지속되면서 차츰 명대(明代)의 서풍을 섭렵하였다. 이 시기는 명나라와 밀접한 관계로 축윤명(祝允明: 1460～1526), 문징명(文徵明: 1470～1559), 동기창(董其昌: 1555～1636)의 서풍이 유행하였다. 이런 상황에서 '사자관(寫字官)' 출신이었던 석봉(石峯) 한호(韓濩: 1543～1605)가 등장하였다. 그는 중국과 한국의 서풍을 융합하여 마침내 '석봉체(石峯體)'를 창안하였다. 이런 결과로 조선중기의 서단은 석봉체가 풍미하기에 이르렀다.

이 당시의 주된 서예사조는 조맹부와 한호의 서풍이 선조(宣祖: 1552～1608)와 신익성(申翊聖: 1588～1644) 등으로, 문징명의 서풍은 백광훈(白光

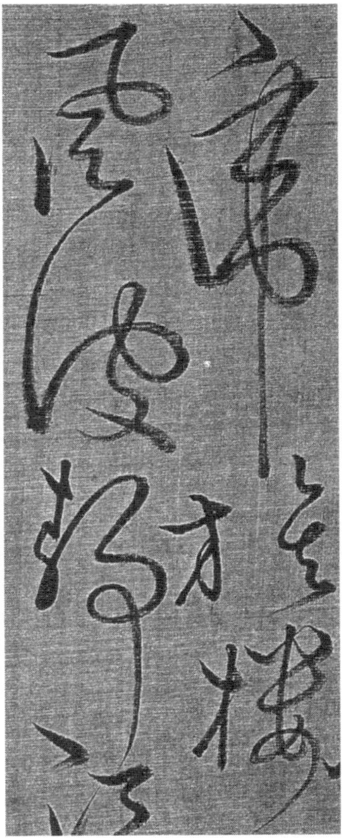

<도28>

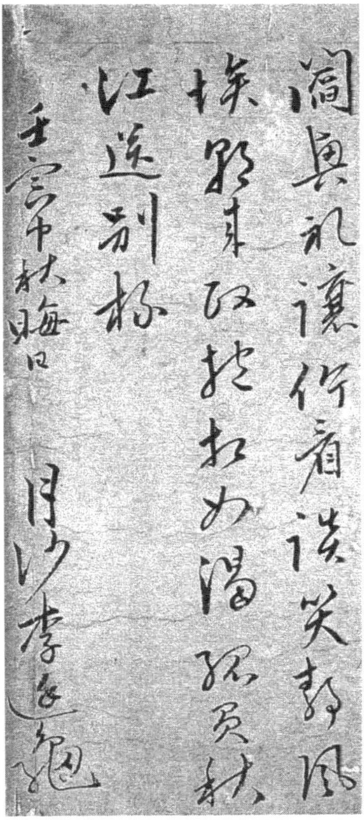

<도29>

勳: 1537~1582)<도28>, 이정구(李廷龜: 1564~1635)<도29>, 김장생(金長生: 1548~1631)<도30> 등으로, 동기창의 서풍은 박태보(朴泰輔: 1654~1689) 등으로 계승되었다. 또한 옥동(玉洞) 이서(李漵: 1662~1723)<도31>는 '동국진체(東國眞體)'를 창출하여 공재(恭齋) 윤두서(尹斗緖: 1668~1715)<도32>와 백하(白下) 윤순(尹淳: 1680~1741)<도33>으로 이어지게 하는 실마리가 되었다. 동국진체는 단아전중(端雅典重)한 품격을 지니

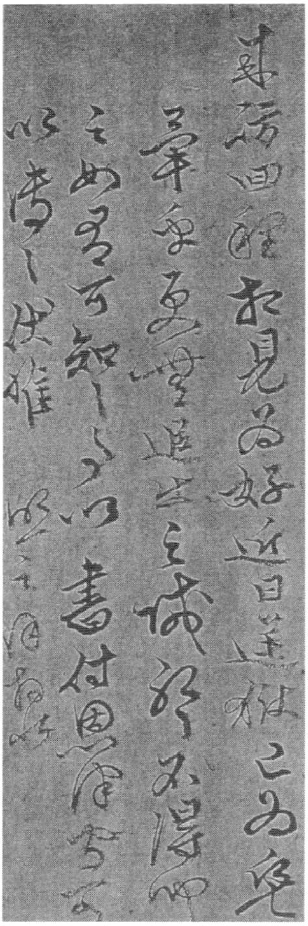

<도30>

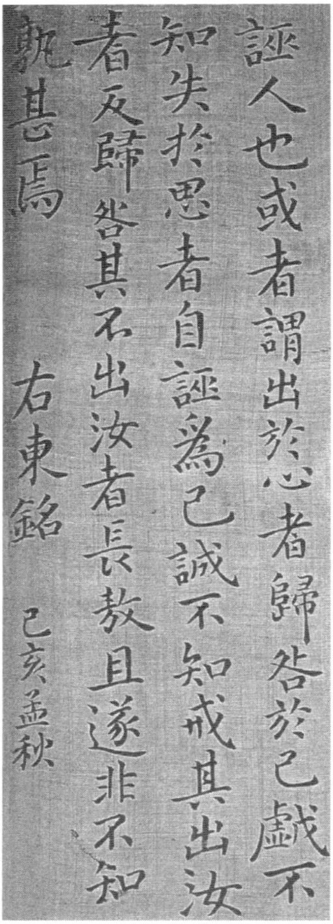

<도31>

고 있어 당시 문인·사대부들의 취향에 부합되었던 것이다. 더구나 이황 이후 성리학자들은 필획의 단중(端重)함을 중시하였기 때문에, 동국진체가 한층 더 서단의 주류로 도약하는 계기가 되었다.

한편 조선중기에 접어들면서 본격적인 서예이론서들이 등장하게 되었

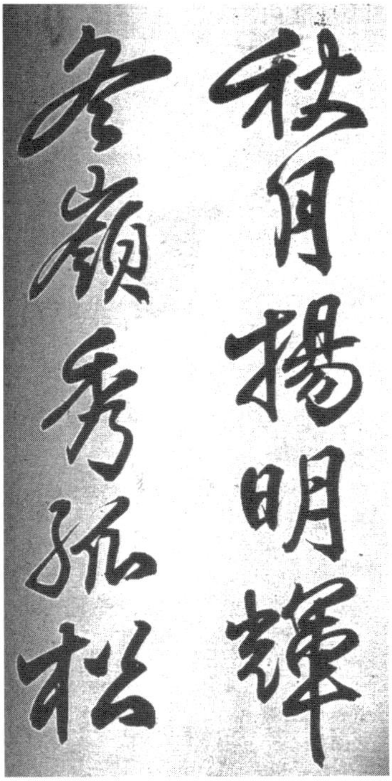

<도32>

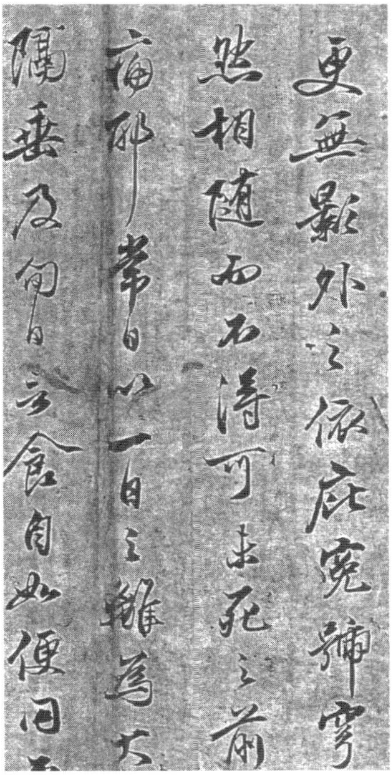

<도33>

다. 이수장(李壽長: 1661~1733)은 사자관으로 진체(晉體)에 능하였을 뿐만 아니라, 서예 이론서인 「묵지간금(墨池揀金)」을 기술하였다. 그리고 이서(李漵)는 종합적 서론서(書論書)인 「필결(筆訣)」을 저술하였는데, 그는 서법의 근본원리를 『역(易)』에 두었다. 이서의 「필결」에서는 점획법(點畫法)·작자법(作字法)·운필법(運筆法)·조필법(操筆法)·마묵법(磨墨法)·변화법(變化法)·행법(行法)·경권법(經權法) 등을 역리적(易理的) 사유와 관련지어 구체적으로 언급했다. 또한 해서·행서·초서의 서체와, 중국과 한국의 역대 서가들에 대한 논평도 겸하였다. 이것은 서론서인 동시에

서예비평서로서 한국서예 이론사에서 매우 중요한 가치를 지니고 있다.

요컨대, 조선중기의 서예는 송설체(松雪體)·석봉체(石峯體)가 혼용되었고, 그 중 동국진체(東國眞體)가 주류를 이루었다. 이 세 가지 서체는 모두 진체(晉體)를 근간으로 하고 있다. 그렇지만 한호를 비롯한 일부 서가들은 독창적인 예술세계를 전개하여 우리나라는 물론 중국과 일본에까지 서명(書名)을 떨치기도 했다.

2) 논서시 분석

조선중기의 논서시는 김생으로부터 양사언(楊士彦)에 이르기까지 한국의 명가들과, 중국의 왕희지를 비롯하여 조맹부 등의 제가들에 대하여 다양하게 작시되었다. 그 중 한호에 대한 논서시가 많았는데, 이것은 당시 한호의 서예위상이 어떠했는가를 대변해 주고 있다. 게다가 박홍미(朴弘美)는 역대 중국의 서예에 관하여 깊이 있게 작시하고 있다는 점은 주목할 만하다.

먼저 한호의 서예 전반에 대하여 간략하게 살펴보자. 한호의 자는 경홍(景洪)이고 호는 석봉(石峯)이며 개성(開城)에서 태어났다. 그는 1567년 진사시(進士試)에 합격된 이후로 천거되어 사자관을 비롯하여 여러 벼슬을 지냈다. 그에 대한 서평은 역대로 즐비하다.

월사(月沙) 이정구(李廷龜: 1564～1635)는 「한석봉묘갈명병서(韓石峯墓碣銘幷序)」에서 "작은 글씨는 신묘한 경지에 들어갔고, 큰 글씨는 기이하다."[88] 라고 하였다. 그리고 이서는 「필결(筆訣)」에서 "석봉은 대체로 모양에 터득하였고, 말년의 글씨는 구습을 타파하여 정법에 많이 가까워졌다."[89]라고 평했

88) 李廷龜, 「贈韓景洪」, 『月沙集』69, p. 316. "細字入神大字奇."

다. 금릉(金陵) 남공철(南公轍: 1760～1840)은 「초서병풍행(草書屛風行)」에서 "옛날에 석봉 한도인(韓道人)이 있었으니 / 평생 초서로 우리나라를 천단하였네."[90]라고 하였다. 김정희는 「잡지(雜識)」에서 "석봉에 이르러 비록 송설의 맛은 있으나 역시 삼가 옛 법을 따랐다."[91]라고 말했다.

위의 서평들은 대체로 석봉의 글씨가 우수하다고 평가한 것이다. 그러나 일부의 서평들은 한호의 글씨를 폄하한 사례들도 종종 엿볼 수 있다. 이서는 「필결」에서 한호를 논하면서 "자질이 촌스럽고 우둔하여 근면으로 비로소 터득했으니, 획을 운용하여 글자를 이루는 법은 조금 알았으나 오히려 정법의 오묘함에는 깊이 통하지 못했다."[92]라고 하였다. 또 이광사는 「서결(書訣)」후편에서 "신분이 미천하였기 때문에 관사(官寫)의 정식(程式)에 국한되었다."[93]라고 하였다.

이상에서 종합하면 한호의 글씨가 매우 탁월하였다는 평이 일반적인 견해이다. 지금까지 남겨진 유적을 세심히 관찰해 보면, 이러한 평가가 결코 무근하지 않다. 다만 목판본으로 전해지는 일부의 작품들은 생기가 부족하고 속되어 보이기도 하다. 그것은 목판본의 한계 때문이다. 결국 한호의 빼어난 글씨는 중국에서까지 인정을 받았으며, 이후 오늘에 이르기까지 지대한 영향을 끼쳤다고 이해할 수 있다.

---

89) 李溆, 「筆訣」, p. 760. "石峰大抵依樣得見, 末年書罷舊習, 多近正法."

90) 南公轍, 「草書屛風行」, 『金陵集』, 韓國文集叢刊272, 民族文化推進會, 2001, p. 26. "昔有石峰韓道人, 平生草書擅海東."

91) 金正喜, 「雜識」, 『阮堂全集』, p. 153. "至石峰而雖有松雪味, 亦恪遵古式."

92) 李溆, 「筆訣」, p. 760. "資質野鈍, 勤而始得, 稍知運畫作字之法, 而猶未能深通正法之妙."

93) 李匡師, 「書訣」, 서울大學校 奎章閣所藏, 筆寫本, 가람古754Y55W, p. 47. "以居地微賤之故, 局於官寫程式."(以下 李匡師, 「書訣」.)

그럼 먼저 간이(簡易) 최립(崔岦: 1539～1612)의 「희증동행한정랑경홍(戱贈同行韓正郎景洪)」<도34>을 살펴보기로 하자.

未用新詩付雪兒　새로 시를 지어 설아에게 부탁도 않았는데
憐君寫出字森離　가련케도 그대가 빼곡한 글자로 베껴냈네.
杜陵癖在功非聖　두보처럼 퇴고하는 버릇이 있으나 시성의 공 없고
張旭顚全飮亦師　장욱은 미쳐도 온전하니 술 마셔도 스승이라네.
千里同遊今再遇　천리에서 함께 노닐고자 지금 다시 만났으니
暫時若失不相爲　잠시라도 떨어진다면 일을 이루지 못하네.
年來古絶又豪放　최근에 고시와 절구 또한 호방하니
併取聲名休怪遲[94]　함께 취한 명성이 느리다고 괴상하게 생각하지 말게나.

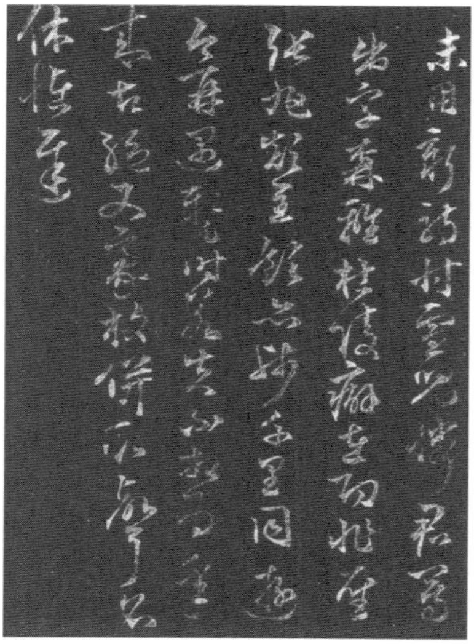

<도34>

위의 시는 1593년 최립이 주청사행(奏請使行)에 참여할 때 한호에게 써준 시이다. 수련에서, 최립은 새로운 시를 지어 한호에게 써 달라고 부탁도 하지 않았는데, 왕성한 필치로 써 주었다는 내용이다. '설아(雪兒)'는 당나라 이밀(李密)이 총애하던 기생의 이름이다. 함련의 '두릉(杜陵)'은 최립 자신을, 장욱(張旭)을 한호에 비유하여 자신을 낮추고 한호를 추켜세웠다. 이는 당대 최고의 문장가인 최립의 겸손

94) 崔岦, 『簡易集』, 韓國文集叢刊49, 民族文化推進會, 1990, p. 414.

이다. 경련에서는 천리를 동행하려고 지금 다시 만났으니 잠시라도 떨어지지 말고 함께 하자는 심경이 깃들어 있다. 미련에서는 수 년 간에 지은 고시와 절구가 호방하여 시·서의 명성을 나란히 얻었지만 늦게 알려진다고 이상하게 여기지 말라는 내용이다.

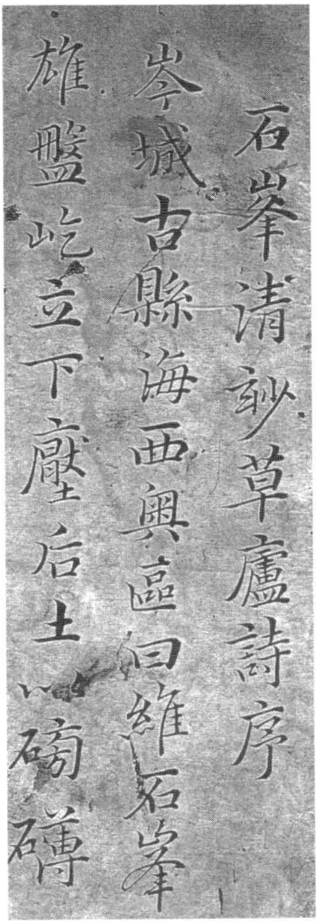

<도35>

현재까지 한호<도35>가 지은 시들은 지본묵서(紙本墨書)로 여러 편이 남아 있으며, 또한 중국 역대에 유명한 시·부 등의 지본묵서들이 많이 전해오고 있다.

이에 관하여 최립은 「한경홍서첩서(韓景洪書帖序)」에서도 한호의 글씨가 우리나라는 물론 중국에까지 서명(書名)을 떨쳤다고 했다.

> 서예는 육예(六藝)의 하나요, 기예 가운데 으뜸가는 것이다. 여기에 뛰어난 작품이 언제나 있을 수는 없기 때문에 부귀한 유력자나 아취를 가진 자를 가릴 것 없이 반드시 얻어서 명화(名畵)와 짝을 지어 깊이 감추어 두는 것을 영광으로 여긴다. 한호의 행위는 마땅히 조선과 중화의 사람을 분주하게 할 것이다. …(중략)… 사람들이 한호의 손에서 나왔음을 알기 때문에 제멋대로 비평을 가했던 것인데, 가령 한호가 왕희지의 글씨를 임서한 것을 금석에 넣어서 뒤섞어 전한다면, 과연 이를 가려낼 자가 있겠는가?[95]

---

95) 上揭書, 「韓景洪書帖序」, 『簡易集』, pp. 279～280. "夫書爲六藝之一, 藝之尤者也. 妙焉者, 盖不能世有, 故無間富貴有力與有雅致者, 必欲得之, 配以名畵, 而

한호의 문학적 취향은 시에 있어 이백을 매우 좋아했는데, 그 중에서도 고풍(古風)의 형식, 장쾌(壯快)한 기상, 비장(悲壯)한 운치를 지닌 고체시나 악부시를 즐겼다. 또 시작(詩作)에도 자질을 보여 간결한 형식과 평이한 시어(詩語)로써 청신(淸新)한 풍격을 이루었다고 한다.[96]

한호는 글씨의 우수성뿐만 아니라 시에도 조예가 깊었음을 알 수 있다. 당대 최고의 문장가인 최립은 한호의 자작시인 「구룡연(九龍硯)」이란 시에 대해 다음과 같이 호평하고 있다는 것을 주시해야 한다.

> 사람들은 한호가 글씨에 능하다는 것을 알지만, 한호에게 시가 있다는 것을 모른다. 한호는 평생 이백을 애송하여 말하거나 앉아있는 사이에도 술술 흘러나와 사람들의 심정에 들어맞으니, 그가 읊은 것이 구차하지 않기 때문이다. 이제 「구룡연(九龍硯)」이란 시를 보니 과연 남보다 훨씬 뛰어나다.[97]

당시 사람들은 최립의 문장과 차천로(車天輅)의 시와 한호의 필법을 '송도삼절(松都三絶)'이라고 불렀다.

다음은 조선시대 제14대 왕인 선조(宣祖: 1552~1608)의 「시동양위(視東陽尉)」를 감상하기로 한다.

藏弆以爲榮. 景洪之爲, 宜其奔走一國, 若中華之人矣. …(中略)… 以爲人見出景洪手, 故得肆其議耳, 設以景洪所臨右軍書者, 入之金石而混傳焉, 則果有能辨之者乎."

96) 李完雨, 「石峯 韓濩의 草書」, 『書藝學』創刊號, pp. 49~50.

97) 「韓石峯筆帖」, 國立中央博物館所藏. "人知景洪能書, 不知景洪有詩. 景洪生平愛誦李白, 語坐間霏霏, 奕逼人宜, 其發而爲之不苟也. 今觀九龍硯之作, 果出於人, 遠矣."

蘭亭今絶響　난정의 풍류소리 이제 끊어져
筆法向誰陳　필법을 누구와 얘기할꼬.
古木蒼藤意　고목과 푸른 등걸이 엉킨 생각이요.
閒花細草春　閒花와 가는 풀이 어우러진 봄이로다.
幾人名浪得　몇 사람이나 이름을 얻겠으며
妙訣孰傳眞　묘결은 누가 진수를 전할 것인가?
自愧踈慵甚　부끄럽구나! 너무 게을러져
長留硯匣塵[98]　오랫동안 벼루 갑엔 먼지만 쌓였구나.

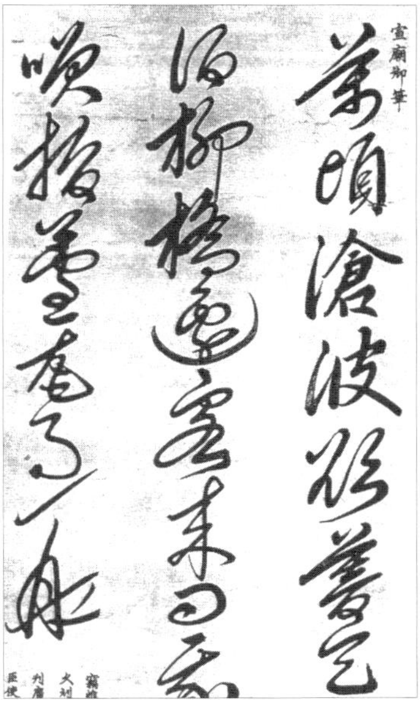

<도36>

선조(宣祖)<도36>는 서・화에 뛰어났다. 『선조실록(宣祖實錄)』에는 "명나라의 제독이 왕의 필법이 정묘하다는 것을 듣고 매우 간절히 구하려고 하였으나, 왕이 곧바로 사양하고 허락하지 않았다. 대개 왕의 뜻은 소기(小技)를 가지고 남에게 과시하지 않고자 하신 뜻이다."[99]라고 기재되어 있다. 또 오봉(五峰) 이호민(李好閔: 1553～1634)은 「어필축발(御筆軸跋)」에서 "필법이 정정당당하고 치우치거나 기울어지지 않는다. …(중략)… 진실로 하늘에서 내려 준 성인의 재능으로 뛰어남이

98) 『列聖御製』卷13, 民昌文化社 影印, 1994, pp. 129～130.

99) 『朝鮮王朝實錄』(25), 『宣祖實錄』卷221, 附錄, 宣祖41年, 國史編纂委員會 影印, 1968, p. 395. "提督聞王筆法精妙, 求之甚懇, 王辭以疾不許. 盖其微意, 不欲以小技誇示於人也."

공전(空前)의 전칙(典則)이라 이를 만하다."[100]라고 했다. 그리고 이계(耳溪) 홍양호(洪良浩: 1724~1802)는 「목릉신한후지(穆陵宸翰後識)」에서 "금같이 정교하고 옥같이 윤택하며, 용이 오르고 봉황이 나는 듯하여 참으로 天人의 솜씨로 역대에 희귀한 보배이다."[101]라고 하였다.

그러면 선조가 사위인 신익성(申翊聖: 1588~1644)에게 보여준 5언 율시를 살펴보자. 신익성<도37>은 12세 때 선조의 딸인 정숙옹주(貞淑翁主)와 결혼하여 '동양위(東陽尉)'에 봉해졌다. 청음(淸陰) 김상헌(金尙憲: 1570~1652)은 그의 비명(碑銘)에서 이르기를 "서법은 규범에 맞지 않음이 없고, 소해(小楷)는 침침(駸駸)하게 이왕(二王)을 달리고, 팔분(八分)과 전주(篆籒)를 함께 잘하여 당시 금석에 모두 새겨졌으니, 공의 글을 얻지 못하면 부끄럽게 여겼다. 나라의 옥책(玉冊)·보전(寶篆)·명정(銘旌)·신판(神版)·지문(誌文)은 공의 글씨가 열에 일곱, 여덟이니 역시 재능의 훌륭함을 볼 수 있다."[102]라고 하였다.

앞의 시 수련은 명필이 없어 필법을 논할 수 없음을 한탄한 것이다. 함련에서는 신익성의 필의와 필체를 비유적으로 표현한 것이다. 경련에서는 몇 사람이나 이름을 얻었겠으며, 묘결은 누가 전수할 것인가를 걱정하였다. 미련에서는 학서(學書)에 대한 자신의 게으름을 자괴(自愧)하였다.

이 시는 선조가 자신의 게으름을 부끄럽게 생각하면서, 신익성이 필법

---

100) 李好閔, 「御筆軸跋」, 『五峯先生文集』, 韓國歷代文集叢書, 第221輯, 景仁文化社 影印, 1997, pp. 147~148. "筆法整整堂堂, 不倚不斜. …(中略)… 眞所謂天縱聖能, 絶曠古之典則者也."

101) 洪良浩, 「穆陵宸翰後識」, 『耳溪集』, 韓國文集叢刊241, 民族文化推進會, 2000, p. 282. "金精玉潤, 龍騰鳳翥, 眞天人之跡, 稀代之珍."

102) 金尙憲, 「東陽尉申公神道碑銘幷序」, 『淸陰集』, 韓國文集叢刊77, 民族文化推進會, 1991, p. 365. "書法無所不規, 小楷駸駸二王, 兼工八分篆籒, 一時金石之刻, 以不得公書爲愧. 國家玉冊, 寶篆, 銘旌, 神版, 誌文, 公之跡十七八."

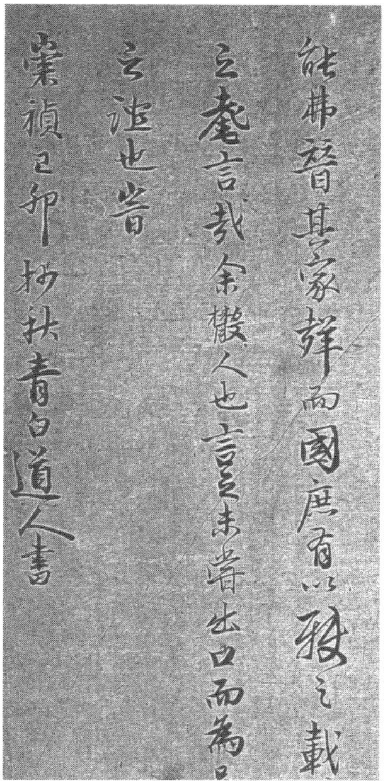

<도37>

<도38>

의 진수를 세상에 전하기를 희망하는 시이다. 선조는 평소 글씨에 대하여 작시할 만큼 관심이 깊었으며 글씨에 뛰어난 임금이었다. 그러므로 한호와 신익성은 글씨 때문에 더욱 총애를 받은 인물들이라 할 스 있다.

다음은 오산(五山) 차천로(車天輅: 1556~1615)의 「천마봉(天磨峯)」을 읽어보자.

羅代金生筆　　신라에는 김생의 글씨요

晉時王右軍	진나라는 왕우군이라.
古碑如隔日	옛 비는 햇빛이 막힌 듯 하고
陳跡憶棲雲	오랜 유적엔 구름이 깃든 듯하다.
臥虎跳龍字	글자는 누운 호랑이와 도약하는 용과 같고
迴鳳舞鸞文	문장은 봉황이 빙빙 돌고 난새가 춤추듯 하네.
沉埋還出世	깊이 묻혔다가 다시 세상에 나타나니
挑剔播淸芬[103]	돋우고 발라내니 맑은 향기 다시 퍼지네.

이 시는 경상북도 봉화(奉化)의 '태자사(太子寺)'에 있었던 「낭공대사백월서운탑비명(郎空大師白月棲雲塔碑銘)」<도38>의 글씨를 보고 차천로가 지은 5언 율시이다. 차천로는 『오산집(五山集)』에서 "「신라행적국사백월서운탑비(新羅行寂國師白月棲雲塔碑)」는 한림학사(翰林學士) 최인곤(崔仁滾: 868~944)이 짓고, 승려인 단목(端目)이 김생의 글씨로 집자한 비이다. 오랫동안 매몰되었다가 농부가 경작하면서 그것을 발견하여 마침내 영천관사(榮川官舍)로 옮겨졌다. 자획에 결락이 없으며 참으로 천하에 기이한 필적이다."[104]라고 하였다.

이 비에 대하여 청성(靑城) 성대중(成大中: 1732~1812)은 「서백월비(書白月碑)」에서 "백월비가 가장 뛰어나니, 그 획이 천균(千鈞)의 활을 당겨서 한 발에 천의 군사를 쓰러뜨릴 것 같으니, 손무자(孫武子)가 이른바 '그 형세가 험하고 그 마디가 짧다'고 함이 아마도 「백월비」를 이르는 것이다."[105]라고 하였다. 또한 『동국금석(東國金石)』의 평에서는 "백월비는 행

103) 車天輅, 『五山集』第4冊, 附錄, 成均館大學校 尊經閣所藏, 木版本, 正祖15年刊印, D38-1424.

104) 車天輅, 『五山集』, 韓國文集叢刊61, 民族文化推進會, p. 399. "新羅行寂國師白月棲雲塔碑, 翰林學士崔仁滾製, 金生書釋端目集碑. 久埋沒, 有農夫耕得之, 遂舁榮川官舍, 字畫無缺落, 眞天下奇跡也."

서가 방종하며 기품(奇品)이다."[106]라고 하였다.

필자는 이 비명을 관찰하면서 왕희지의 「집자성교서(集字聖教序)」를 연상하게 되었다. 그것은 먼저 집자비(集字碑)라는 공통점과, 비의 자형이 왕희지의 행서와 매우 흡사하다는 점을 들 수 있다. 이러한 근거로 유추해 볼 때, 김생은 왕희지의 글씨를 전범으로 하였다는 사실이 분명해진다.

수련에서는 신라의 김생과 진나라의 왕희지를 나란히 적고 있다. 이것은 한국과 중국의 '서성(書聖)'을 동일선상에서 나란히 대비시킨 면도 있고, 한편으로는 김생의 필법이 왕희지의 필법과 상통한다는 의미도 있다. 함련에서는 '고비(古碑)'와 '진적(陳跡)'을 우주의 해와 구름에 대비시켰다. 경련에서는 글씨를 호랑이와 용에 비유하여 씩씩하고 활달한 형상을, 문장은 봉황과 난새에 비유하여 신선한 경계를 묘사하였다. 미련에서는 신령스러운 고비(古碑)의 명적(名跡)이 깊이 묻혔다가 다시 세상에 나타나 돋우고 발라내니, 맑은 향기가 다시 퍼진다는 내용이다.

차천로는 김생의 글씨를 '와호도룡(臥虎跳龍)'으로 비유하였는데, 그 필세가 기운생동하여 기력과 운치가 함께 공존하는 시상으로 형용한 것이다. 이 또한 '해동서성(海東書聖)'으로의 진면모를 압축하여 잘 표현한 구절이다.

왕희지의 해서 · 행서 · 초서는 중국 역대의 글씨 형태에서 새로운 법도를 개척하였다. 그가 새로운 형태의 서체를 창안한 근거는, 옛 법의 장점을 흡수하고 단점을 줄여 시대적 감각에 맞는 미적 관념을 부여한 데 있다. 왕희지는 단순한 형태의 변화에 그치지 않고, 문채와 바탕이 어우러지게

---

105) 成大中, 「書白月碑」, 『青城集』, p. 504. "白月最勝, 其畫如張千鈞之弩, 一發可碎千軍, 孫武子所謂, 其勢險其節短者, 殆白月之謂也."

106) 徐有渠, 「白月棲雲塔」, 『東國金石』, 韓國學文獻研究所編, 『三韓金石錄外』, 亞細亞文化社 影印, 1981, p. 220. "白月碑行書放縱奇品."

하여 서예미의 새로운 지평을 열었다. 그래서 왕희지는 역대에 서성(書聖)으로 추앙 받았다. 신라의 김생 또한 해동 서성으로 해서・행서・초서에 입묘(入妙)하였다. 중국의 왕희지와 한국의 김생은 서성으로서, 해서・행서・초서의 명가라는 공통점이 있다.

이어서 차천로의 「송석봉부가평군(送石峯赴加平郡)」을 분석해 보기로 하자.

多君絶筆擅修能　　그대의 잘 닦여진 절필로 많이 천명하였으니
聖主憐才借股肱　　임금님이 재주를 아끼시어 군수로 임명하셨네.
吳會山川輸逸少　　吳會의 산천은 왕희지에게 정성을 다하였고
當塗草木識陽氷　　當塗의 초목도 이양빙을 아는구나.
川聲入枕分僧夢　　시냇물 소리 머리맡에 들려와 승려의 꿈을 깨우고
月色留庭替客燈　　달빛이 정원에 머물러 객의 등불을 대신하네.
飮水鳴琴無箇事　　물마시고 거문고 타는 일밖에는 없으니
道經時復掃溪藤[107]　때에 따라 다시 계등지에 「도덕경」을 쓰는구나.

한호가 57세(1599)에 가평군수(加平郡守)로 부임할 때, 차천로가 지어준 송별시이다. 수련은 한호의 빼어난 글씨를 아낀 선조(宣祖)가 군수의 벼슬을 주었다는 내용이다. 물론 한호가 글씨만으로 벼슬을 얻은 것이 아니다. 그는 25세 때에 진사시에 합격하여 원접사행(遠接使行)과 주청사행(奏請使行)에 수차례 참여하였다. 뿐만 아니라 정랑(正郎)・전부(典簿) 등 여러 곳에서 많은 업적을 남겼다. 41세(1583) 때 오위(五衛) 부사과(副司果)에 재임 시에는 왕명으로 「해서천자문(楷書千字文)」<도39>을 썼으며, 신도비(神道碑)를 대다수 쓰게 되었다. 함련의 '오회(吳會)'는 오현(吳縣)의

107) 車天輅, 『五山集』, p. 399.

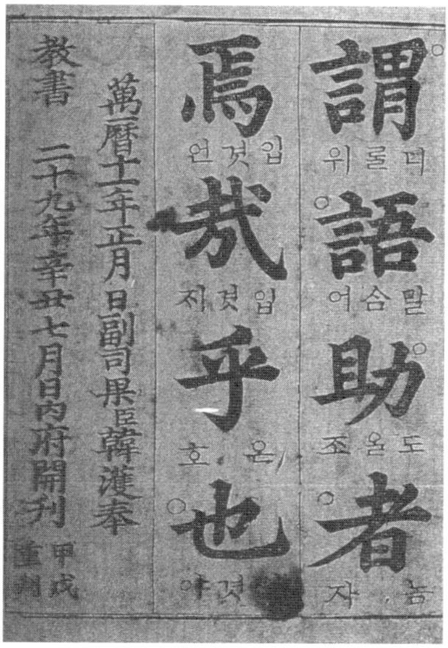

<도39>

회계군(會稽郡)으로 왕희지가 군수로 임명된 곳이다. 왕희지는 이 수려한 산천에서 「난정서」를 썼다. 그리고 '당도(當塗)'는 당대(唐代)의 서예가 이양빙(李陽氷)이 762년에 당도의 현령(縣令)이 되었던 것을 뜻한다. 이양빙은 역대 전서의 대가로 추앙 받고 있다. 그의 전서는 '옥저전(玉筯篆)'·'철선전(鐵線篆)'으로 불리어진다. 따라서 함련에서는 산천초목도 왕희지와 이양빙의 대가들을 잘 알고 있다는 것으로써 한호를 은유하였다. 경련에서는 시냇물 흐르는 소리와 함께 낮잠을 자는 정경과, 달빛이 등잔을 대신하는 운치를 읊었다. 그리고 '천성(川聲)'의 청각적 시상과 '월색(月色)'의 시각적 시상이 어우러져 고을의 한가한 정취를 묘사하였다. 미련에서는 물마시고 거문고를 타며 다시 글씨를 쓰는 한가한 운치와 정경을 그렸다. 이것은 그 동안 조정에서의 바쁜 일정에서 탈피하여 휴식의 정황을 표현한 것이다. 그리고 '도경(道經)'은 「도덕경」을, '계등(溪藤)'은 등나무의 속껍질을 원료로 하여 만든 명품의 종이를 말한다.

한호는 바쁜 일정 속에서도 여가를 내어 글씨에 매진한 결과 조선을 대표할만한 서가가 되었으며, 이는 바로 '석봉체'를 창안하게 된 배경이라고 할 수 있다.

다음은 어우당(於于堂) 유몽인(柳夢寅: 1559~1623)의 「서공(書空)」을 감

상해 보기로 하자.

張旭張芝不復生	장욱과 장지는 다시 태어나지 않으니
龍蛇起陸也誰驚	용사가 뭍에서 일어난들 누가 놀라리오!
閒將如意書空遍	한가히 생각대로 허공에 두루 쓰니
一紙青天字字明[108]	한 장의 푸른 하늘에 글자마다 분명하구나.

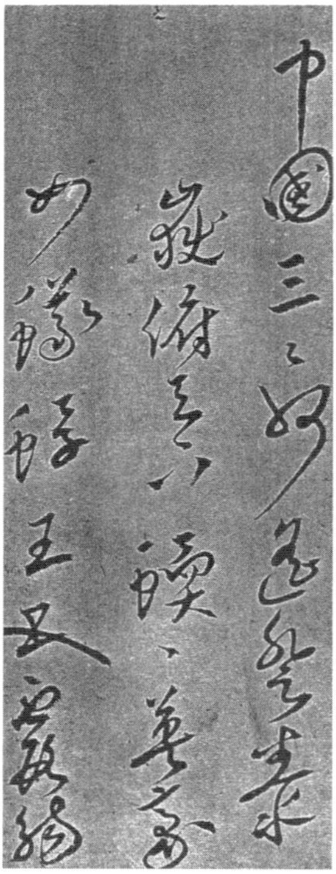

<도40>

유몽인<도40>은 조서중기의 문신이며 글씨도 각 서체에 두루 능하였다. 『어우집(於于集)』의 연보에는 "옛 사람의 서법을 임서하여 전서 · 예서 · 해서 · 초서에 모두 지극히 절묘하였으니, 이름을 '필원법첩(筆苑法帖)'이라고 하였다."[109]라고 기록되어 있다.

유몽인은 기 · 승구에서 장욱(張旭)과 장지(張芝)를 '용사(龍蛇)'에 비유하면서, 역대의 명필들이 이미 없으니 쓰는 데에 두려움이 없다고 하였다. 그래서 전 · 결구에서는 자기의 의지대로 한가하게 허공에 글씨를 쓰니 푸른 하늘을 한 장의 종이로 삼아 글자마다 또렷이 나타난다고 표현했다. 결구에서 '일지청천(一紙青天)'의 구절은 당의 이백이 지은 시구와 유사하다. 이백의 시에 다음과 같

108) 柳夢仁, 『於于集』, 韓國文集叢刊63, 民族文化推進會, 1991, p. 314.

109) 柳夢仁, 『於于集』, 附錄, 年譜, 景文社 影印, 1979, p. 314. "臨古人書法, 篆隸楷草, 俱極妙絕. 名曰筆苑法帖."

은 시가 있다. "오로봉(五老峯)을 붓으로 삼고 / 삼상(三湘)을 연지(硯池)로 만들며 / 푸른 하늘을 한 장의 종이로 삼아 / 내 흉중에 있는 것을 시로 쓴다."[오로봉위필(五老峯爲筆), 삼상작연지(三湘作硯池). 청천일장지(靑天一張紙), 사아복중시(寫我腹中詩).]

글씨는 예로부터 '공서(空書)'를 중요시하였다. 습서(習書)의 과정에는 꼭 지(紙)·필(筆)·묵(墨)·연(硯)에만 의존하는 것이 아니다. 붓이 없을 때에는 빈손으로 붓을 잡는 방법을 취하여 허공에다 글씨를 연습하면 익숙하게 된다. 주리정(朱履貞)은 "종요는 거처하는 곳마다 땅에 획을 긋고 누우면 자리에서 획을 그으며, 화장실에 가면 나오는 것을 잊었다."110)라고 하였다. 훌륭한 글씨를 쓰기 위해서는 시간과 공간에 구애받지 않고 부단히 연찬해야 한다. 노력이란 예술적 기능을 쌓는 것이기 때문에 문방사우를 자유롭게 운용할 수 있는 기교와 형식적인 규율과 숙련을 가리키는 것이다. 따라서 노력은 외재적인 동시에 후천적인 능력이므로 내재적이고 선천적인 자질과 적절히 결합되어야 비로소 진정한 예술창작을 실현할 수 있는 것이다.

다음은 월사(月沙) 이정구(李廷龜: 1564~1635)가 지은 「만백선명진남(挽白善鳴振南)」을 분석해 보자.

晉筆唐詩父子專	진나라 글씨와 당나라 시를 父子가 오로지 하여
瓊琚一出萬人傳	고귀한 작품이 한번 나오면 만인에게 전해졌네.
靑雲路隔難通籍	청운의 길 막혀 벼슬길 어려웠고
白玉樓成促上仙	백옥루 완성되자 신선에 오를 것 재촉하네.

110) 朱履貞, 「書學捷要」, 『歷代書法論文選』(下冊), p. 568. "元常居則畫地, 臥則畫席, 如厠忘返."

毫管謾留王氏塚　쓰던 붓은 문제없이 왕희지의 무덤에 남을 것이고
星虹應炤米家船　빛나는 작품은 응당 米芾의 배에 비추리.
年年橘柚秋霜後　해마다 가을 서리를 맞고 난 귤과 유자처럼
無復淸香帶錦牋[111]　맑은 향기가 다시 금전지를 두를 수 없구나.

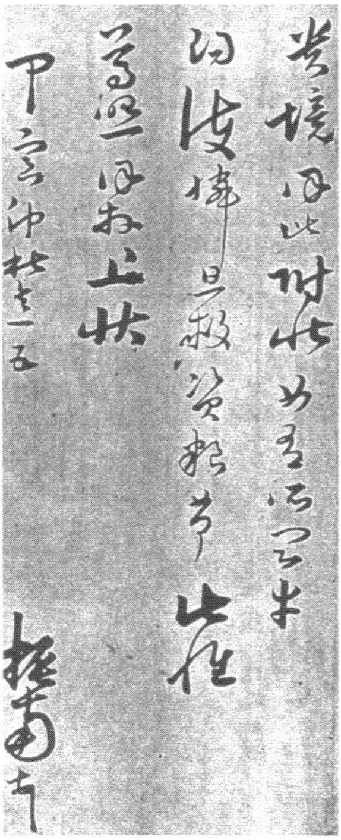

<도41>

시제에서 ‘선명(善鳴)’은 백진남(白振南: 1564～1618)<도41>의 자이다. 그는 ‘삼당시인(三唐詩人)’의 한 사람인 옥봉(玉峰) 백광훈(白光勳: 1537～1582)의 아들로 시·부와 글씨에 뛰어났다. 정호(鄭澔: 1648～1736)는 백진남의 비명(碑銘)에서 “시의 명성과 글씨의 오묘함은 능히 그 가법(家法)을 이었다.”[112]라고 기록되어 있다,

수련에서 백광훈과 백진남 부자가 글씨와 시에 뛰어났기 때문에 시·서가 한번 나오게 되면 고귀하게 여겨져 여러 사람들에게 전해졌다는 내용이다. 함련에서 ‘청운(靑雲)’은 입신출세(立身出世)를, ‘통적(通籍)’은 궁문(宮門)의 출입 허가를 받은 사람의 명패로, 즉 벼슬을 말한다. 따라서 입신출세의 길이 막혀 벼슬하기가 어려웠다는 뜻이다. 그리고 ‘백옥루(白玉樓)’는 천상(天上)·상제(上帝)의 누명(樓名)으로, 문인

111) 李廷龜, 『月沙集』, 韓國文集叢刊69, 民族文化推進會, 1991, p. 346.

112) 『國朝人物考』(下卷), 서울大學校出版部 影印, 1978, p. 237. “詩名墨妙, 克世其家.”

들이 사후에 승천(昇天)하여 사는 누각을 이른다. 후에 문인들이 죽으면 인용하여 말하기를, 백옥루가 완성되었다고 한다는 고사에서 비롯된 말이다. 그래서 훌륭한 시·서의 재능을 가지고도 벼슬길에 오르지 못하고 죽었다는 뜻이다. 경련에서는 쓰던 붓은 문제없이 왕희지의 무덤에 남을 것이고, 별과 무지개처럼 빛나는 작품은 마땅히 미불(米芾)의 배를 비추어 줄 것이라고 했다. 비록 육신은 사라졌을지라도 남겨진 필적과 시들은 오랫동안 빛이 되리라는 시작자의 믿음이 담겨 있다. 여기에서 '미가선(米家船)'이란, 송의 미불이 서화를 혹애하여 항상 서화를 배에 싣고 강호를 유람했기 때문에 이르는 말이다. 미련에서는 매 해마다 '금전지(錦牋紙)'로 서로 주고받던 서신은 귤과 유자의 향기와 같았는데, 지기로서 이제는 다시 할 수 없는 한탄의 심경을 읊었다.

다음은 경정(敬亭) 이민성(李民宬: 1570~1629)의 「제한석봉첩(題韓石峯帖)」을 음미해 보자.

中郎石刻在鴻都	중랑의 석각은 홍도에 있고
亦有羲之筆陣圖	왕희지의 필진도가 또한 있다네.
曉得石峯眞草帖	한호의 진·초첩을 깨달을 수만 있다면
誰將鷄鶩浪賢愚113)	누가 가계와 야목을 함부로 賢愚라 하리요.

기구의 '중랑(中郎)'은 동한(東漢) 말의 문학가이자 서예가인 채옹(蔡邕: 133~192)을 가리킨다. 채옹의 벼슬이 좌중낭장(左中郎將)을 역임하였기 때문에 '채중낭(蔡中郎)'이라고 부른다. '석각(石刻)'이란, 한(漢)나라 희평사년(熹平四年: 175)에 "고문(古文)·전서(篆書)·예서(隷書)의 세 가지 서체를

113) 李民宬, 『敬亭集』, 韓國文集叢刊76, 民族文化推進會, 1991, p. 253.

<도42>

서로 검증하여 육경(六經)을 써서 돌에 새기고 비를 세웠는데, 이것이 '삼체희평석경(三體熹平石經)'이라고 불리었다."114) 라고 기록되어 있다. 「희평석경」<도42>의 일부분은 채옹이 쓰기도 하였는데, 이 비는 당시에 세 가지 서체의 전범이 되었다. 현재까지 중국의 '서안비림(西安碑林)'에 일부의 글자들이 남아 있다. 승구에 왕희지의 「필진도(筆陣圖)」란 동진(東晉)의 여류 서예가인 위부인(衛夫人: 272~349)으로부터 전수된 서법의 비결을 말한다. 그 내용 가운데 중요한 부분을 인용해 보면 다음과 같다.

> 대저 삼단(三端)의 묘는 용필 보다 먼저인 것이 없다. …(중략)… 그런 까닭으로 그 근원을 알고 도달한 자는 적고, 이치에 어두운 자가 많다. 근대 이래로 특히 옛것을 스승으로 여기지 않고 연정(緣情)으로 정도(正道)를 버리고 겨우 성명을 기록하거나, 혹은 학문이 넉넉하지 못하고 또한 견문이 적고 성공으로 성취하지 못하여 허황되게 정신만 소비하고 있다. 스스로 신령과 통하고 사물을 감수하지 못하면 이 도를 담론할 수 없다. …(중략)… 무릇 글씨를 배우려면 먼저 집필을 배워야 하는데, 진서는 필두(筆頭)에서 2촌(寸) 1푼(分)만큼 가고, 행서·초서는 필두에서 3촌 1푼만큼 지나서 붓을 잡아야 한다. 글씨를 쓸 때에 점획(點畫)·파별(波撇)·굴곡(屈曲)은 모두 모름지기 일신(一身)의 힘을 다하여 붓을 보내

114) 劉詩 編著, 『中國古代書法家』, 文物出版社, 1991, p. 19. "用古文篆隸三種書體相參檢, 書寫六經文字, 刻石立碑, 被稱爲三體熹平石經."

어야 한다. 처음에는 큰 글씨를 먼저 배워야지, 작은 글씨를 쫓으면 얻을 수 없다. 감식을 잘하는 자는 쓰지 못하고, 잘 쓰는 사람은 감식을 하지 못한다. 필력이 있는 사람은 골(骨)이 많고, 필력이 없는 사람은 육(肉)이 많다. 골이 많고 육이 적은 것을 근서(筋書)라 이르고, 육이 많고 골이 적은 것을 묵저(墨猪)라 한다. 역(力)이 많고 근(筋)이 풍부한 것은 성(聖)이요, 역이 없고 근이 없는 것을 병(病)이라 한다. 일일이 그 소식(消息)에 따라서 써야 한다.115)

이와 같이 「필진도(筆陣圖)」에서는 용필의 중요성을 강조하고 있다. 이어서 7개 조항의 「참작도(斬斫圖)」와 집필의 7종, 그리고 6종의 용필을 설명하였다.

一(횡획: 橫畫)은 천리(千里)에 구름이 펼쳐 있는 것처럼 은은하면서 실제로 形이 있다. 丶(점: 點)은 높은 봉우리에서 돌이 떨어지듯, 실로 돌이 서로 부딪치면서 무너지는 것 같다. ノ(별: 撇)은 뭍에서 무소뿔과 상아를 자르듯이 한다. ㇏(배적: 背趯)은 백균(百鈞)의 큰 활을 발사하듯이 한다. 丨(수획(竪畫))은 만년 묵은 마른 등나무처럼 한다. ㇈(우도: 右挑)는 파도가 무너지고 천둥이 치듯 한다. ㇆(구: 鉤)는 굳센 활의 힘줄 마디처럼 쓴다. 위의 7조항은 붓을 운용함에 있어서 출입에 관한 「참작도(斬斫圖)」이다. 집필에는 7종이 있다. 마음은 급하나 집필을 느리게 하는 자가 있고,

---

115) 衛夫人, 「筆陣圖」, 『歷代書法論文選』(上冊), pp. 19～20. "夫三端之妙, 莫先乎用筆. …(中略)… 故知達其源者少, 闇於理者多. 近代以來, 殆不師古, 而緣情棄道, 才記姓名, 或學不該贍, 聞見又寡, 致使成功不就, 虛費精神. 自非通靈感物, 不可與談斯道矣. …(中略)… 凡學書字, 先學執筆, 若眞書, 去筆頭二寸一分, 若行草書, 去筆頭三寸一分, 執之. 下筆點畫波撇屈曲, 皆須盡一身之力而送之. 初學先大書, 不得從小. 善鑒者不寫, 善寫者不鑒. 善筆力者多骨, 不善筆力者多肉. 多骨微肉者謂之筋書, 多肉微骨者謂之墨猪. 多力豊筋者聖, 無力無筋者病. 一一從其消息而用之."

마음은 느리지만 집필을 급하게 하는 자가 있다. 집필은 가까우나 긴밀할 수 없는 자, 마음과 손이 가지런하지 않는 자, 뜻이 뒤에 있고 붓이 먼저인 자는 패한다. 만약 집필은 멀고 급하지만, 뜻을 먼저하고 붓이 뒤에 있는 자는 이긴다. 또 여섯 종류의 용필이 있다. 결구의 원비(圓備)함은 전법(篆法)처럼, 나부끼고 시원스러움은 장초(章草)처럼, 흉험하고 두려워함은 팔분(八分)처럼, 얌전하게 출입하는 것은 비백(飛白)처럼, 지조가 굳어 우뚝 선 것은 학두(鶴頭)처럼, 종횡으로 왕성함은 고예(古隸)와 같이 한다. 그러나 마음에 자세히 존재하여 매 한 글자가 각기 형을 닮게 되면 이에 묘경을 이루고 글씨의 도를 다한다.[116]

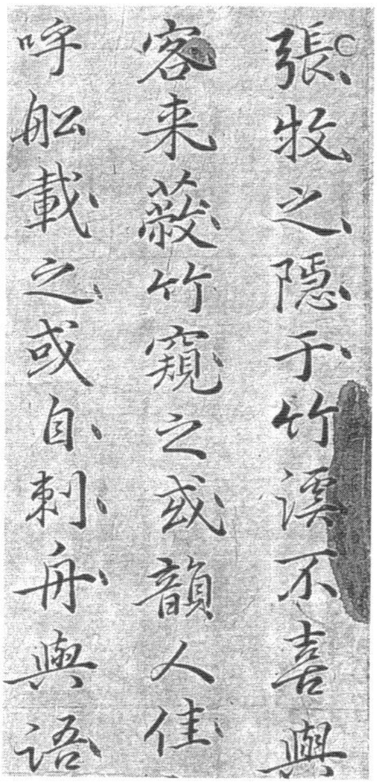

<도43>

앞 시의 전・결구에서는 한호의 진초첩(眞草帖)을 얻어 깨닫게 되면 한호와 왕희지 가운데 누가 훌륭한지 우열을 가리기가 어렵다는 것이다. 왜냐하면 한호의 서첩에는 채옹의 한예(漢隸)도 있고, 왕희지의 「필진도(筆陣圖)」가 들어 있기 때문이다.

한호<도43>는 한대(漢代)의 예서로부터 진대(晉代)의 해서・행서・초서에 이르

116) 上揭書, pp. 20～21. "一, 如千里陣雲, 隱隱然其實有形. 丶, 如高峰墜石, 磕磕然實如崩也. ノ, 陸斷犀象. ㇂, 百鈞弩發. 丨, 萬歲枯藤. 乁, 崩浪雷奔. ㇆, 勁弩筋節. 上七條筆陣出入斬斫圖. 執筆有七種. 有心急而執筆緩者, 有心緩而執筆急者. 若執筆近而不能緊者, 心手不齊, 意後筆前者敗. 若執筆遠而急, 意前筆後者勝. 又有六種用筆. 結構圓備如篆法, 飄颺灑落如章草, 凶險可畏如八分, 窈窕出入如飛白, 耿介特立如鶴頭, 鬱拔縱橫如古隸. 然心存委曲, 每爲一字, 各象其形, 斯造妙矣, 書道畢矣."

기까지 여러 가지 서체를 포괄적으로 섭렵하여 자기의 서체를 창안하였다. 그의 진초첩(眞草帖)을 보면 역대 명필들의 글씨가 두루 용해되어 있다. 이는 바로 어떠한 독창적인 예술세계가 나오기까지는, 과거의 섭렵 없이 새로운 예술세계를 전개할 수 없는 과정임을 말해준다.

다음은 관포(灌圃) 박홍미(朴弘美: 1571～1642)가 지은 「서동서당집고첩후(書東書堂集古帖後)」의 여섯 수를 분석해 보자.

蘭亭勝會盡詩文　난정의 성대한 모임에서 시·문을 다하여도
逸少風流獨冠群　일소의 풍류가 유독 무리의 으뜸이라.
醉墨一紙三百字　먹에 취해 한 장에 삼백 자를 쓰니
四十人中獨策勛[117]　40인 가운데 홀로 공을 나타내었구나.

「동서당집고첩(東書堂集古帖)」은 1416년 명나라에서 간행된 것으로, 진(晉)·송(宋)·원대(元代)에 명필들의 글씨를 모은 법첩이다. 기구의 '난정(蘭亭)'은 지금의 중국 절강성(浙江省) 소흥현(紹興縣) 남서쪽에 있는 정자의 이름이다. '승회(勝會)'는 동진(東晉) 목제(穆帝) 영화(永和) 9년(354) 3월 3일의 모임이다. 그 당시 왕희지를 비롯하여 유명한 명사(名士) 41인이 회계(會稽) 산음(山陰)의 난정(蘭亭)에 모여 수계사(修禊事)를 행하고 곡수(曲水)에 띄운 술잔을 마시며 시를 지었다. 그 때 지은 시를 모아 시집을 만들고, 그 서문을 왕희지가 행서로 쓴 것이 바로 「난정서」이다. 『진서(晉書)』·「왕희지전(王羲之傳)」에는 다음과 같이 기재되어 있다.

회계는 아름다운 산수가 있고 명사(名士)들이 많이 살고 있다. 사안(謝

117) 朴弘美, 『灌圃先生文集』, 成均館大學校 尊經閣所藏, 木版本, 憲宗12年(1846)刊, D3B-2817a. (以下 朴弘美, 『灌圃先生文集』, 木版本.)

安)도 벼슬하지 않을 때 거기에서 살았다. 손작(孫綽), 이윤(李允), 허순(許詢), 지둔(支遁) 등 모두 문장과 의리로써 세상에 으뜸이었다. 나란히 동토(東土)에서 왕실을 지을 때 왕희지와 함께 좋아한 동지들이었다. 회계 산음의 난정에 모여 연회를 베풀고 희지가 스스로 서문을 짓고 그 뜻을 펼쳤다.118)

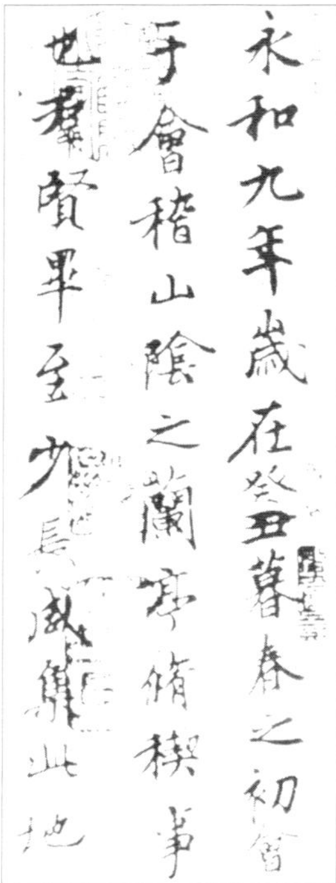

<도44>

「난정서」<도44>는 난정에서 수발계지례(修祓禊之禮)의 서문으로 휘호하였기 때문에 '계첩(禊帖)'이라고도 부른다. 이것은 쥐의 수염으로 만든 서수필(鼠鬚筆)로써 견지(繭紙)에 28행, 324자를 썼다. 그 필체는 주미경건(遒媚勁健)하며 중복되는 글자들은 모두 운필과 결구를 각각 달리하였다. 현재까지도 「난정서」는 행서의 전형으로 삼고 있으며 '천하제일행서(天下第一行書)'로 추앙 받고 있다. 승구에서 '풍류(風流)'란 여러 현인들과 함께 빼어난 자연경관 속에 모여서 굽이쳐 흐르는 물줄기에 둘러앉아 술잔을 띄워 술을 마시고 시를 지으며 인생을 토로하는 운치이다. 전구에서의 '취묵(醉墨)'은 먼저 자연에 동화되어 취했고, 문인들이 읊조리는 시의 내용에 취했으며, 자신

118) 林尹, 高明 主編, 『中文大辭典』(8), 中華學術院印行, 民國62年, p. 251. "會稽有佳山水, 名士多居之. 謝安未仕時, 亦居焉. 孫綽李允許詢支遁等, 皆以文義冠世. 並築室東土, 與羲之同好, 嘗與同志. 宴集於會稽山陰之蘭亭, 羲之自爲之序, 以申其志."

의 북받치는 감회에 취했다는 의미이다. 이러한 상태에서 쓰인 324자의 글자들은 가히 연상만 하여도 취할 수 있는 경계이다. 결구에서의 '독영훈(獨榮勛)'은 41명의 유명한 문인들 가운데 왕희지의 시·문과 글씨가 공히 위대함을 찬미한 구절이다.

왕희지의 「난정서」는 사람들로 하여금 아름다운 산수의 경관과 그 멋스러운 세계의 자연스러운 경계를 느끼게 한다. 게다가 글씨의 형태가 정감 표현에 적합한 행서이기 때문에 운치를 한층 더한다. 진대(晉代)의 서예는 '운(韻)'을 숭상하였다. 따라서 당시의 문인들은 여러 서체 중에서도 표일하고 유창한 행·초서에서 정감어린 풍운(風韻)을 추구하였다. 「난정서」는 도가의 맑고 담박한 미적 감수를 부여하면서, 또 한편으로는 유가의 중화적(中和的)인 미적 관념에도 잘 부합되고 있다.

과거의 사람들은 하나같이 왕희지의 진적이 당태종의 능묘(陵墓)에 수장되어 모두 없어졌다고 인식하고 있다. 다만 최근 하나의 자료상에 기재된 것을 보면 대만(臺灣)에서 우연히 「역대제왕비각보장왕희지진적(歷代帝王秘閣寶藏王羲之眞迹)」이라는 책이 발견되었다. 이 책의 수항(首項)에는 당 태종(太宗) 이세민(李世民)이 친필로 쓴 초서의 서문이 있고, 문장의 앞에는 '정관(貞觀)'이란 두 글자의 작은 도장이 있으며, 문장의 뒤에는 '홍문전보(弘文殿寶)'이라는 네 글자의 큰 도장이 있다. 전체적으로 왕희지의 글씨가 나부낌이 구름이 노는 것 같고 교태함이 놀란 뱀과 같은 왕희지의 묵보(墨寶)가 총 이십 첩이 있다. 첩의 위에는 당·송·원의 역대 내부(內府)에서 수장한 새인(璽印)이 찍혀 있다. 이 첩은 명나라 초에 민간에 유입되었다. 이것은 중화민국이 건립된 후에 구정천(瞿正川)이 대만으로 가져간 것이다. 이 책의 발견으로 지금까지 왕희지의 필적이 당나라 이후에 이미 진본이 없어졌다는 논단을 새롭게 고려해야 하며, 특히 왕희지의 글씨를 연구하고 학습할 수 있는 원본을 제공해 주었다는 사실은 매우 큰 가치가 있다고 볼 수 있다.[119]

이어서 박홍미가 왕희지에 대해 지은 시를 감상하기로 한다.

世情冷煖由窮達	세상 인정의 차고 따뜻함은 현달한데 말미암고
人事得失兼是非	사람 일의 얻음과 잃음은 是와 非를 겸한다네.
羲之自誓老田里	왕희지는 스스로 시골에서 늙고자 맹세했으니
豈但筆法爲我師[120]	어찌 필법만 나의 스승이리오.

세상인심이란 궁하면 사람을 박대하고 영달한 사람은 따뜻하게 대하며, 득세하면 옳다고 하고 실패하면 그르다고 하는 것이다. 즉 왕희지는 벼슬을 그만두고 글씨공부에 전념했기 때문에 글씨뿐만 아닌 인간성도 나의 스승이라는 뜻이다. 왕희지는 부모님의 묘소 앞에서 '서묘문(誓墓文)'을 써놓고 회계현의 고을 군수를 그만두기로 맹세했다. 세상에서 벼슬을 하기가 어렵고 힘이 드는 일이지만, 가지고 있는 벼슬을 사직한다는 것은 더욱 쉽지 않은 일이다. 왕희지가 벼슬을 그만두고 학문과 글씨에 정진한 결과, 중국 서예사에서 가장 위대한 '서성'의 칭호를 얻게 되었다. 그는 단지 고을의 군수에 연연하지 않고, 더 높고 깊은 정신세계를 갈구하였을 것이다. 그래서 시 작자는 왕희지의 훌륭한 필법에만 국한되지 않고, 그의 정신세계에 이르기까지 스승으로 추앙하게 된 것이다.

동양의 예술적 사고는 단순히 작품을 보고 형태의 아름다움만을 추구하지 않고, 작가의 학문과 인품 및 정신세계까지를 헤아리려는 특성이 있다. 그래서 글씨를 보면 그 사람을 알 수 있다고 한 것이 바로 '서여기인(書如

119) 劉詩 編著, 『中國古代書法家』, pp. 40～41.要約.

120) 朴弘美, 『灌圃先生文集』, 木版本.

其人)'의 사고이다. 이러한 인식은 서한(西漢)의 양웅(揚雄)이 말한 "글씨는 마음의 그림이다."[121]라고 한 것에서 비롯되었다. 글씨는 자기의 마음을 그려내는 것이기 때문에 마음의 공부를 하지 않고, 글씨만 잘 쓰려고 해서는 아무런 효과가 없다. 그래서 글씨는 심학(心學)이라고 하였다. 서예는 결국 그 작가의 내면적 성정이 근본이 되기 때문에 안으로 성정을 잘 다스리는 공부가 서예의 선행조건이라 하겠다.

이어서 박홍미가 앞의 시와 같은 제목으로 쓴 7언 절구를 감상해 보자.

前有草聖後草顚　　앞에는 草聖, 뒤에는 草顚이 있으니
相見秉筆大如椽　　서로 붓을 잡으면 큰 서까래 같구나.
王家諸兒盡父風　　왕씨 가문의 여러 아이들 아버지의 서풍을 다 하는데
獻之無愧二張前[122]　헌지는 二張 앞에서도 부끄러움이 없구나.

위의 시는 중국 역대 초서의 명필들을 주제로 하여 지은 것이다. 기구에서 '초성(草聖)'은 동한(東漢)의 서예가인 장지(張芝: ?~약192)를 가리킨다. 장지의 자는 백영(伯英)이며 당시 초서의 서풍을 열어 준 서예가로서 '초성'으로 전해진다. 장지는 장초를 잘 썼으며 장초의 점획(點畫)과 파책(波磔)을 고쳐서 금초를 만들었다고 한다. 남조(南朝) 때 송의 서예가 양흔(羊欣: 370~442)은 "장지(張芝), 황상(皇象), 종요(鍾繇), 삭정(索靖)은 당시 나란히 서성으로 일컬어졌다. 그 중에서도 장지는 경골풍기(勁骨豊肌)하여 덕이 여러 현인들의 으뜸이다."[123]라고 하였다. 그렇다면 장지가 창조한

121) 劉熙載, 「書概」, 『歷代書法論文選』(下冊), p. 666. "以書爲心畫."

122) 朴弘美, 『灌圃先生文集』, 木版本.

123) 劉詩 編著, 『中國古代書法家』, p. 14. "張芝皇象鍾繇索靖, 時並稱書聖. 然張勁骨豊肌, 德冠諸賢之首."

금초(今草)는 어떠한 서체인가에 대해서, 당나라의 장회관은 다음과 같이 언급하였다.

> 장지(張芝)는 최원(崔瑗)와 두조(杜操)의 법을 배워 그것을 변화시켜서 금초를 만들어 더욱 그 묘함이 정교하다. 글자의 체세는 일필(一筆)로 이루어져 둘로 나뉘어 연결되지 않더라도 혈맥이 끊이지 않았으며, 그 연결됨에 이른 것은 기맥이 막힌 행 사이에 관통하였다.[124]

그리고 앞의 시에서 '초전(草顚)'이란, 당나라의 서예가로 장욱을 가리킨다. 그는 평소에 술을 좋아하고 말을 미친 듯이 하며 행동이 기이하고 특별하여 사람들이 '장전(張顚)'이라고 부르는 데에서 연유한다.

이기(李頎)는 「증장욱(贈張旭)」이라는 시에서 "장공의 성품은 술을 좋아하니 / 활달하여 세상일에 애쓰는 것 없네. / 흰머리로 초예(草隷)를 궁구하니 / 당시에 태호정(太湖精)이라 불렀다네. / 이마를 드러내고 의자에 걸터앉아 / 길게 소리를 지르는구나. / 흥이 오면 깨끗한 흰 벽에 먹을 뿌려 / 붓을 휘두르는 것이 유성과 같도다."[125]라고 읊었다.

장욱은 당시 유행된 금초에서 필법은 자유분방하게, 필세는 이어지면서 순환하고, 자형은 복잡한 것을 보다 단순하게 하여 광초를 완성하였다. 그는 광초의 기초를 닦은 사람이다. 그의 광초는 자태가 천변만화할 뿐만 아니라, 기이한 형상들을 헤아릴 수 없는 경지에 이르렀다. 따라서 광초는 실용적이기 보다 예술적 아름다움이 충만하다고 볼 수 있다. 장욱 또한

---

124) 上同. "(張)芝學崔(瑗)杜(度)之法, 因而變之, 以成今草, 轉精其妙. 字之體勢, 一筆而成, 偶有不連, 而血脈不斷, 及其連者, 氣脈通于隔行."

125) 劉詩 編著, 『中國古代書法家』, p. 87. "張公性嗜酒, 豁達無所營. 皓首窮草隷, 時稱太湖精. 露頂踞胡床, 長叫三五聲. 興來灑素壁, 揮筆如流星."

역대의 '초성'으로 존경을 받고 있다. 장욱의 광초가 높은 예술수준에 도달할 수 있었던 까닭은 그가 평소에 진지하게 객관세계를 잘 관찰하면서 생활로부터 아름답고 합리적인 것을 흡수하여 풍부하게 자기의 예술구상을 했기 때문이다.

승구에서는 이장(二張)이 모두 글씨의 대가들로 '대연(大椽)'에 비유하였다. 전구의 '왕가(王家)'는 왕희지의 가문을, '부풍(父風)'은 왕희지의 서풍을 말한다. 당시 왕희지<도45>의 여러 자식들은 모두 그의 서풍을 본받았는데, 왕헌지(王獻之: 344～386)<도46>만은 예외였다. 왕헌지는 왕희지의 일곱 자식 중 막내였다. 그의 글씨는 부친에게 가르침을 받은 것 이외에도 장지(張芝)의 필법 등을 배워서 참신한 돌파구를 마련하였다. 그의 용필은 '내엽(內擫)'을 따르면서 '외탁(外拓)'으로 하였는데, 당시의 고졸한 서풍을 일보개변(一步改變)하여 나아갔기 때문에 '파체(破體)'라는 칭호도 얻었다. 왕헌지 서풍의 특징은 영준호매(英俊豪邁)하고 기세가 넘치며, 신운(神韻)과 천자(天資)가 매우 빼어났다. 이러한 이유 때문에 결구에서는 '2장(二張)'인 장지와 장욱의 앞에서도 부끄러움이 없다고 한 것이다.

소식은 왕헌지의 서첩을 보고 다음과 같이 절찬하였다. "집닭과 물오리 함께 도마에 오르니 / 봄 지렁이 가을 뱀 모두 상자 속에 들어갔지. / 그대 집에 두 줄로 된 열두 글자 / 기운이 업후(鄴侯)의 삼만 권을 누른다네."126)

앞의 시에서 우리는 초서의 '사대성인(四大聖人)'이 곧, 한(漢)나라 장지의 장초(章草)와 금초(今草), 동진(東晋) 때 왕희지 부자의 금초(今草), 당(唐)나라 장욱의 광초(狂草)임을 엿볼 수 있다. 이 네 사람은 장초·금초·광초를 창안하거나 정리하는 데 적극적으로 가담한 주역들이다.

---

126) 蘇軾,「書劉景文所藏王子敬帖絶句」,『五體歷代論書詩』. p. 4. "家鷄野鶩同登俎, 春蚓秋蛇總入匳. 君家兩行十二字, 氣壓鄴侯三萬簽."

<도45>

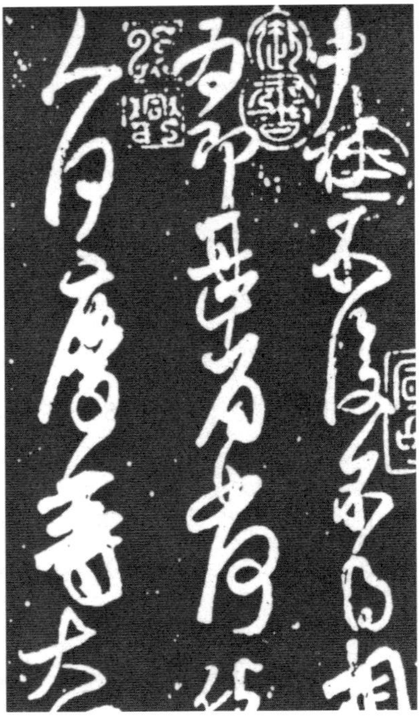

<도46>

이어서 박홍미는 안진경(顔眞卿: 709~785)의 고첩(古帖)을 보고 그 감회를 7언 절구로 작시했는데, 그 내용을 살펴보자.

我愛尙書顔眞卿	나는 상서 안진경을 사모하니
筆鋒遠與長史爭	필봉은 멀리 張長史와 다툴만하네.
正坐杞等同亂朝	정좌기의 무리들은 함께 조정을 어지럽혔으나
賴有一死成其名[127]	마침내 죽어서 그 이름을 이루었구나.

127) 朴弘美, 『灌圃先生文集』, 木版本.

기구의 '상서(尙書)'는 안진경이 상서를 역임한 것에 대한 벼슬이름을 가리킨다. 승구의 '여장사쟁(與長史爭)'이란 안진경이 장욱의 서법에 크게 영향을 받았다는 의미이다. 장욱은 안진경에게 필법을 전수하였는데, 그 요체가 바로 안진경의 「술장장사필법십이의(述張長史筆法十二意)」이다. 그것은 장욱이 묻고 안진경이 대답하는 문답의 형식으로 이루어져 있다. 요점을 살펴보면 대략 다음과 같다.

① 평(平)을 횡(橫)이라 이르는 까닭 → 평획(平畫)을 할 때마다 종횡(縱橫)의 모양이 있게 하라는 뜻.
② 직(直)을 종(縱)이라 이르는 까닭 → 직(直)이란 반드시 사곡(邪曲)하게 하지 않는 것.
③ 균(均)을 간(間)이라 이르는 까닭 → 간(間)은 빛을 용납하지 않는 것.
④ 밀(密)을 소(疎)라 이르는 까닭 → 하필(下筆)할 때 봉(鋒)을 축(築)하고 소(疎)하지 않게 하는 것.
⑤ 봉(鋒)을 말(末)이라 이르는 까닭 → 말(末)로 획을 이루며 봉(鋒)은 강건하게 하는 것.
⑥ 역(力)을 골체(骨體)라 이르는 까닭 → 적필(趯筆)할 때 점획에 모두 근골(筋骨)이 있어야 자체(字體)가 자연히 웅미(雄媚)하게 된다는 것.
⑦ 전경(轉輕)을 곡절(曲折)이라 이르는 까닭 → 구필(鉤筆)은 전각(轉角)하고 절봉(折鋒)은 가볍게 도는 것이고, 또 전각(轉角)은 몰래 가는 것.
⑧ 결(決)을 견체(牽掣)라 이르는 까닭 → 견체(牽掣)는 별(撇)이 되고, 예의(銳意)는 봉(鋒)을 꺾는 것으로 겁체(怯滯)하지 않고 험준하게 이루는 것.
⑨ 보(補)를 부족(不足)이라 이르는 까닭 → 결구(結構)나 점획에서 혹 취(趣)를 잃은 것이 있으면 별도의 점획으로 곁에서 그것을 구

하는 것.

⑩ 손(損)을 유여(有餘)라 이르는 까닭 → 취(趣)는 길게 필(筆)은 짧게, 의기(意氣)는 남음이 있게, 획(畫)은 부족한 듯 하는 것.

⑪ 교(巧)를 포치(布置)라 이르는 까닭 → 먼저 자형포치(字形布置)를 예상하여 평온(平穩)하게하고, 뜻밖의 체를 살려서 이체(異體)가 있게 하는 것.

⑫ 칭(稱)을 대소(大小)라 이르는 까닭 → 대자(大字)는 촉급하여 작게 하고, 소자(小字)는 펼쳐서 크게 하며, 무밀(戊密)을 겸하는 것.[128]

이 문답에 앞서 장욱이 말하기를 "필법의 현미(玄微)함은 함부로 전수하기 어렵다. 지사고인(志士高人)이 아니면 어찌 그 중요한 묘를 말할 수 있으리오! 글씨의 능함을 구하려면 또한 진초(眞草)에 힘써야 한다. 지금 자네에게 전수하니 모름지기 묘처를 생각해야 한다."[129]라고 했다. 그리고 문답이

---

128) 顔眞卿, 「述張長史筆法十二意」, 『歷代書法論文選』(上冊), pp. 254～255. "乃曰: '夫平謂橫, 子知之乎?' 僕思以對曰: '嘗聞長史九丈令每爲一平畫, 皆須縱橫有象. 此豈非其謂乎?' 長史乃笑曰: '然.' 又曰: '夫直謂縱, 子知之乎?' 曰: '豈不謂直者必縱之不令邪曲之謂乎?' 長史曰: '然.' 又曰: '均謂間, 子知之乎?' 曰: '嘗蒙示以間不容光之謂乎?' 長史曰: '然.' 又曰: '密謂際, 子知之乎?' 曰: '豈不謂築鋒下筆, 皆令宛成, 不令其疏之謂乎?' 長史曰: '然.' 又曰: '鋒謂末, 子知之乎?' 曰: '豈不謂末以成畫, 使其鋒健之謂乎?' 長史曰: '然.' 又曰: '力謂骨體, 子知之乎?' 曰: '豈不謂趯筆則點劃皆有筋骨, 字體自然雄媚之謂乎?' 長史曰: '然.' 又曰: '轉輕謂曲折, 子知之乎?' 曰: '豈不謂鉤筆轉角, 折鋒輕過, 亦謂轉角爲暗過之謂乎?' 長史曰: '然.' 又曰: '決謂牽掣, 子知之乎?' 曰: '豈不謂牽掣爲撇, 銳意挫鋒, 使不怯滯, 令險峻而成, 以謂之決乎?' 長史曰: '然.' 又曰: '補謂不足, 子知之乎?' 曰: '嘗聞於長史, 豈不謂結構點畫或有失趣者, 則以別點畫旁救之謂乎?' 長史曰: '然.' 又曰: '損謂有餘, 子知之乎?' 曰: '嘗蒙所授, 豈不謂趣長筆短, 長使意氣有餘, 畫若不足之謂乎?' 曰: '然.' 又曰: '巧謂布置, 子知之乎?' 曰: '豈不謂欲書先預想字形布置, 令其平穩, 或意外生體, 令有異體, 是之謂巧乎?' 曰: '然.' 又曰: '稱謂大小, 子知之乎?' 曰: '嘗聞教授, 豈不謂大字促之令小, 小字展之使大, 兼令茂密, 所以爲稱乎?' 長史曰: '然, 子言頗皆近之矣. 工若精勤, 悉自當爲妙筆.'"

끝나고 장욱은 또 말하기를 "그렇다. 자네가 말한 것은 자못 모두 가깝다. 부지런히 힘써 공부하면 모두가 스스로 응당 묘필이 될 것이다."130)라고 하였다. 이 12가지의 필법은 즉 평직법(平直法)·균간법(均間法)·소밀법(疎密法)·봉력법(鋒力法)·전절법(轉折法)·결법(決法)·보손법(補損法)·포치법(布置法)·대소법(大小法)이다. 그리고 안진경이 공서지묘(攻書之妙)에 대해서도 물으니, 장욱은 집필(執筆)·식법(識法)·포치(布置)·지필(紙筆)·변화(變化)가 구비되어야 한다고 대답했다.

전·결구는 정좌기(正坐杞) 등의 무리들이 조정을 어지럽혔으나, 안진경은 죽음으로 이름을 떨쳤다는 내용이다. 이는 곧 안진경이 안록산(安祿山)과 이희열(李希烈)의 반란 때에 종형(從兄)인 고경(杲卿)과 함께 부근 17개 군의 맹주(盟主)가 되어 20만의 군사를 합병하여 동관(潼關)을 지켰으나 결국 이희열로 하여금 죽임을 당하였다는 것이다. 안진경의 장렬한 순국은 역사의 애국충신으로 이름을 떨치게 되었다는 것을 의미한다.

예로부터 글씨는 '서여기인(書如其人)'이라고 하였다. 청나라의 유희재(劉熙載: 1813~1881)는 「서개(書概)」에서 다음과 같이 말했다.

> 글씨란 같은 것이다. 그 사람의 학문과 같고 재주와 같고 뜻과 같은 것이니, 이것을 종합하여 말하면 바로 그 사람과 같을 따름이다. 현인이나 철인의 글씨는 온화하고 순후하며, 영웅의 글씨는 침착하고 굳세며, 탈속한 기이한 선비의 글씨는 탈속적이고 풍격이 높고, 재주 있는 선비의 글씨는 수려하고 영특하다. 글씨로 가히 식견을 볼 수 있다. 필법과 글씨체에 있어서 피차가 취하고 버림이 각각 다르니, 식견의 높고 낮음이

---

129) 上揭書, p. 254. "筆法玄微, 難妄傳授. 非志士高人, 詎可言其要妙. 書之求能, 且攻眞草. 今以授子, 可須思妙."

130) 上揭書, p. 255. "然子言頗皆近之矣. 工若精勤, 悉自當爲妙筆."

바로 여기에 있다.[131)]

글씨는 그 사람의 사상이나 감정·성격·기질과 무관하지 않다. 서예의 형상에는 작가의 성정과 개성이 내용적으로나 형식적으로 발현된다. '서여기인'은 흔히 인격이나 인품이 그 작품의 풍격을 결정한다는 식으로 이해된다. 즉 서여기인은 윤리 도덕을 표준으로 하여 서예를 감상하고 비평하는 주요한 근거로 삼는다. 이 서여기인을 강조하는 경우는 대부분 유가적 미의식과 윤리관이 그 밑바탕에 깔려 있다.[132)]

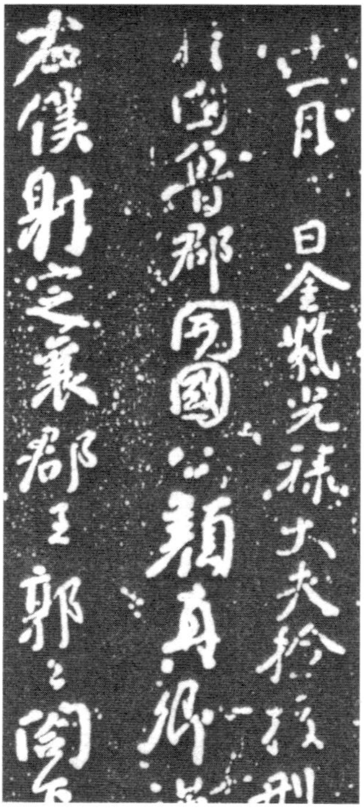

<도47>

안진경<도47>은 훌륭한 글씨에 충직한 성품까지 더해졌으므로 이러한 글씨를 '명필'이라 부른다. 이것은 그 사람됨이 고고하면 글씨도 고고하고, 그 사람됨이 정대(正大)하면 글씨 역시 정대하다는 논리이다.

이어서 박홍미는 한(漢)·위(魏)·진(晉)·당(唐)·송(宋)·원(元)의 글씨를 언급하면서 원의 조맹부가 왕희지와 근사

131) 劉熙載, 「書概」, 『歷代書法論文選』(下冊), p. 666. "書, 如也. 如其學, 如其才, 如其志, 總之曰如其人而已. 賢哲之書溫醇, 駿雄之書沈毅, 畸士之書歷落, 才子之書秀穎. 書可觀識. 筆法字體, 彼此取捨各殊, 識之高下存焉矣."

132) 曺玟煥, 「선비들의 시·서·화 세계」, 『선비들의 예술세계』, 한국국학진흥원, 2004, p. 193.

(近似)하다고 작시하였다.

漢魏晉法盛於唐　한・위・진법은 당보다 성대하였고
宋臣不及宸翰章　송의 신하들은 황제가 쓴 글씨에 미치지 못하였네.
元朝亦多名家者　원의 조정에 또한 명가가 많았으나
松雪學士眞逼王[133]　송설학사가 참으로 왕희지와 가깝구나.

기구는 한의 예서, 위의 해서, 진의 행서・초서의 법이 당보다 성대하였다는 뜻이다. 당 왕조는 수(隋)나라를 이으면서 전대(前代)의 제도를 정비하고 집대성하였다. 태종(太宗: 627~649)은 서예에 각별한 관심을 두어 왕희지의 진적을 구입하는 데 매진하였으며, 역대의 진적들도 체계적으로 정리하였다. 당나라는 특히 '법(法)'을 숭상하는 풍조가 있었으므로 전대의 필적들을 필법에 맞추어 규정하고 장려하였다. 승구에서 '신한장(宸翰章)'은 여러 황제들 가운데 남송(南宋)의 제1대 황제인 고종(高宗: 1127~1162)을 가리킨다. 고종은 아버지 휘종(徽宗: 1101~1125)과 더불어 서화에 지대한 관심을 가졌던 인물이다. 그는 위진(魏晉)으로부터 육조(六朝)의 필법에 이르기까지 두루 임모(臨摹)하여 독자적인 서풍을 전개하였다. 그래서 신하들이 미칠 수 없는 경지에까지 이르게 되었다. 전구에서 원나라 조정에 명가들이 많았다는 것은 그 중 선우추(鮮于樞: 1256~1301)<도48>, 등문원(鄧文原: 1258~1308)<도49>, 강리기기(康里巎巎: 1295~1345)<도50>, 양유정(楊維楨: 1296~1370), 예찬(倪瓚: 1306~1374)<도51> 등을 거론할 수가 있다. 결구에서는 조맹부가 진실로 왕희지에 가깝다고 하였다. 조맹부는 실지로 시・서・화・음률・전각에 두루 뛰어났고, 서예에 탁월했던 인물

133) 朴弘美, 『灌圃先生文集』, 木版本.

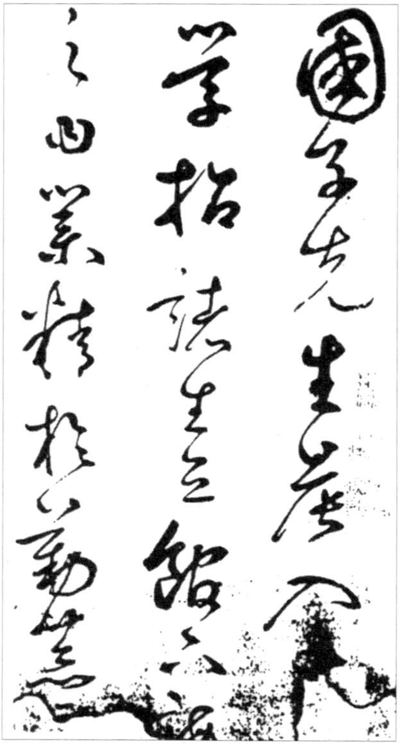

<도48>

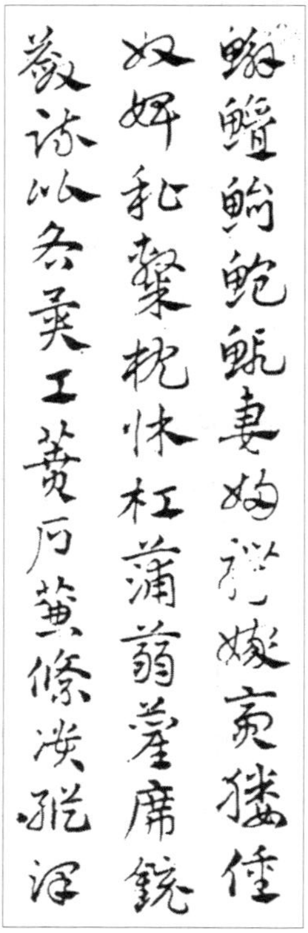

<도49>

이다. 『원사(元史)』·「조맹부전(趙孟頫傳)」에서 "전(篆)·주(籒)·분예(分隸)·진(眞)·행(行)·초서(草書)는 고금에 뛰어나지 않음이 없어 마침내 천하의 명서(名書)가 되었다."[134]라고 하였다. 또 양재(楊載)의 「한림학사조공장(翰林學士趙公狀)」에서는 "공은 천성적으로 글씨를 좋아하였는데 오로지 고금을 법으로 삼았다. 전서는 「석고(石鼓)」·「조초(詛楚)」를 법으로 하였고, 예서는

134) 劉詩 編著, 『中國古代書法家』, p. 187. "篆籒分隸眞行草書, 無不冠絶古今, 遂以書名天下."

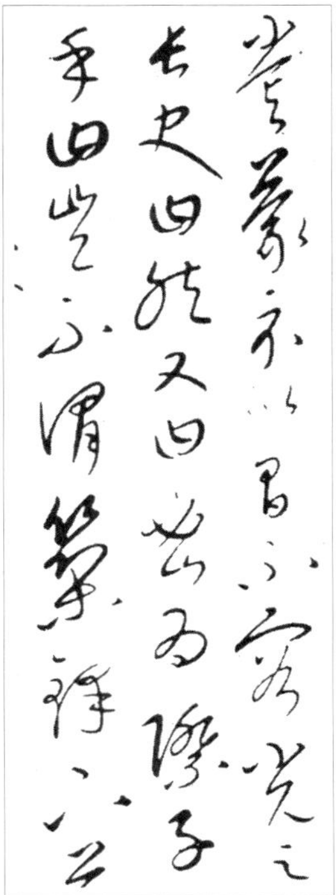

<도50>

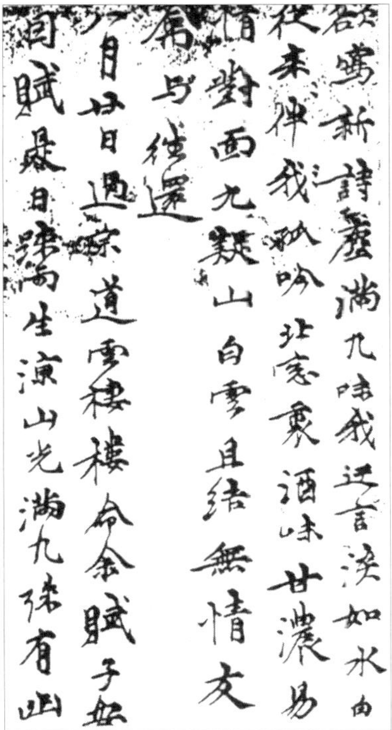

<도51>

양곡(梁鵠), 종요(鍾繇)를 법으로 여겼으며, 행서 · 초서는 일소(逸少)와 헌지(獻之)를 법으로 삼아 근체(近體)로 잡박하게 하지 않았다"[135)]라고 하였다. 그러나 조맹부<도52>의 주된 성취는 해서 · 행서 · 초서에 있었으며, 가장 뛰어난 것은 소해서(小楷書)이다. 결구에서 왕희지에 핍진하다는 것은 조맹부가 왕희지의 필법을 이었다는 뜻과, 왕희지의 글씨에 매우 가깝다는 의미도 내포되어 있다.

135) 上同. "公性善書, 專以古今爲法. 篆則法石鼓詛楚, 隸則法梁鵠鍾繇, 行草則法逸少獻之, 不雜以近體."

<도52>

이어서 박홍미가 회소(懷素)의 글씨에 대하여 느낀 시를 감상해 보기로 하자.

零陵懷素善醉墨　영릉의 회소가 취묵을 잘하여
晩遊中州多所得　만년에는 중주에 유람하면서 소득이 많았다.
也勝鐵門永師書　철문인 지영선사의 글씨보다 뛰어나
千金自許無愧色[136]　천금으로 자부하면서 부끄러운 기색이 없구나.

당의 서예가인 회소<도53>는 광초에 뛰어났다. 그는 집안 형편이 좋지 않아 어릴 때 출가하여 승려가 되었다. 회소는 평소에 술을 좋아하였고 진부하고 누습(陋習)한 규칙을 싫어하여 사람들이 '광승(狂僧)'이라 불렀다. 회소는 연습하고 버려진 붓이 산더미처럼 퇴적되어 '필총(筆塚)'을 이루었다. 그는 종이가 부족하여 마당에 파초를 심어 그 잎으로 글씨 연습을 하였기 때문에 거처하는 곳의 이름을 '녹천암(綠天庵)'이라 불렀다. 그는 술을 좋아하여 취하게 되면 절의 벽이나 담장, 의상, 기물 등에 닥치는 대로 휘호하여 당시 사람들이 '취승(醉僧)'이라 불렀다.

136) 朴弘美, 『灌圃先生文集』, 木版本.

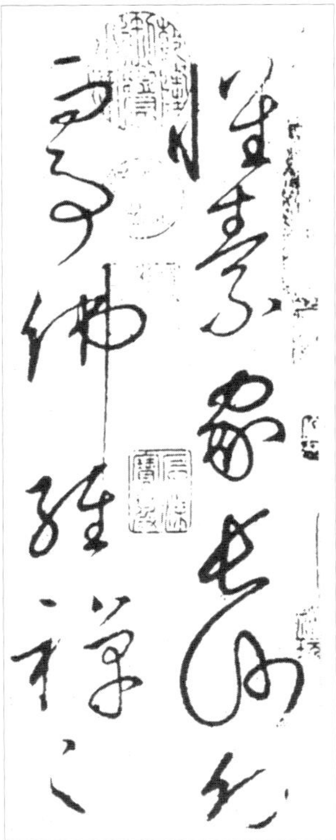

<도53>

당나라의 저명한 시인 전기(錢起)는 「송외생회소상인귀향시봉(送外甥懷素上人歸鄕侍奉)」이란 시에서 "스님은 우리 집안의 보배로 / 정신이 맑고 지혜는 넉넉하네. / 청정한 왕희지의 글씨를 옮기는데 능하고 / 묘함은 장지의 글씨를 다 하였네. / 돌아온 학은 앞에 따라갈 것이 없고 / 외로운 구름은 태허에 기탁하네. / 미친 듯이 세상을 경시하니 / 취한 가운데 진여를 얻었구나!"137)라고 읊조렸다. 전기가 회소에 대하여 지은 이러한 시에서는 그 성격의 특징에 대하여 비교적 생동적으로 그려냈다고 할 수 있다.

당나라의 허요(許瑤)는 회소의 초서에 대하여 다음과 같이 읊조리고 있다. "신기(新奇)함에 뜻을 두니 일정한 법칙이 없고 / 예스럽고 파리함이 연이어져 반쯤은 먹물이 없다네. / 취해 손가는 대로 두 세줄 쓰니 / 깨고 난 뒤 써 보려 하나 쓸 수가 없네."138) 이 시에서 허요는 회소의 신풍(身風)과 서풍을 함축적으로 술회하고 있다. 즉, 회소가 일정한 법도를 초월하여 흉중의 의지에 따라 자유로이 운필한 것을 형용하였다.

---

137) 劉詩 編著, 『中國古代書法家』, p. 109. "釋子吾家寶, 神淸慧有餘. 能翻梵王字, 妙盡伯英書. 還鶴無前侶, 孤雲寄太虛. 狂來輕世界, 醉裏得眞如."

138) 許瑤, 「題懷素上人草書」, 『五體歷代論書詩』, p. 1. "志在新奇無定則, 古瘦灕纚半無墨. 醉來信手兩三行, 醒後却書書不得."

또 당(唐) · 오대(五代)의 양응식(楊凝式: 833~904)은 「제회소주광첩후(題懷素酒狂帖後)」에서, "회소가 십년 동안 글씨를 연마한 뒤에야 / 비로소 왕희지가 위부인에게 배운 것이 그릇됨을 알았다네. / 초서의 성인은 본디 술로 인해 글을 써 / 붓끝이 응당 용으로 변해 날아가는 것을 알았네."[139] 라고 했다. 이 시는 회소가 평소 술을 좋아했으며 취기에 휘호를 많이 했다는 내용이다. 그래서 세상 사람들이 장욱과 함께 '장전소광(張顚素狂)'이라고 불렀다. 회소는 술을 마시고 미치광이처럼 휘호했다는 뜻도 있고, 회소의 초서가 광초이기 때문에 자유분방하게 운필되는 형상을 비유한 것이기도 하다.

기구에서 '영릉(零陵)'은 회소가 처음 살았던 곳이며, '취묵(醉墨)'이란 술을 마시고 글씨를 자주 썼다는 뜻이다. 그의 초서는 호방하고 자연유창하며 기세가 크고 위대하다. 그리고 글자는 완성되었으나 기세가 끝남이 없었고, 필획은 끊겼으나 필의가 서로 이어졌다. 그의 글씨는 작품전체에 관통되는 필의로 하여금 낭만적인 기운이 감돌게 하고 있다. 승구에서는 회소가 만년에 중주(中州)를 유람하면서 쓴 그의 대표작 「자서첩(自敍帖)」을 비롯한 많은 작품들의 성과를 말하였다. 전구에서 '영사(永師)'는 남조(南朝)의 진(陳)과 수(隋)나라 사이의 지영선사(智永禪師)를 이른다. 지영은 왕희지의 7세손으로 당나라의 서예가 출현하는 데 길을 열어준 역할을 하였다. 그는 '영자팔법(永字八法)'을 깊게 연구하여 그 취지를 우세남(虞世南)에게 전수하였다. 전구는 이처럼 훌륭한 지영선사의 글씨보다 회소가 뛰어남을 강조한 대목이다. 결구에서는 누구에게도 뒤지지 않을 실력을 스스로 천금의 값어치가 있다고 자부하는 회소의 당당함을 기술하였다.

139) 楊凝式, 「題懷素酒狂帖後」, 『五體歷代論書詩』, p. 2. "十年揮素學臨池, 始識王公學衛非. 草聖本須因酒發, 筆端應解化龍飛."

이상에서 박홍미가 지은 여섯 수의 시는 중국서예의 전반을 비평한 논서시의 세계를 고찰하였다.

다음은 동명(東溟) 정두경(鄭斗卿: 1597～1673)의 「추일서회봉정오죽남상서(秋日書懷奉呈吳竹南尙書)」를 분석해 보기로 하자.

一代誰雄翰墨場　　한 세대에 누가 翰墨의 영수인가?
竹南台老有輝光　　죽남대 노인의 빛남이 있다네.
詩令曹植辭前輩　　시는 조식으로 하여금 선배의 자리를 사양케 했고
書並張芝作雁行　　글씨는 장지와 나란히 형제가 되었네.
自笑浮名成濩落　　헛된 이름이 낙락한 것 절로 우습고
空憐壯志尙飛揚　　장한 뜻이 아직도 드날리는 것 공연히 서글프네.
論文爲貰淸樽酒　　글을 논하려고 맑은 술 외상으로 사고
且向東籬待菊黃[140]　동쪽 울타리 향해 누런 국화 피기를 기다리네.

죽남(竹南) 오준(吳竣: 1587～1666)<도54>은 문장에 뛰어났고 글씨를 잘 써서 당시 사자관에 차출되었던 인물이다. 그는 1618년 문과에 급제한 이후 여러 벼슬을 거쳐 대사헌(大司憲) 및 판중추부사(判中樞府事)에까지 이르렀다. 특히 1639년에 한성부판윤(漢城府判尹)으로 주청부사(奏請副使)가 되어 심양(瀋陽)에 다녀왔으며 「삼전도비(三田渡碑)」의 비문을 썼다. 이 비는 병자호란 때 청나라 태종(太宗)이 인조(仁祖)의 항복을 받고 자기의 공덕을 자랑하기 위하여 세우게 한 「송덕비(頌德碑)」인데, 지금도 서울시 송파구 송파동에 남아 있다. 오준은 이 비로 인하여 한을 품고 죽었다고 전해진다.

오준의 글씨에 대한 기록은 여러 문헌에서 언급되고 있으나 몇 가지만

140) 鄭斗卿, 『東溟集』, 韓國文集叢刊100, 民族文化推進會, 1992, p. 467.

<도54>

소개하면 다음과 같다. 『인조실록(仁祖實錄)』에는 "오준은 원래 재식(才識)이 없었으나 어릴 때부터 한호의 법을 익혀서 자획이 자못 정교했다. 그런 까닭으로 여러 차례 국가의 비지(碑誌)를 썼으며 빈번히 자질을 더 하였다."[141]라고 하였다. 또한 『승정원일기(承政院日記)』에서는 "지금 세상에 해서 글자를 말하는 자는 단지 오준 한 사람이 있다. 공사대소(公私大小)에 금석의 각은 모두 그의 손에서 나왔다."[142]라고 했다. 그리고 다산 정약용은 「발죽남간독(跋竹南簡牘)」에서 "지금 전하는 오공의 간독 글씨들은 모두가 정밀하고 법도가 있어서 후생에게 모범이 될 만하다."[143]라고 평했다. 이러한 사료를 바탕으로 실재 전해지는 비문의 필적과 비교해 볼 때 우수했다는 사실을 충분히 입증할 수 있다.

수련의 '한묵장(翰墨場)'은 명나라 때 문장가와 명필들이 모이는 장소이다. 즉 오준의 시·문·서가 당대에 영웅이었다는 점을 상기시키고 있다. 함련에서는 시는 조식(曹植: 192～232)에, 서는 장지(張芝: ?～약192)에 비

---

141) 『朝鮮王朝實錄』(35), 『仁祖實錄』卷47, 仁祖24年 10月 4日, 丙子條, 國史編纂委員會 影印本, 1968, p. 286. "竣素無才識, 少習韓濩筆法, 字畫頗精. 故累書國家碑誌, 輒加資秩."

142) 『承政院日記』, 第120冊, 孝宗2年 7月 22日, 丁酉條, 國史編纂委員會 影印本, 1961. "今世之言於楷字者, 只有吳竣一人. 公私大小金石之刻, 皆出其手."

143) 丁若鏞, 「跋竹南簡牘」, 『與猶堂全書』, 韓國文集叢刊281, 民族文化推進會, 2002, p. 304. "今所傳簡牘諸書, 皆精深有法度, 可以模楷後生."

유하여 시·서가 모두 뛰어났음을 강조하였다. 경련에서는 헛된 이름이 낙락한 것 절로 우습고, 장한 뜻 아직도 드날리는 것이 공연히 서글프다며 시 작자 자신을 겸하하면서 오준의 장한 뜻을 드높였다. 미련에서는 문장을 논의할 때에 외상술도 마다하지 않는 오준의 진지함을 그린 동시에, 동리를 향해 국화 피기를 기다리는 여유의 모습을 오롯하게 그려내고 있다. 마지막 구절은 동진(東晉) 도연명(陶淵明: 365~427)의 「음주(飮酒)」 중에 있는 "동쪽 울타리에서 국화를 꺾어 / 유연히 남산을 바라본다."[채국동리하(採菊東籬下), 유연견남산(悠然見南山).]라는 시구를 연상케 하는 대목이다.

도연명의 집 정원 동쪽에 울타리가 있었고, 울타리 안에는 국화가 심어져 있었다. 그가 국화를 딸 때의 성정은 본디 평정한 것이었다. 우연히 한번 머리를 들어 남산의 수려한 저녁노을 빛을 쳐다보다가 그 속에 담긴 이치를 알게 되었다. 해질녘 돌아오는 새를 본 순간에 주관적 시인의 성정과 객관적 물정(物情)이 서로 들어맞아 인생의 의미를 깨닫게 된 것이다. 그 의미란 바로 내아(內我)와 외물(外物)이 하나로 되어 우주의 질서에 순응하는 낙천(樂天)의 삶을 말한다.[144]

다음은 유하(柳下) 홍세태(洪世泰: 1653~1725)의 「정곡임첩가(貞谷臨帖歌)」를 살펴보자.

吾觀貞翁業最精	내가 보기에는 貞翁의 글씨가 가장 정묘하니
童習白紛猶臨池	어릴 때 白分으로 글씨 쓰듯 하였다네.
有如臨鏡寫西子	거울 앞에서 미인 서시를 그리듯이 하여
了然毫髮無參差	분명한 것이 조금도 어긋남이 없다네.

144) 鄭載喆, 「牧隱 李穡 詩의 硏究」, 高麗大學校大學院, 博士學位論文, 1996, pp. 121~122

往者先王特宣召　　이전에 선왕이 특별히 부르셔서
御屏寫進嗟其妙　　임금에게 병풍을 써 올리자 그 묘함에 감탄하셨네.
錫以上尊兼細紈　　존귀한 좋은 술과 고운 명주 내려주시니
小官得此何榮耀　　이것을 얻었으니 영광이라네.
漢陽城中十萬家　　한양성의 십여만의 가정에
碑版如雲走老少　　구름 같은 비석・현판에 늙은이 젊은이들 모여드네.
此帖尤覺逼二王　　이 서첩은 심히 二王을 닮았으니
下與石峰堪雁行[145]　아래로 보아도 석봉과 더불어 나란히 갈 만 하구나.

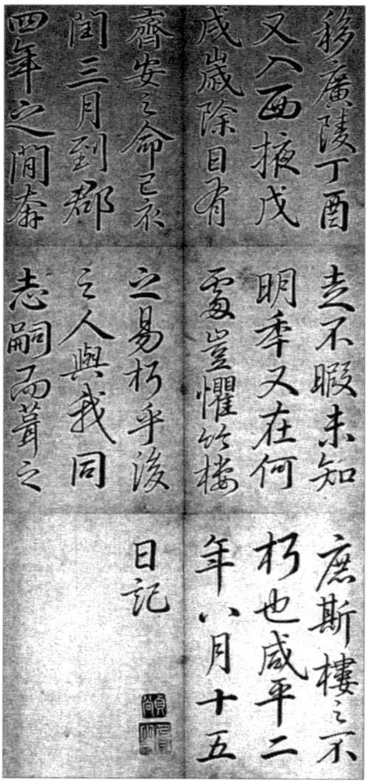

<도55>

정곡(貞谷)은 이수장(李壽長: 1661~1733)의 아호이다. 그는 사자관으로 벼슬은 찰방(察訪)을 지냈다. 그는 해서・초서에 능했고 만년에 각종 서학(書學)의 원류를 종합한 「묵지간금(墨池揀金)」을 저술하였다.

제1・2구에서는 이수장<도55>의 글씨가 매우 정묘하고 어릴 때부터 임지(臨池)처럼 부단히 노력하였음을 읊었다. 제3・4구는 거울에 임하여 서시(西施)를 그리는 것처럼 털 끝 만큼도 참치함이 없이 정교하게 임서를 했다는 말이다. 제5・6구는 숙종(肅宗)의 부름을 받고 대궐에 들어가서 어제시(御製詩) 여덟 폭을 썼는데, 그 묘함에 놀랐다는 것이다. 그래서 제

145) 洪世泰, 『柳下集』, 韓國文集叢刊167, 民族文化推進會, 1996, pp. 544~545.

7 · 8구는 상감(上監)이 술과 비단을 하사하여 소관(小官)의 신분으로 매우 귀한 것을 얻었으니 영광스럽다는 뜻이다. 제9 · 10구에서는 한양의 10여 만 가구에 비석과 현판이 즐비했고, 노소를 막론하고 청탁하는 광경을 표현했다. 제11 · 12구는 이수장의 임첩(臨帖)이 왕희지, 왕헌지와 근사하고 석봉과 어깨를 나란히 할 만하다고 했다.

전체적으로 이수장의 뛰어난 글씨의 예술을 묘사하고 당대 최고의 실력자임을 노래한 것이다. 이수장의 글씨는 중국은 물론 일본에까지 많은 영향을 미쳤다고 전해진다.

다음은 삼연(三淵) 김창흡(金昌翕: 1653～1722)의 「양봉래대자(楊蓬萊大字)」를 분석해 보자.

奇哉蓬萊老	기이하도다! 봉래 노인이
落筆萬瀑中	만폭동 가운데 글씨를 썼네.
巨鑱入盤石	큰 침으로 반석에 새기니
勁然氣甚雄	굳센 기운이 매우 웅장하구나.
流水浸將半	흐르는 물이 반쯤을 적시니
繞字走驚湪	글자를 휘감으며 세차게 흘러들어 가네.
偪側雷雨淵	우레가 치고 비 내리는 연못
變矯通遊龍	변화의 교태가 노는 용과 통하네.
竦杖挹奇韻	지팡이 짚고 기이한 운치 바라보니
斯人倘僊翁146)	이 사람도 신선과 노니는구나.

봉래(蓬萊) 양사언(楊士彦: 1517～1584)이 회양군수(淮陽郡守)로 있을 때 금강산에 자주 유람하였다. 금강산(金剛山) 만폭동(萬瀑洞)에는 그가 쓴 '봉

146) 金昌翕, 『三淵集』, 韓國文集叢刊165, 民族文化推進會, 1996, p. 39.

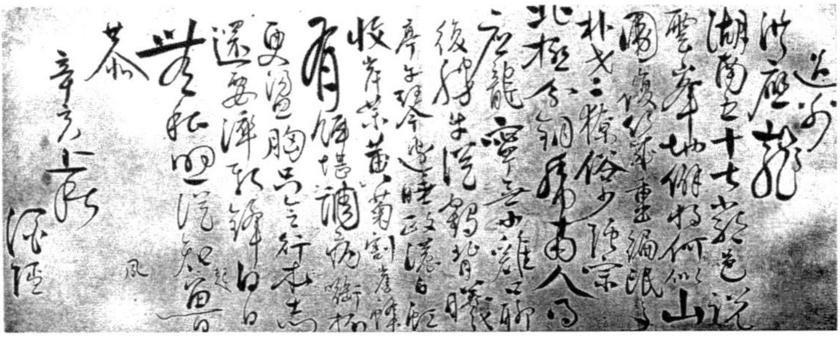

<도56>

래풍악원화동천(蓬萊楓岳元化洞天)'이 새겨진 바위가 있었다. 이 바위에 새겨진 글씨를 보고 김창흡이 5언 고시로 지은 것이다. 양사언<도56>은 해서와 초서에 뛰어났으며 특히 큰 글자에 능하였는데, 이수광(李睟光: 1563~1628)은 「기예부(技藝部)·서(書)」에서 다음과 같이 기록하고 있다.

> 봉래 양사언은 큰 글자를 잘 썼다. 일찍이 양양의 별장에 있을 적에 '비(飛)'자를 한 글자 써서 그 아들에게 부탁하기를 "나의 정력이 여기에 다 있으니 네가 보호해 아껴야 한다."라고 하면서 이에 밀실에 감추어 두었다. 하루는 바다로부터 바람이 불어와 그 종이가 날려서 공중으로 날아가 버렸는데 간 곳을 알 수 없었다. 뒤에 그 시일을 살펴보니 봉래가 세상을 떠난 날이었다.[147]

제1·2구는 양사언이 만폭동의 바위에 써서 새긴 글자를 보고 그 기이함을 형상화한 것이다. 제3·4구는 이 글씨가 굳세고 기운이 매우 웅장함을

147) 李睟光,「技藝部·書」,『芝峰類說』卷18, 景仁文化社, 1970, p. 321. "楊蓬萊士彦善作大字. 嘗在襄陽別業, 寫一飛字, 屬其子曰, 吾之精力, 盡在於此, 爾其護惜. 乃藏于密室. 一日有風從海上來, 飄揚其紙, 騰空而去, 不知所之. 後審其時日, 蓬萊去世日也."

형용하였다. 제5·6구는 물이 글자를 휘감으면서 흐트는 형상을 글씨의 생동감으로 표현한 것이다. 제7·8구는 글씨의 변화무쌍함을 용이 노는 것에 비유하였다. 제9·10구에서는 그 기이한 운치를 감상하니 시의 작자 또한 신선과 노닐 듯 몰입되어 있는 경지를 그려냈다. 양사언은 이용(李瑢), 김구(金絿), 한호(韓濩)와 더불어 조선 전·중기에 4대의 서예가로 일컬어졌을 만큼 유명했는데, 이 시를 통해서 그러한 면모를 잘 살필 수 있다.

지금까지 살펴본 조선중기(1567~1720)의 서예는 조선전기의 여풍(餘風)이 지속되면서 명대(明代)의 서풍이 유행하였고, 또한 한호의 출현으로 '석봉체'가 서단을 풍미했다. 한편으로는 이서(李漵)가 '동국진체'를 창안하여 윤두서(尹斗緖), 윤순(尹淳)으로 이어지는 계기가 되었다. 특히 동국진체의 단아전중(端雅典重)한 품격은 이황 이후 문인, 사대부들의 취향에 적합하여 발전의 전기를 마련하였다.

조선중기에 접어들면서 본격적인 서예이론서들이 등장하게 되었다. 먼저 이수장(李壽長)은 서학의 원류인 「묵지간금(墨池揀金)」을 기술하였으나, 지금은 유전되지 않고 있다. 그리고 현존하는 것 중에서 이서(李漵)의 「필결(筆訣)」이 우리나라 최초의 종합적인 서론서이다. 그의 「필결」은 역(易)의 원리를 서법에 원용하였다. 그는 용필법(用筆法)·결자법(結字法)·장법(章法)·집필법(執筆法)·묵법(墨法)·변화법(變化法) 등을 구체적으로 기술하였는데, 그의 「필결」은 서론서로서, 서예비평서로서 특기할 만한 가치가 있다.

조선중기의 논서시는 먼저 최립(崔岦)과 차천로(車天輅), 이민성(李民宬) 등이 한호의 글씨에 대하여 비평하였다. 이 밖에도 한호에 대한 다수의 논서시가 남아 있는데, 이는 한호가 당시의 서단에서 어떠한 위상을 가졌으며 영향력을 행사했는가를 여실히 증명할 수 있는 부분이다. 그리고 선조(宣祖)는 신익성(申翊聖)의 글씨를 높이 평가하였으며, 차천로는 김생이 비명(碑銘)에 쓴 글씨를 보고 왕희지와 대등한 관계로 호평하고 있다. 또한 유몽인(柳夢寅)은 「서공(書空)」을, 이정구(李廷龜)는 백진남(白振南) 부자의 시와 서를 찬양하였다. 박홍미(朴弘美)는 「서동서당집고첩후(書東書堂集古帖後)」에서 중국의 유명한 역대 서예가들의 글씨와 인품에 대하여 평하였다. 정두경(鄭斗卿)은 오준(吳竣)의 시와 서를, 홍세태(洪世泰)는 이수장(李壽長)의 「임첩가(臨帖歌)」를 노래했다. 그리고 김창흡(金昌翕)은 양사언(楊士彦)의 대자(大字)를 보고 굳센 기운과 웅장한 필세를 읊조렸다.

따라서 조선중기는 한호의 석봉체와, 이서→윤두서→윤순으로 이어지는 동국진체가 주류를 이루고 있다. 이 동국진체는 이후 이광사에 가서 완성을 보게 된다. 석봉체와 동국진체의 원류는 왕희지체로 소급할 수 있으나, 이것을 우리나라 실정에 맞게 재창조하였다는 점에서 중요한 의미를 내포하고 있다.

3. 조선후기－고증학적 서풍의 확립

1) 배 경

조선후기는 영조(英祖: 1724)로부터 순종(純宗: 1910)에 이르기까지 186년간으로 설정하였다. 영조(英祖)<도57>, 정조(正祖)<도58>대에는 숭문정책(崇文政策)으로 인하여 문예부흥적 기운이 문화의 전반에 걸쳐 새로운 양상으로 전개되었다. 특히 청대의 실학사상과 금석학·고증학의 섭렵으로 문학은 물론 예술에 이르기까지 새로운 기틀을 형성하는 계기가 되었다.

영조시대 재위(在位: 1725～1776)를 절정기로 난만하게 꽃 피었던 진경

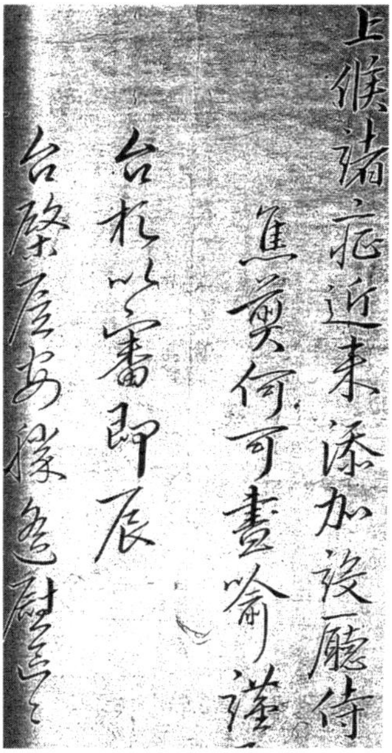

<도57>

문화(眞景文化)는 그 사상적 기반인 조선 성리학이 말폐를 노정하며 쇠락해 가자 그와 함께 쇠퇴해 간다. 그러자 이에 대체할 신사상으로 청조 고증학을 받아들이려는 움직임이 집권층의 연소신예(年少新銳)한 자제들로부터 일어나기 시작한다. 이것이 소위 북학운동인데 이는 담헌(湛軒) 홍대용(洪大容: 1731~1786)에 의하여 처음 주창된다.[148] 또한 정조(正祖: 1752~1800)대에는 규장각을 설치하여 한문학을 부흥시켰고, 서예에도 관심이 많아 규장각에 사자관을 두어 대서(代書)는 물론 서예를 권장하기에 이르렀다.

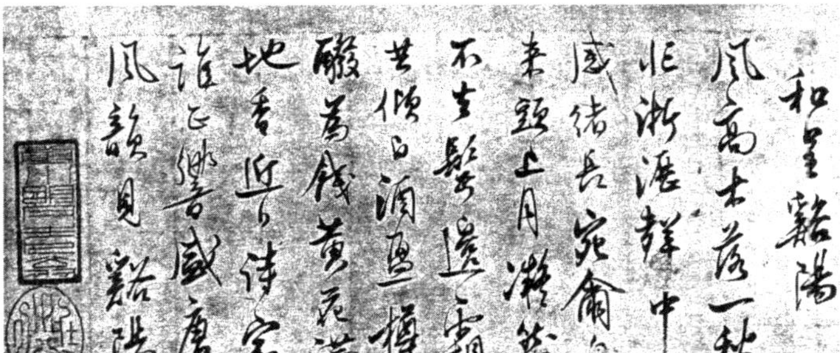

<도58>

148) 崔完秀, 「朝鮮王朝 書藝史 概說」, 『朝鮮後期書藝展』, 藝術의 殿堂, 1990, p. 197.

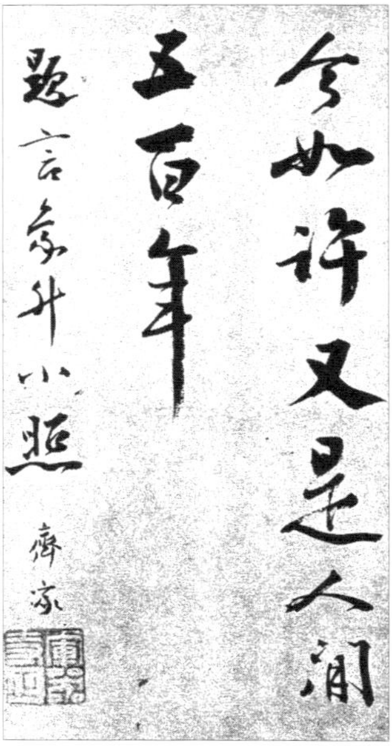

<도59>

북학파의 학맥은 19세기 초반에 이르자 박제가(朴齊家: 1750~1805)<도59>와 그의 제자 김정희에게 계승되고, 이때에 비로소 학문적으로 심화·결실한다. 또한 이즈음에 이르면 시·서·화 겸수의 문인 취향이 고조되는데, 이것은 청의 예원(藝苑)을 풍미한 것이 다시 조선 학예에 영향을 미쳐 김정희가 삼절(三絶)의 고봉을 이루고 다시 그의 문하에 무수한 제자를 배출하는데, 그 중에는 중인출신(中人出身)의 .시·서·화 삼절의 예인(藝人)들이 다수를 점하고 있다.[149)]

다산(茶山) 정약용(丁若鏞: 1762~1836)은 「진학유가계(贐學游家誡)」에서, 서예를 삼덕[三德: 지(智)·인(仁)·용(勇)]의 하나인 '용'으로 보았다. 그는 서예가 단순히 기예에 그치는 것이 아니라, 삼덕의 하나로 인식하였다.

> 용(勇)이란 삼덕(三德)의 하나이다. 성인이 개물성무(開物成務)하고 천지를 두루 다스림은 모두 용(勇)이 하는 것이다. …(중략) … 서법의 명가가 되려는 사람은 "왕희지와 왕헌지는 어떤 사람인가?"라고 한다. …(중략)… 한 가지 소원이 있으면 한 사람을 목표로 정해 반드시 같아지기를 기약한 후에 그쳐야 하니, 이것이 용의 덕이라 하는 것이다.[150)]

---

149) 鄭玉子, 『朝鮮後期 文學思想史』, 서울大學校 出版部, 1990, p. 115.

150) 丁若鏞, 「贐學游家誡」, 『與猶堂全書』, 景仁文化社 影印, p. 380. "勇者三德之一. 聖人之所以開物成務, 彌綸天地, 皆勇之所爲也. …(中略)… 欲爲書法名家,

이 글을 보면 일차적으로 다산은 서예를 학문적으로도 인정하였다. 즉 서법의 명가가 되려는 사람은 이왕(二王)으로 일컫는 왕희지와 왕헌지 부자와 동등한 경지에 이른 후에 그만두기를 기약하고 정진하는 용(勇)의 덕이라고 한 것이 이를 입증한다.[151] 이러한 문예론은 조선후기는 물론 오늘에 이르기까지 문예전반에 걸쳐 광범위하게 운위되고 있다.

우리가 김정희에 대하여 주목을 요하는 것은, 종래의 실학의 사상성과 사회개혁의 정열이 겉으로 보이지 않는 반면, 선행 실학자들의 실증적 연구방법을 계승하면서 민족문화에의 침잠을 통해서 주체적 인식을 선명히 하고 금석(金石) · 전고(典故) 등에 대한 격조 높은 학문성을 보여주었다는 점이다. 이 실사구시파의 특색은 학문 그 자체가 목적이며 엄격한 객관적 태도로써 사실을 밝혀내는 것이었다.[152] 김정희는 중국의 북학을 단순히 국내에 전파시키는 데 머물지 않고 그러한 학문적, 예술적 경향을 조선사회에 뿌리 깊게 실현시켰다는 점에서 그의 진면목을 살필 수 있다.

북학은 '학예일치(學藝一致)'의 경지를 이상(理想)으로 하여 시 · 서 · 화 겸수의 문인취미(文人趣味)를 추구하는 경향이 강하였는데, 중인신분의 사람들은 위항문학운동(委巷文學運動)을 통한 한시에 대한 소양 증대와 일선 하급관료를 세습하면서 익힌 기능인 글씨, 그리고 화원(畵員)이라는 가전(家傳)의 직업적 연관에서 시 · 서 · 화라는 사대부의 필수 교양을 자연스럽게 익히면서 삼절의 칭을 듣는 일이 흔하였다.[153]

卽曰羲獻何人也. …(中略)… 凡有一顧, 輒以一人爲準的, 期於必齊而後已, 此勇德之所爲也."

151) 金相洪, 『茶山文學의 再照明』, 檀國大學校出版部, 2003, pp. 462～463.

152) 李佑成, 『韓國의 歷史像』, 創作과 批評社, 1983, p. 230.

153) 鄭玉子, 『朝鮮後期知性史』, 一志社, 1993, pp. 268～269.

한편 조선후기에는 서론의 성숙기로서 이론방면에도 많은 저술이 나타났다. 이광사(李匡師)의 「서결(書訣)」, 김상숙(金相肅)의 「필결(筆訣)」, 이규상(李奎象)의 「서가록(書家錄)」, 김정희(金正喜)의 「서론(書論)」 등이 대표적인 이론서들이다. 이 중에서 「서결」·「필결」·「서론」은 전문적인 서예 이론서이며, 「서가록」은 서가들에 대한 비평서이다. 이 밖에도 실록과 개인문집에 단편적인 서평들이 전해진다. 이러한 사실들은 당시 서예를 단순히 기법에만 국한하지 않고 서학(書學)의 개념으로 사유했다는 점을 대변해 준다. 예컨대 이광사는 '자획원어심술(字畫源於心術), 의치생어식양(意致生於識量)'의 서결을, 김상숙은 '심정수숙(心正手熟)'을, 신위는 '시서화수동일법유(詩書畵髓同一法乳)'의 예술관을, 김정희는 '문자향(文字香), 서권기(書卷氣)'를 서예의 요체로 삼았다.

그런데 김정희가 흉중에 '청고고아지의(淸高古雅之意)'와 '문자향서권기(文字香書卷氣)'가 있어야 온전한 작품을 이룰 수 있다고 하여 '정신우위론(精神優位論)'을 주장하였다. 이에 반해, 그의 제자인 우봉(友峰) 조희룡(趙熙龍: 1789~1866)은 서화는 '수예(手藝)'에 속한다고 하여 '기법우위론(技法優位論)'을 주창하였다. 조희룡은 "글씨와 그림은 모두 수예(手藝)에 속하니, 그 예(藝)가 없으면 비록 총명한 사람일지라도 종신토록 배워도 할 수 없다. 그런 까닭으로 손끝에 있지 가슴속에 있는 것이 아니다."[154]라고 하여 스승의 견해와 상반된 논리를 전개하고 있다. 하지만 그는 시·문·서·화론을 결론지어 말하기를 "시·문·서·화의 무너짐은 '속(俗)'이라는 한 글자에 달려 있다. 이 한 글자의 중요함은 큰 기력이 아니고서는

154) 趙熙龍, 「石友忘年錄」, 『趙熙龍全集』, 實是學舍古典文學硏究會 譯註, 한길아트, 1999, p. 208. "書與畵, 俱屬手藝, 無其藝, 雖聰明之人, 終身學之, 不能. 故曰, 在於手頭, 不在胸中."

발휘할 수 없다. 사람의 품격 역시 그러하니 사람의 속됨을 장차 무엇으로 고칠 수 있겠는가!"[155]라고 요약하여 시・문・서・화에서 '속기(俗氣)'가 가장 큰 병이라고 하였다. 이처럼 조희룡은 기법을 강조했지만, 한편으로는 시・문・서・화에서 인품과 연관된 속기를 가장 경계하기도 했다.

혜환재(惠寰齋) 이용휴(李用休: 1708～1782)는 「근재고서(謹齋稿敍)」에서 자학(字學)의 중요성을 강조하면서 글자의 시조를 전서에 두었다.

> 문(文)은 자(字)로부터 비롯되는 것이니 자(字)의 조(祖)는 전서이다. 그 때문에 문사(文辭)를 잘하려는 자는 반드시 자학(字學)에 정통해야 하는데, 자학을 잘 다스리려면 반드시 전서(篆書)・주서(籒書)를 우선해야 한다. 그렇지 않으면 점획(點畫)과 음운(音韻)의 오류로 문장을 짓는 데 누가 된다.[156]

이러한 인식은 물론 자학(字學)에 대한 필요요건으로 언급된 내용이지만, 서예의 측면에서도 간과할 수 없는 부분이다. 이 당시만 해도 전서의 사용빈도가 극히 한정되어 있었고, 일부 서가들 이외에는 크게 관심이 부족한 실정이었다. 따라서 이용휴(李用休)의 '전서필수론(篆書必修論)'은 당시 문단과 서단에서 전서체를 재인식 시켜주는 역할을 한 것이다.

조선후기의 서예는 동국진체의 맥이 계속되는 한편 이광사(李匡師), 강세황(姜世晃), 신위(申緯) 등의 서가들이 일가를 이루었다. 그 후 마침내

155) 上揭書, p. 152. "詩文書畵之壞, 在俗一字. 一字之重, 非大氣力, 不可拔, 人品亦然, 人之俗, 將以何物醫之."

156) 李用休, 「謹齋稿敍」, 『惠寰雜著』第2冊, 成均館大學校 大東文化硏究院 影印, 筆寫本, 2002, p. 159. "文出於字, 字之祖曰篆. 故工文辭者, 必通字學, 治字學者, 必先篆籒. 不然點畫音韻之紕繆, 爲結撰累矣."

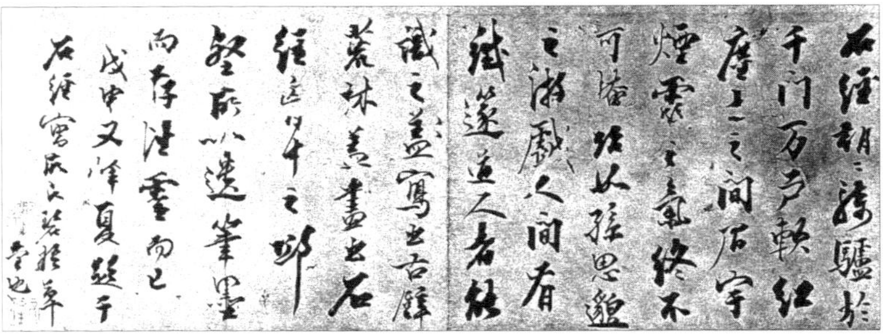

<도60>

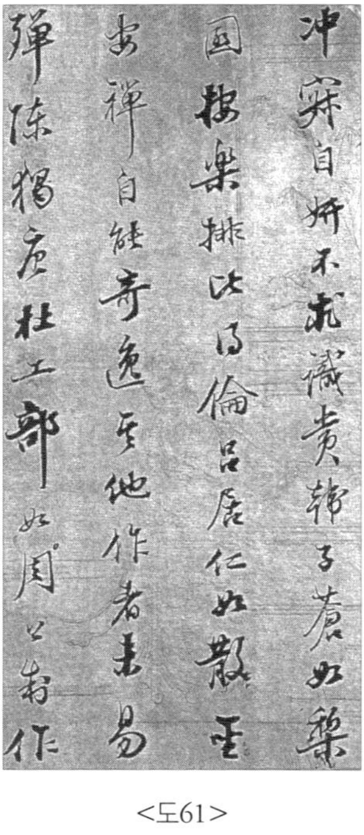

<도61>

김정희가 등장하여 중국과 조선의 다양한 서풍을 두루 섭렵하고, 그 동안 축적한 지식과 진보적인 심미관으로 독자적인 예술세계를 창출하였다. 김정희는 양반과 문인들 이외에도 조희룡<도60>, 이상적(李尙迪: 1804~1865)<도61>, 오경석(吳慶錫: 1831~1879) 등 중인 출신들과도 많이 교유하고 지도하여 당시까지 양반층 위주의 예술을 중인층으로 확장시키는 데 일정한 역할을 담당했다. 또한 승려들과의 관계도 돈독하였는데 초의(草衣), 혼허(混虛), 만허(晩虛)가 대표적이다. 결국 김정희는 고전에 근거하면서 독자적인 '추사체(秋史體)'를 창안하여 당시의 서단을 주도하였으며, 오늘날까지 그 영향이 지대하다. 그리고 김정희는 서예의 이론을 광범위하게 기술하여 서예의 이론정립에도 광활한 지평을 열어주었다. 그는 우

리나라 서예의 이론과 실기에 공히 최고의 지위를 점유하고 있다.

2) 논서시 분석

먼저 원교(圓嶠) 이광사(李匡師: 1705~1777)의 「관순화첩(觀淳化帖)」을 감상해 보자.

手裏平生淳化帖	손에는 평생 「순화첩」을 지녔으나
但摹其字未攻文	다만 글자만 베꼈고 문장 공부는 못하였네.
古人深愼斯爲見	고인이 깊이 삼간 것을 이에서 보겠으니
問死哀生外不言[157]	죽은 이를 조문하고 산자를 애도할 수밖에 없구나.

시제에서 '순화첩'이란 「순화비각법첩(淳化秘閣法帖)」을 말하는 것인데, 간략한 명칭으로 '순화각첩(淳化閣帖)' 또는 '각첩(閣帖)'이라고 부른다. 이것은 송(宋)나라 순화(淳化) 3년(992)에 태종(太宗)이 비각(秘閣)에 소장된 역대의 법서(法書)를 왕저(王箸)에게 편집하여 목판에 새기도록 명령하였다. 전체 10권으로 만들어졌는데, 제1권은 역대 제왕의 법첩, 제2권~제4권은 역대 명신들의 법첩, 제5권은 제가들의 고법첩, 제6권~제8권은 왕희지의 글씨, 제9권~제10권은 왕헌지의 글씨로 구성되어 있다. 이 「순화각첩」은 당 태종(太宗)의 왕희지 중심의 서예정책을 이어 나타난 송(宋) 순종(太宗)의 진대(晉代) 서예와 이왕(二王) 중심의 서예정책을 반영하는 것이라 할 것이다. 이를 통해서 「순화각첩」은 과거 응시를 위해 만든 실용적인 법첩으로 만들기보다 역대 명첩을 보존하면서 또한 이왕(二王) 중심의 서예를 확고히 하려는 태종의 정책을 더 충실히 반영하였다고 판단된

---

157) 李匡師, 『斗南集』, 서울大學校 奎章閣所藏, 筆寫本, 古3428-347.

다. 송대 상의(尙意)서예는 이 「순화각첩」의 영향을 받아 당법(唐法)을 넘어 진운(晉韻)을 추구하게 되었음을 부인할 수 없다.[158]

기구에서 평생 동안 「순화첩」을 지녔다는 것은, 이광사가 고법첩의 임서를 중요시한 점으로 볼 수 있다. 글씨를 처음 배울 때는 임모(臨摹)가 선행되어야 하며, 임서(臨書)를 통해 필의(筆意)를 얻고 모서(摹書)를 통해서 결구(結構)를 터득할 수 있다. 그가 지은 「서결(書訣)」의 전편을 살펴보면 서예의 수련방법이 역력하게 나타나 있다.

> 예전에 한 친구가 있어 내가 옛 법첩을 임서하는 것을 보고 괴상하게 생각하면서 "자네 같이 글씨를 잘 쓰는 사람이 왜 옛 것을 임서하는가?" 라고 하였다. 내가 "요즘 연소배(年少輩)들은 조금만 필명이 있으면 모두 고첩의 임서를 부끄럽게 여긴다. 내 비록 고법을 모두 버려도 사람들은 혹 옛 것과 못하지 않다고 하겠지만, 스스로 헤아려 보면 미치지 못함이 많으니, 사람들이 비록 포국(布局)되었다고 하더라도 오히려 그 경지에 이르기를 기약한 뒤에라야 버리겠다."라고 말했다. 그 사람이 탄식하며 "이는 헤아릴 수 없는 경지에 나아가려는 말이다."라고 하더라. 내가 지금의 나이 60이지만 오히려 임서를 좋아함이 이러하다. 배우는 사람은 반드시 알아야 한다.[159]

이광사<도62>는 60평생 '임고(臨古)'를 좋아하였는데 특히, 왕희지의 「난정서」와 「성교서」를 근본으로 하면서 소식과 미불의 글씨를 융합했다.

---

158) 李星培, 「北宋時代의 書論과 書作 硏究」, 忠南大學校大學院, 博士學位論文, 2005, p. 36.

159) 李匡師, 「書訣」, p. 20. "昔有一人友, 見余臨古法, 怪之曰, 工書如子, 何爲臨古. 余曰, 願今少輩稍有筆名, 皆恥臨古. 吾雖盡捨古法, 人或謂不下古, 自量多不逮, 人雖謂局, 猶期於逮而後捨耳. 其人嘆曰, 此進不可量之言. 余今滿六十, 猶喜臨書者此也. 學者須知."

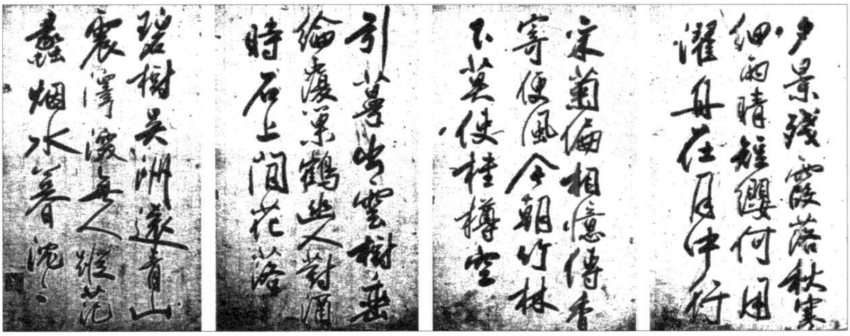

<도62>

'임고(臨古)'란, 단순히 보고 그대로 본뜬다는 의미가 아니라, 지속적인 인식활동을 통해 필의를 탐구하고 재해석하며, 재창조한다는 정신적 의미가 더 강하게 내포되어 있다. 대충의 결과가 궁색함이라는 것을 알았던 그는 순간의 해갈에 집착하지 않고 물의 근원을 찾는 데 평생 동안 총력을 기울였다. 이러한 학서의 과정을 통하여 독창적인 예술세계를 창출하였다. 승구에서는 다만 글자를 임서하는 데 평생을 다하였으나, 문장 공부가 부족했다고 실토했다. 물론 자기의 겸손이다. 여기에서 이광사는 글씨를 아무리 많이 익혀도 학문의 도량이 없으면 끝내 글씨장이가 되어 비속함을 벗어나지 못하고, 현묘한 극치에 도달하기 어렵다는 자신의 서예관을 피력했다. 예로부터 학문이 있는 사람은 비록 글씨를 잘 쓰지 못하더라도 서권기(書卷氣)가 있게 마련이다. 하지만 서예를 단순히 손재주에만 의지하면 귀한 글씨를 얻을 수 없는 것이다. 서예의 아름다움은 형식미와 내용미를 모두 내포하고 있다. 그래서 참다운 서예가는 '문질빈빈(文質彬彬)'을 갖추고 있다고 인식해 왔다. '문질빈빈'이란, 밖으로의 형식과 안으로 내실의 어느 한 극단에 치우치지 않고, 문(文)과 질(質)이 적절히 조화되어

중화(中和)의 미를 갖춘 최고의 경지를 일컫는 말이다. 이와 같은 중화사상(中和思想)은 서예의 경우에도 예외는 아니다.

이광사는 「서결」 후편에서 이러한 내용을 결론적으로 함축하고 있다.

> 무릇 배우는 자는 모름지기 재주와 학문이 근면과 독실함을 겸해야 이룰 수 있다. 재주를 믿는 것은 배움만을 정교하게 하는 것만 못하니, 배움을 정교하게 하려면 반드시 공부를 독실하게 해야 한다. 어찌 글씨만 그러하리오! 만사가 모두 그러 하다. …(중략)… 글자의 획은 마음의 바탕에서 근원하고, 뜻이 이름은 학문의 양에서 생기는 것이니, 반드시 통명·정직하고 박학하여 문장이 있는 이를 기다린 뒤에 도를 말할 수 있는 것이다. 그렇지 못하면 비록 재주와 필력이 있다 하더라도 끝내 글씨장이가 되어 비속함을 넘어 현묘한 극치에 통하기를 바라더라도 이룰 수 없으니, 이 또한 알지 않을 수 없다.[160]

위의 시 전구에서는 고인들의 깊고 신중한 정수가 문장에 있다고 하였다. 즉 통명정직(通明正直)하고 박학(博學)한 문장의 토대와 부지런하고 독실하게 익힌 필력이 함께 공존해야 저속함을 초월할 수 있고, 현묘한 극치에 통달할 수 있다는 것이다. 요약하면 자획(字畫)의 근원은 심술(心術)에 있고, 의치(意致)는 식량(識量)에서 생겨난다고 하였다. 서예는 생동하는 점획의 구성으로 예술적 가치를 인정받지만, 동시에 내용도 함께 중시하는 예술이다. 결구에서 '애생(哀生)'이란 수십 년간 귀양살이의 회한을 암시하고 있다. 이광사는 '나주괘서사건(羅州掛書事件)'으로 1755년(51세)부

160) 上揭書, pp. 47~48. "凡學者, 須才學與勤篤相兼, 乃可成. 恃才不如精學, 精學必須篤功. 豈徒筆藝, 萬事皆然. …(中略)… 字畫源於心術, 意致生於識量, 必待通明正直, 博學有文之士, 然後可以語道. 苟不能然, 雖有才力, 終爲書匠, 以求超俗陋而通玄極, 則末也, 此亦不可不知也."

터 8년간 부령(富寧)에서, 1762년(58세)부터는 진도(珍島)와 신지도(薪智島)에서 15년 동안 유배생활을 하였다.

이광사는 평생 동안 고첩을 임서하는 데 충실하였으며, 깊고 신증한 필법의 진수를 고인들의 법첩에서 구하였다. 그리고 글자의 획은 심술(心術)에서 근원하고, 의치(意致)는 식량(識量)으로부터 생겨난다고 규정하면서 독실한 학문의 천착을 강조하였다. 이처럼 철저한 임고(臨古)와 학문의 연찬은 이광사의 독자적인 서예이론과 예술세계 구축의 배경이 되었다. 지식의 수준은 창작에 지대한 영향을 줌으로써 광범위한 지식과 수양이 창작에 중요한 관건이 된다는 것을 재인식시켜주는 내용이라 하겠다.

아울러 이광사의 서예창작관은 '학고용신(學古用新)'으로 요약할 수 있다. 즉 옛 법을 본받아 쓰면서도 변화의 과정으로 발전하지 못하면 글씨의 노예가 된다는 것이다. 그는 「서결」 전편에서 다음과 같이 언급했다.

> 옛 사람이 이르기를 "글씨 가운데 진법(眞法)을 얻은 후에는 스스로 그 서체를 바꾸어야 한다. 만약 법을 고집하여 변화시키지 못한다면 서노(書奴)라고 한다."라고 하였으니, 또한 아마도 앞 시대 사람의 자취를 지키어 끝내 변화함이 없는 것이다. 다만 이른바 변화시킨다는 것은 법도를 바꾸어 없애는 것을 말하는 것이 아니다. 하물며 고인을 본받아 법도에 맞게 써서 자신의 분수를 다한 후에 비로소 그 서체를 변화시켜야 함에 있어서랴![161]

다음은 표암(豹菴) 강세황(姜世晃: 1712~1791)이 「차전목재안자시(次錢

161) 上揭書, p. 20. "古人云, 得書中眞法, 後自變其體. 若執法不變, 號爲書奴書. 亦豈守前轍, 而終無所變. 但所謂變, 非改廢規矩之謂. 況法古人而中法盡分, 後始變其體也."

牧齋雁字詩)」의 12수 중에서 네 수를 분석해 보자. 먼저 첫 번째 시이다.

誰將鴻筆寫冥冥	누가 큰 붓으로 훌륭한 글씨를 정성스레 썼는가?
翔翥鸞鳳不暫停	난새와 봉황이 날아 잠시도 멈추지 않네.
染翰雨供千點墨	붓에 적시니 비가 천 점의 먹으로 내리고
馳毫雲展一牋靑	붓이 달리니 구름이 한 종이 위에 푸르게 펼쳐지네.
鵝群映日工臨帖	훌륭한 글씨 해에 비추니 법첩의 임서가 공교롭고
鳳藻摸天好勒銘	아름다운 문장 하늘에 본떠 새기기를 좋아하네.
名字還應題塔上	이름을 적절히 낙관으로 쓰니
曲江池畔記曾經[162]	굽은 강 못가에 이전의 「도덕경」이 기억나네.

<도63>

강세황<도63>은 18세기 문예의 부흥기인 영(英)·정조(正朝)대에 활약한 시·서·화 삼절의 대표적인 예술가였다. 그의 문예사상은 "시·서·화의 정수는 동일한 법에서 생겨난다."[시서화수동일법유(詩書畵髓同一法乳)]는 것으로 요약할 수 있다. 그는 글씨와 그림에서 습기와 속기를 병으로 여겼고 품격을 이상으로 추구하였으며, 이를 몸소 실천한 인물이다. 경산(經山) 정원용(鄭元容: 1783~1873)은 「한성부판윤강공세황시장(漢城府判尹姜公世晃諡狀)」에서 그에 대한 서평을 다음과 같이 약술하고 있다.

지사(知事) 조윤형(曺允亨)이 말하기를 "천품이 매우 높았고 여러 아름다움을 용해하여 별도로 하

162) 姜世晃, 『豹菴遺稿』, 韓國精神文化硏究院 影印, 1979, p. 67.

> 나의 첩경을 만들었는데 천 권을 독파한 기상을 볼 수 있다."라고 하였다. 화법은 천분이 매우 높아 한 점도 속된 뜻이 없으며, 묵난과 묵죽은 더욱 맑고 굳세며 요원하게 뛰어났다. 종정의 낙관과 금석에 새긴 글씨와 옛날의 기물과 골동품에 이르기까지 감식하는 안목이 입도하였다. 도장에 전각은 한(漢)·위(魏)의 사람들의 고법을 얻었고 자학에도 깊었으니, 점획의 잘못된 것과 음운의 잘못된 것은 반듯이 자세하게 분별하고 낱낱이 분석하였고 제자백가를 해박하게 관통하였다.[163]

이와 같이 강세황은 시·서·화는 물론 전각(篆刻)·감식(鑑識)·자학(字學)에 이르기까지 해박하였고 당시 최고의 서화평론가였다. 그렇다면 그의 글씨는 어떠했을까? 그는 전서·예서·해서·행서·초서에 두루 조예가 깊었는데, 행서 작품이 가장 많고 으뜸이다. 그는 또 "서법은 이왕(二王)과 미불(米芾), 조맹부(趙孟頫)에 조예가 정밀하고 높았다. 해서·초서·전서·예서·벽과, 각 체에 신묘하지 않음이 없었다."[164]라고 하여 각 서체와 대자(大字)에 이르기까지 두루 뛰어났다. 금릉(金陵) 남공철(南公轍)의 시에는 "강옹은 나이 칠십에 / 초서로 이름난 지 오래다. / 종요와 왕희지에는 미치지 못하나 / 문징명(文徵明)과 동기창(董其昌)과는 형제로 보인다. / 더구나 중국에서 돌아와 / 넓은 안목이 격조를 더 하였다"[165]라고 했다.

---

163) 鄭元容, 「漢城府判尹姜公世晃謚狀」, 『經山集』, 韓國文集叢刊300, 民族文化推進會, 2002, p. 425. "書知事允亨曰, 天品甚高, 鎔鑄衆美, 別作一徑. 有以見讀破千卷氣象. 畵法天分特高, 無一點塵俗意, 墨蘭竹尤淸勁逈絶. 鍾鼎款識, 金石鏤畫, 以至高彝敦董器, 鑑裁入妙. 圖章鐫刻, 得漢魏人古法, 邃於字學, 點畫之差誤, 音者韻之譌舛, 必毫辨縷析, 諸子百家, 貫穿該洽."

164) 上揭書, p. 424. "書法二王米趙, 造詣精高, 楷草篆隷擘窠各體, 無不神妙."

165) 南公轍, 「余嘗扁其所居之堂曰, 爾雅, 要姜豹庵世晃書揭此, 公年七十, 筆法愈奇姸, 甚可珍翫也. 遂作此寄謝.」, 『金陵集』, 韓國文集叢刊272, 民族文化推進會, 2001, p. 16. "姜翁年七十, 草書久知名. 鍾王雖未及, 文董視弟兄. 矧自中原

이러한 서평들은 강세황의 묵적과 비교해 볼 때 충분히 검증되는 부분이다. 강세황은 서예의 이상적 경지를 이왕(二王)에 두었음을 알 수 있다. 그리고 이왕의 경지에 도달하기 위한 과정으로 미불(米芾)과 조맹부(趙孟頫)의 서풍을 교량적 역할로 삼았다. 즉 조맹부(원: 元)→미불(송: 宋)→왕희지(동진: 東晉)로의 접근을 시도한 것이다. 그는 인품의 현우(賢愚)와 학식의 심천(深淺)이 붓에서 발현된다고 지적하면서, 글씨에도 인품과 학식이 겸비되어야 한다고 역설하였다.

앞의 시는 12수 중에서 첫 번째 시이다. 시제에 '전목재(錢牧齋)'는 청나라의 시인 전겸익(錢謙益: 1582～1664)으로 그의 호가 목재(牧齋)이다. 수련에서 '홍필(鴻筆)'을 날아가는 난새와 봉황에 비유하였다. 함련은 먹물을 흩어지는 빗방울에, 붓은 구름이 펼쳐지는 것으로 형상화하였다. 경련의 '아군(鵝群)'은 왕희지가 「도덕경」을 써 주고 거위와 바꾸었다는 고사이다. 여기에서 '공임첩(工臨帖)'은 서예의 수련방법을 함축적으로 기술한 부분이라 할 수 있다. '임첩(臨帖)'은 바로 '법고(法古)'이다. '법고'가 있은 후에 '창신(創新)'이 따른다. '법고'와 '창신'은 상반되는 두 개념이 아니라 연속과 변화의 관계이다.[166] 전통은 창조를 위한 기반이며, 창조는 전통의 구속에서 탈피하여야 자유로워진다. 어떤 형태가 여러 사람에게 쓰여 지거나 오랫동안 유행하게 되면 자연히 진부하게 마련이다. 따라서 법고에만 집착하게 되면 진보와 창의가 없어진다. 그러므로 '창신' 없는 '법고'가 옳지 않듯, '법고' 없는 '창신'도 문제이다. 하지만 선후의 관계로 본다면 분명히 '법고'가 우선되어야 함은 주지의 사실이다. 즉 '법고'를 떠나지 않으면서 '법고'에 구속받지 않는 것이 중요하다. 그리고 제6구에서의 '봉

歸, 博覽長一格."

166) 鄭珉, 『朝鮮 後期 古文論 硏究』, 亞細亞文化社, 1989, p. 23.

조(鳳藻)'는 아름다운 문장 또는 글씨를 뜻한다. 글씨든 문장이든 훌륭한 것은 보면 볼수록, 쓰면 쓸수록, 음미하면 음미할수록 우러나오는 맛이 있다는 뜻이다. 그래서 쓰는 것으로 부족하여 새기면서 심중(心中)에 각인하는 자세이다. 따라서 '임첩(臨帖)'과 '늑명(勒銘)'의 과정을 거친 후에 강세황의 예술세계가 독자적으로 전개되었음을 이해할 수 있다. 미련의 '곡강지반(曲江池畔)'은 중국 회계군의 난정(蘭亭)으로 왕희지를 지칭하며, '경(經)'은 왕희지가 세해(細楷)로 쓴 「도덕경」을 가리킨다.

다음은 12수 중에서 앞의 시제와 동일한 네 번째 시를 살펴보자.

世間蟲篆摠紛紜	세상에는 蟲篆이 온통 어지럽지만
頃刻千言獨有君	짧은 시간에 천자를 쓰는 것은 오직 그대 뿐.
波磔無痕如印雪	波磔은 흔적이 없어 눈을 밟는 듯하고
句排有力欲挐雲	句排는 힘이 있어 구름을 당기듯 하네.
頭鬚盡白危何怕	머리카락 다 희니 위험한들 무엇이 두려우리?
衫袖皆烏笑學勤	소매가 모두 검도록 웃으면서 부지런히 배우네.
乃槊仍成雲鳥勢	뾰족하게 이뤄짐이 하늘 높이 나는 새의 형세요
能將一陣掃千軍[167]	능히 一陣을 가지고 천군을 휩쓰니.

이 시는 강세황이 당의 서예가인 이양빙(李陽氷)<도64>의 전서에 대하여 지은 것이다. 이양빙은 평생 동안 전서를 연마하여 일가를 이루었다. 그의 전서는 '옥저전(玉筯篆)'으로 불리어지는데, 용필에 힘이 있고 필획의 전체를 중봉으로 운필한 것이 특징이다. 그가 쓴 비판(碑版)은 비교적 많으나 「성황묘기(城隍廟記)」가 가장 유명하다. 이 비는 759년에 쓴 것으로, 원석(原石)은 이미 없어졌으나 현존하는 것은 송나라 때 모각(摹刻)된 돌이다. 이 비는

167) 姜世晃, 『豹菴遺稿』, p. 68.

필획이 수경(瘦硬)하고 힘이 있으며, 이사(李斯)의 필의로 쓰인 것이다. 강세황은 이양빙의 전법(篆法)을 중요시하여 그의 「성황비(城隍碑)」를 임모(臨摹)하고 다음과 같이 발문을 붙였다.

> 「우비(禹碑)」는 위조된 것이고 「역산각석(嶧山刻石)」도 원비(原碑)가 아니다. 양빙은 이사(李斯)로부터 필법을 터득하여 창아(蒼雅)하고 빼어나 가장 예스러운 필의가 있다. 지금에 고인의 용필과 결자의 묘를 보려면 의뢰할 사람이 이 한 사람밖에 없다.[168)]

이와 같이 강세황의 전서관은 진(秦)나라 때 이사(李斯)로부터 필의를 터득한 이양빙의 전서를 정통으로 여겼다. 현전하는 강세황의 전서 작품을 관찰해 보면 이양빙의 전서와 매우 흡사한 점을 발견할 수 있다. 강세황은 후대의 필획으로 함부로 옛 글자를 만들어 쓰는 것을 '용악지습(庸惡之習)'으로 간주하였다. 그리하여 그는 "하물며 지금의 획으로 거짓되게 옛 글자를 만들어 억지로 원기 넘치는 형태로 쓰는 것은 우매한 습관을 떠나지 못함이다."[169)]라고 강조했다.

<도64>

먼저 수련의 '충전(蟲篆)'이란 광의로는 충서(蟲書)·전서(篆書)를 모두 포괄

168) 上揭書, 「題手摹李陽氷城隍碑後」, p. 302. "禹碑贗也, 嶧刻訛也. 陽氷得法於李斯, 蒼雅森秀, 最有古意. 今欲見古人用筆結字之妙, 賴有此一人."

169) 上揭書, 「又題」,p. 303. "況以今畫, 妄作古字, 强爲淋漓之態, 不離庸惡之習."

할 수도 있고, 협의로는 벌레모양의 전서를 가리키기도 한다. '충서'는 진나라 때 '팔체(八體)' 중의 하나였고, 한나라 때 '육서(六書)' 중 하나의 서체였다. 여기에서는 여러 가지 종류의 전서를, 그리고 '독유군(獨有君)'은 이양빙을 말한다. 함련은 전서의 형상을 '인설(印雪)'에, 필력은 '나운(挐雲)'에 비유하였다. 경련에서는 늙어 죽을 때까지 소매 끝이 다 닳도록 부지런히 배워야 한다는 강세황의 학습방법이다. 이는 글씨를 배우는 것은 마치 급류를 거슬러 올라가는 것과 같은 의미이다. 미련에서는 충전(蟲篆)의 수필(收筆)부분에서 뾰족하게 빠지는 형세가 마치 하늘높이 나는 새의 형상에 비유하였다. 그리고 중봉으로 운필되는 전서의 형세가 마치 천군(千軍)을 압도할 만한 필력을 가지고 있다고 하였다.

이어서 앞의 시제와 동일한 강세황의 시 12수 중에서 다섯 번째 시를 감상해 보자.

蟲書蠹簡付秦灰	蟲書와 蠹簡들은 진나라에서 재가 되었고
鳥篆依俙認古來	鳥篆이 어렴풋이 옛것으로 인정되었네.
點似鵠頭工結構	點은 고니머리처럼 결구가 공교롭고
波如準毛細紆迴	波는 고른 털처럼 紆迴가 섬세하네.
相聯縱翰頻揮灑	이어질 때는 붓을 따라 자주 휘둘러 뿌리며
中斷停毫忽剪裁	끊어 질 때는 붓 멈춰 홀연히 잘다 마름질하네.
萬字須臾看變滅	萬字가 잠깐 만에 변화가 다한 것을 보니
鴻文眞奪化工才[170]	鴻文은 진실로 조화옹의 재주를 뺏었다.

수련에서 '충전(蟲書)'·'조전(鳥篆)'은 춘추시대 말기부터 종종 의장용(儀仗用)의 병기(兵器) 및 번신(幡信) 등에 새겨 넣었던 장식적인 글자체를

170) 上揭書, p. 68.

가리킨다. 이 글자체는 필획에 둥근 점과 혹은 파상(波狀)의 무늬를 만들기도 하였으며, 필획 이외에 새 모양의 장식을 더하기도 하여 글자체의 화려한 미관을 추구하였다. 진나라 시황이 천하를 통일하고 봉건왕조를 건립한 후 전국적으로 정치·경제·문화·사상방면에서 일련의 강경한 조치를 취하였다. 그 가운에 일부를 제외한 역사서와 경전 및 전적들을 모두 불태웠는데, 이 사건이 바로 '분서갱유(焚書坑儒)'이다. 진시황은 개인 장서(藏書)를 엄금하는 한편, 법률로 책을 지니고 다니지 못하도록 하는 이른바 '협서지율(挾書之律)'을 제정했다. 이때에 '충서(蟲書)'나 '두간(蠹簡)'들이 재로 변했으며, 일부 '조전(鳥篆)'이 조금 남아있다는 내용이다. 함련에서는 '점(點)'을 '곡두(鵠頭)'에, '파(波)'를 '준미(準毛)'에 비유하여 점획과 결구의 공교로움을 형상화하였다. 경련에서는 전서의 운필법으로 서로 연결되는 필획에는 붓이 끊어지지 않고 연결됨을, 그리고 중간에 단절의 부분은 붓이 잠시 멈추어 마무리하는 방법을 설명하였다. 미련은 모든 글자가 천변만화하는 형상을 그렸다.

강세황<도65>의 유묵(遺墨)에는 주로 행서가 대부분이지만, 남아있는 전서 작품 2, 3점을 살펴보면 대체로 진전(秦篆)에 충실한 느낌을 준다. 다만 전각(篆刻)에서 조충전(鳥蟲篆)의 필의가 엿보이는 작품이 극소수 있다.

이어서 강세황의 논서시 여섯 번째 시를 살펴보자.

高空點綴狀何如	높은 공중에 운필된 형상 무엇과 같은가?
小字斜行卷復舒	小字로 비껴쓴 줄이 말렸다 펼쳐지네.
碧落碑追飛鳥化	「벽락비」는 나는 새의 조화를 좇고
黃庭經笑換鵝書	「황정경」은 거위를 바꿔간 글씨를 비웃는다.

篆看落副工無敵　　전서는 落副을 보듯 공교롭기가 대적할 것 없고
草爲含蘆勢有餘　　초서는 갈대를 묶은 듯 기세가 남음이 있구나.
從此天邊長日送　　이후로는 하늘가의 긴 해를 보낼 때인데
白頭深悔註蟲魚[171]　흰머리 장황하게 주석한 것 길이 후회하네.

수련에서 강세황은 서첩을 펼쳐 보면서 여러 가지 운필의 형상을 소원(溯源)하였다. 그의 유고(遺稿)와 유적(遺跡)에는 중국 역대의 명비(名碑)와

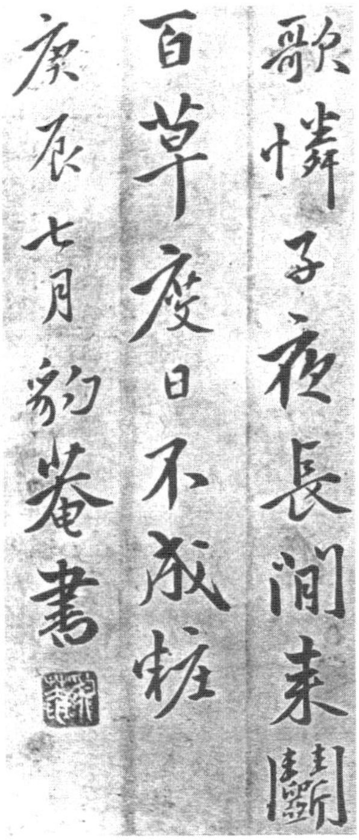

<도65>

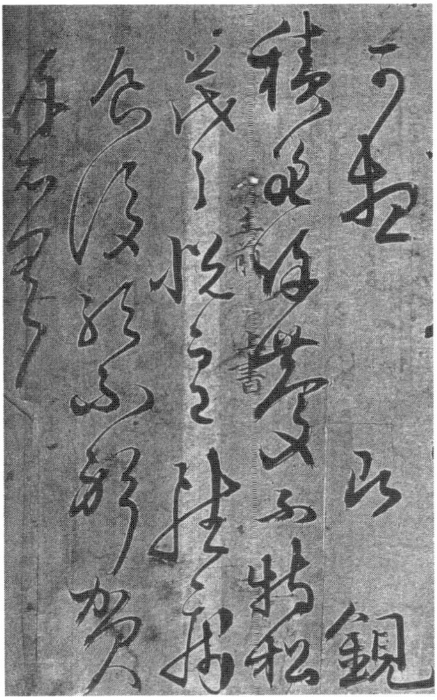

<도66>

171) 上揭書, p. 69.

명첩(名帖)을 많이 임서했다는 기록과 흔적이 남아 있다. 임서한 명비와 명첩으로는 왕희지의 해서인 「조아비(曹娥碑)」·「황정첩(黃庭帖)」과 행서의 「난정서(蘭亭敍)」 및 초서 「십칠첩(十七帖)」, 그리고 왕헌지의 행서인 「낙신부(洛神賦)」와 회소의 광초인 「자서첩(自敍帖)」 등이다. 함련에서는 「벽낙비(壁落碑)」와 「황정경」의 필치에 대한 평이다. 제4구는 원래 왕희지가 산음(山陰)의 도사에게 「황정경」을 써 주고 거위와 바꾸었다는 고사이다. 여기서는 아버지 강현(姜鋧: 1650~1733)<도66>이 북경에 있을 때, 축개(祝愷)가 「조아첩」과 「황정경」의 첩을 구해 줘서 현(鋧)은 관에서 식용으로 나온 거위 몇 마리를 답례로 주고, 왕희지가 산음의 도사에게 「황정경」을 써 주고 거위를 가져왔다는 고사를 상기하며 서로 웃었다는 이야기를 적고 있다. 경련에서는 전서를 '낙격(落翮)'에 비유하여 힘찬 전서의 형상을 표현했고, 초서를 '함로(含蘆)'에 비유하여 필세의 당당함을 말했다. 미련은 이러한 글씨의 오묘함에 몰입되어 날이 가고 어느덧 백발이 되어버린 것을 한탄한 내용이다.

이 시에서 강세황은 평생 동안 글씨를 익히고 수련한 학서의 과정을 감지할 수 있으며, 백발이 되도록 고전에 몰두한 사실을 엿볼 수 있다. 그는 풍부한 작가적 경험과 해박한 지식, 그리고 뛰어난 감식안으로 예술계의 선도적인 역할을 담당하였다. 그리하여 조선의 서단에서 우뚝한 삼절로 자리매김하고 있음은 당연한 결과라 할 수 있겠다.

다음은 단릉(丹陵) 이윤영(李胤永: 1714~1759)의 「관계윤사자(觀季潤寫字)」 시를 음미해 보기로 하자.

奇毫出袖笑微之	기이한 붓 소매에서 꺼내어 빙긋이 웃으며
相見寒暄說且稀	서로 보고 추우냐? 더우냐? 인사말 없네.
白雪先開楮上陣	종이를 펼치니 흰 눈이 먼저 열리고

玄雲初動腕間機　팔뚝이 움직이니 검은 구름 비로소 이는구나.
脫銜天馬追風逝　재갈 벗은 천리마가 바람 따라 달려가고
透水驚蛇化龍飛　물에 훤히 비치는 놀란 뱀이 용 되어 날아가네.
十字題名眞盛事　열 자로 이름 쓰니 참으로 성대한 일
西園曲水思依依[172]　서원곡수의 생각이 간절하구나.

시제에서 계윤(季潤)은 배와(坯窩) 김상숙(金相肅: 1717～1792)의 자이다. 일몽(一夢) 이규상(李奎象: 1727～1799)의 「병세재언록(幷世才彦錄)·서가록(書家錄)」에는 김상숙에 대하여 다음과 같이 기록하고 있다.

> 해자(楷字)와 반행(半行)을 잘 썼고 세해(細楷)가 특히 장기이며, 작은 글자는 완전히 종요의 법으로 썼다. 해서가 창안되면서부터 종요와 왕희지가 뛰어났는데 왕희지의 서체를 본받는 사람들은 많았지만, 종요체는 배와로부터 시작되었다.[173]

또한 이광사도 김상숙의 세해(細楷)를 높이 극찬하였다.

> 김배와(金坯窩)의 작은 해서는 내가 미칠 수 없는 바이다. 배와의 작은 해서는 완전히 법도와 자태가 뛰어났다. 또 반행(半行)은 장아(杖牙)하고 기고(奇古)하여 해서의 획으로 쓴 행초법(行草法)은 늙어서 더욱 격조가 뛰어났다.[174]

---

172) 李胤永, 『丹陵遺稿』, 서울大學校 奎章閣所藏, 筆寫本 4冊, 12102, 刊年未詳.

173) 李奎象, 「幷世才彦錄·書家錄」, 『18세기 조선인물지』, 민족문학사연구소 한문분과 옮김, p. 280. "善於楷字半行, 而細楷特長技, 細字全描鍾繇法. 自楷創鍾王首出, 而王體多效之, 鍾體則始於坯窩."

174) 上同. "金坯窩細楷, 吾所不及也. 坯窩細楷, 全以法度姿態爲勝. 又其半行, 杖牙奇古, 以楷畫而行草法, 老來尤長一格."

그리고 성대중(成大中)은 글씨의 격조를 유식(有識)과 무식(無識)으로 판별하면서 김상숙에 대한 서평으로 "글씨도 유식과 무식으로써 높고 낮음을 판별할 수 있는데, 배와의 글씨는 유식함으로 뛰어났다고 할 수 있다."175)라고 하여 김상숙의 글씨를 높이 평가하였다.

위의 서평에 의하면 김상숙은 해서(楷書)와 반행(半行)을 잘 썼으며, 특히 세해(細楷)에 조예가 깊었다. 뿐만 아니라 김상숙이 지은 서론으로 「필결(筆訣)」이 전해지고 있다. 「필결」의 핵심은 '심수상응(心手相應)'으로 요약될 수 있다. 그 우선순위로 볼 때 손의 익숙함보다는 바른 마음을 상위에 두고 있다. 그러면 심익운(沈翼雲: 1734~?)의 『백일집(百一集)』에 수록된 김상숙의 「필결·발(跋)」가운데 중요한 내용을 발췌하여 옮겨 보기로 한다.

> 무릇 글씨를 쓴다는 것은 마음이 붓에 들어가는 것이다. …(중략)… 마음이 붓에 전달하고, 붓이 종이에 전달하면, 종이는 완성된 지식을 받으니, 소리와 지식이 있지 않아도 덕은 이에 존재한다. …(중략)… 손에서 도모하지 말고 마음에서 도모해야 하니, 마음이 발동하면 손은 저절로 움직인다. …(중략)… 혹은 크게 혹은 작게 혹은 짧게 혹은 길게 하되, 의식적으로 만들지 않고 그 필세를 따르면 공교로움이 생긴다. 옛것을 배우지 않아도 옛 법에 저절로 이르고, 시속을 버리지 않아도 시속의 습관이 저절로 없어진다. …(중략)… 마음에 얻은 것 없이 외형을 요구하여 한갓 옛 글씨를 취하여 이를 법칙으로 여겨 부지런히 본받으면, 부지런히 하여도 이룰 수 없고 노력하더라도 권태로움이 생겨난다. …(중략)… 첫째로 중요함은 마음이 바른 것이고, 둘째로 중요함은 손의 익숙함이다. …(중략)… 그런 까닭으로 마음이 진실로 바르다 해도 손이 익숙하지 않으면 안 되니, 익히어 완성하는 길은 오직 손을 익숙하게 하는 데 있다.176)

175) 上同. "書亦以有識無識判高下, 坯窩書以有識爲勝."

이 밖에 김상숙은 필법(筆法)·운필법(運筆法)·생법(生法)·사법(死法)·자연(自然)·작위(作爲)에 관해서도 기술하였다. 그는 '작자요경(作字要敬)'을 서법의 요체라고 하였다.

수련은 평소에 김상숙의 과묵한 성품과 행동거지를 표현했다. 그는 평생 글씨 쓰기에 전념하였으나, 글씨에 관한 이야기는 거의 하지 않았다고 전해진다. 함련의 '백설(白雪)'은 흰 종이를, '현운(玄雲)'은 먹에 비유한 것이다. 경련에서는 글씨의 형세를 천리마가 달려가듯, 용이 날아가는 듯한 형상에 비유하였다. 미련은 김상숙의 우수한 글씨를 보고 '서원(西園)'에서 모여 놀던 일과 곡수유상(曲水流觴)하던 성대한 일을 연상시켰다. '서원'과 '곡수'는 송대(宋代)와 동진(東晉) 때에 문인묵객(文人墨客)들이 모여서 시를 짓고 글씨를 쓰면서 음풍농월한 곳을 말한다.

김상숙<도67>은 세해(細楷)와 반행(半行)을 잘 썼으며, '종요체(鍾繇體)'를 본격적으로 계승하여 '직하체(稷下體)'를 창안하였다. 그는 서예이론서인 「필결」을 저술하여 당시 부족한 서예이론의 정립에 공헌을 하였다. 그는 반드시 글씨를 잘 쓰겠다고 하지 말고 먼저 서책(書冊)의 글씨를 익히되, 획마다 정성을 다하면 저절로 정(精)하고 공(工)하게 되어 비록 재주가 낮은 사람이라도 자기의 필법을 쓸 수 있다고 강조하였다. 즉 '작자요경(作字要敬)'을 필법의 비결로 삼은 것이다. 게다가 김상숙은 '심정

176) 沈翼雲, 「筆訣·跋」, 『百一集』, 서울大學校 奎章閣所藏, 木版本, 7339, pp. 2-33~2-35. "凡爲書者, 心入于筆. …(中略)… 心傳于筆, 筆傳于紙, 紙受成識, 未有聲識, 德乃存焉. …(中略)… 不謀于手, 而謀于心, 心以發焉, 手自行焉. …(中略)… 或大或小, 或短或長, 不以意造, 隨其勢也. 而巧生焉. 不學于古, 而古法自至, 不棄于俗, 而俗習自祛焉. …(中略)… 無得於心, 要求於外, 徒取古書, 是則而效, 勤而無成, 勞而生倦. …(中略)… 一要心正, 二要手熟. …(中略)… 故曰, 心固正, 手不可以不熟, 習成之道, 惟在手熟之而已矣."

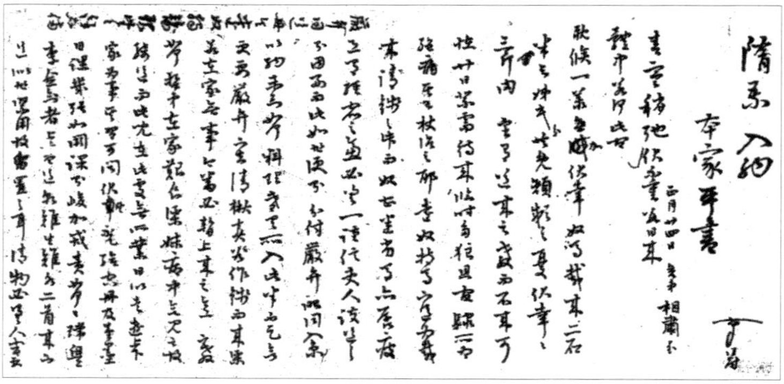

<도67>

(心正)'과 '수숙(手熟)'의 조화로움을 필결의 관건으로 인식하였다. 그는 글씨 쓰는 비결을 붓과 마음이 하나가 되면, 쓰고 싶은 대로 쓸 수가 있다고 하였다. 이러한 「필결」은 당시까지 정신우위에 치우친 서론과 서평들에 대하여 일침을 가하는 동시에 이상적인 서론으로 간주할 수 있다. 따라서 김상숙의 「필결」은 한국 서예이론사에서 마땅히 재평가되어야 하겠다.

다음은 청성(青城) 성대중(成大中: 1732～1812)의 「이숙전경구(李叔典經九), 입통음과경산(入洞陰過京山), 견기매하획전(見其梅下畫篆). 미발호연(眉髮皓然), 완시신선중인(宛是神仙中人). 문지흔연(聞之欣然), 경부시경산(徑賦示京山).」을 감상해 보기로 하자.

有客新從峽墅廻	객이 처음으로 골짜기 따라서 돌아가니
覩公巾拂旁寒梅	공의 두건이 매화나무 곁을 스치는 것 보았네.
洞陰自古多淸隱	통음에는 예로부터 청빈한 은자 많았는데
蝌蚪于今見特裁[177]	과두서가 지금에서야 특별히 지어졌네.

177) 成大中, 『青成集』, 韓國文集叢刊, 民族文化推進會, 2000, p. 415.

이 시는 성대중이 경산(京山) 이한진(李漢鎭: 1732~?)에게 준 시이다. 이한진<도68>은 학식도 높았고 음악과 글씨에도 뛰어났다. 그는 전서로 당시의 서단에서 으뜸이었으며, '과두서(蝌蚪書)'에 조예가 깊었다. '과두서'란 '과두전(蝌蚪篆)'·'충전(蟲篆)'·'고문(古文)'·'벽중서(壁中書)' 등으로 부르기도 한다. 과두서는 올챙이의 형상을 모방하여 쓴 서체의 일종이다. 즉 노(魯)나라 공왕(恭王)이 공자택(孔子宅)을 허물어서 『상서(尙書)』·『춘추(春秋)』·『논어(論語)』·『효경(孝經)』등의 전적(典籍)을 얻었는데, 이 전적들이 대부분 과두서로 쓰여 있었다. 이것은 한(漢)나라 때 처음 발견되었는데, 당시 사람들이 이미 고문(古文)이 있는 것을 알지 못하여 '과두서'라고 부르게 되었다.

기·승구는 이경구(李經九)가 굽이굽이 골짜기에 숨어사는 이한진을 찾아가는 과정과 세속을 멀리한 이한진의 유유자적한 삶을 그렸다. 전구는 예로부터 청은(淸隱)한 선비들이 많이 살았던 곳으로, 지금의 경기도 포천

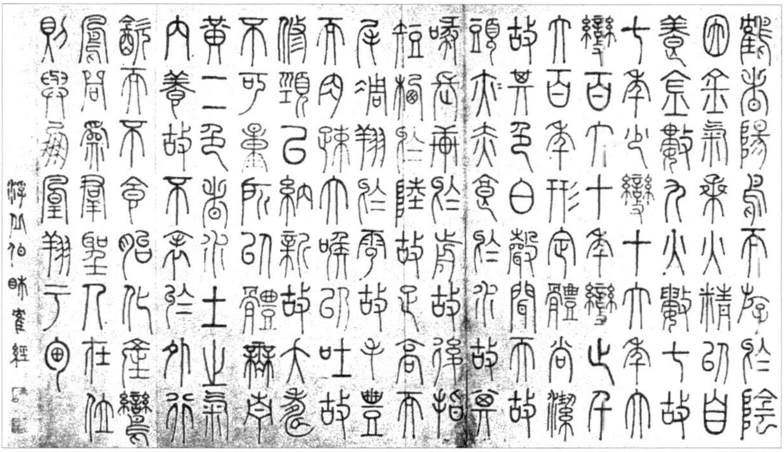

<도68>

군의 '통음(洞陰)'[현재는 영중면]을 가리킨다. 결구는 홀로 과두서를 쓰면서 학습에 전념하는 이한진을 연상하면서 읊은 것이다. 이한진은 높은 학식과 다방면에 뛰어난 재능이 있었지만 아내를 여의고서 가족과 함께 '통음'의 산 중으로 들어가 자연과 함께 여생을 보냈다.

다음은 이이엄(而已广) 장혼(張混: 1759~1828)의 「차약오가장운(次藥塢家藏韻)」을 음미해 보기로 하자.

稽古恩光耀漢京	옛날 은혜로운 빛이 연경에 빛내니
不過車馬侈桓榮	거마가 지나지 못하게 하니 환영의 사치를 누렸네.
何如手蹟至尊愛	어찌하여 글씨가 임금의 사랑을 받아
長在額楣天下驚	길이 문 위의 편액으로 천하를 놀라게 했는가!
雄與南山相敵勢	웅혼함은 남산과 서로 대적할 만한 형세이고
高依北斗竝懸名	지고함은 북두와 나란히 걸릴 이름이네.
可憐東國無人識	가련케도 조선에서 아는 사람 없으니
忍使鸞皇地上行[178]	차마 난새, 봉황을 땅 위로 가게 하네.

이 시는 만향재(晩香齋) 엄한붕(嚴漢朋: 1685~1759)의 글씨에 대해 지은 것이다. 엄한붕<도69>은 방원(方圓)과 골육(骨肉)의 풍신(風神)을 법으로 삼아 종요(鍾繇), 왕희지(王羲之), 안진경(顔眞卿), 유공권(柳公權), 미불(米芾), 조맹부(趙孟頫), 문징명(文徵明), 동기창(董其昌) 등 제가들의 필법을 두루 연마했다. 그는 초서와 예서에 뛰어났으며 쌍구확전(雙鉤廓塡)을 잘하여 손수 고금의 서법을 모사한 「집고첩(集古帖)」을 만들기도 하였다.

수련에서는 후한(後漢)의 환영(桓榮)이 광무제(光武帝)에게 은혜를 입은 것에 비유하여, 엄한붕이 청나라 옹정제(雍正帝)[청나라 제5대 황제 세종

---

178) 張混, 『而已广集』, 韓國文集叢刊270, 民族文化推進會, 2001, p. 495.

<도69>

(世宗)]에게 받은 은총이 더 훌륭했다는 것을 시사한 것이다. 함련은 엄한붕의 글씨가 중국 황제의 사랑을 받아 오랫동안 편액으로 걸려 천하를 놀라게 했다는 내용이다. 경련에서는 글씨의 형세를 남산과 북두칠성에 비유하여 웅장함과 지고함을 역설하였다. 미련은 천하에 알려진 이러한 명필이 우리나라 사람들도 잘 알지 못함을 탄식한 대목이다.

엄한붕은 청나라 때 연경에 있는 '경화문(景化門)'의 편액을 썼다. 천하의 '중화(中華)'로 자부하는 중국이 궁궐의 편액에 조선인의 글씨를 걸었다는 점은, 그의 글씨가 당시에 얼마나 탁월하였는가를 가히 짐작할 수 있다. 요컨대, 무조건 중국의 명필만을 추종하는 현실을 감안할 때 분명히 각성해야 할 역사적 사실이다. 따라서 이러한 역사적 배경을 통하여 이제는 우리 선조들이 쓴 훌륭한 필적들을 재검토하고 확인해야 할 시점으로 판단된다.

다음은 금릉(金陵) 남공철(南公轍: 1760～1840)의 「여상편기소거지당왈(余嘗扁其所居之堂曰), 이아(爾雅), 요강표암세황서게차(要姜豹庵世晃書揭此), 공년칠십(公年七十), 필법유기연(筆法愈奇姸), 심가진완야(甚可珍翫也). 수작차기사(遂作此寄謝).」를 분석해 보자.

古有爾雅經　옛날에 『이아경』이 있었으니
吾以名我室　내가 우리 집의 이름으로 삼았다.

爾乃草之名　爾는 풀의 이름이요
雅是鳥之一　雅는 새의 일종이다.
說文釋二字　『설문』에 두 글자 풀기를
鳥獸與草木　새와 짐승과 풀과 나무라고 했다.
蓋云君子學　대개 군자의 학문은
於此貴多識　이것을 많이 아는 것이 귀하다.
姜翁年七十　강옹의 나이 칠십에
草書久知名　초서로 이름난 지 오래다.
鍾王雖未及　종요와 왕희지에는 비록 미치지 못하나
文董視弟兄　문징명과 동기창은 형제로 볼 만하다.
矧自中原歸　하물며 중국에서 돌아온 뒤에는
博覽長一格　박식함이 한 격을 더 뛰어났다.
因人遂造請　사람을 통해 써 달라고 청하니
數日輸精力　수일 동안 정력을 다하였다.
自道榜額好　스스로 편액글씨를 좋아한다고 말했으니
筆與意俱適　글씨와 뜻이 함께 맞았다.
平生一茅屋　평생토록 한 오두막집에서
偃仰倍生色[179]　기거할수록 활기가 더해 간다.

이 시는 남공철이 강세황의 글씨에 대해 사례하고자 지은 시이다. 먼저 제1~8구는 '이아경(爾雅經)'에 대한 이야기이다. '이아(爾雅)'는 13경의 하나로서 가장 오래된 자서(字書)로, 천문(天文)·지리(地理)·음악(音樂)·기재(器財)·초목(草木)·조수(鳥獸) 등에 관하여 고금의 문자를 설명한 책이다. 제9~12구는 이 편액을 강세황이 70여세에 썼으니 초서로 이름난 지 오래되었으며, 종요와 왕희지에는 미칠 수 없지만 문징명과 동기창과 비

179) 南公轍, 『金陵集』, 韓國文集叢刊, 民族文化推進會, 2001, p. 16.

슷하다는 평가이다. 제13～16구는 강세황의 나이 72세(1784년)에 도총관(都摠管) 당시 건륭황제(乾隆皇帝)의 천수연(千叟宴)에 부사(副使)로 북경에 다녀오면서 넓게 보고 안목이 높아져 품격이 한층 뛰어났다는 뜻이다. 이때에 다른 사람을 통해 '이아'라는 편액을 부탁하여 썼으니 바로 1784년으로 추정된다. 강세황의 나이가 72세이고, 남공철의 나이 24세 때의 일이다. 1784년은 남공철이 음보(蔭補)로 세마(洗馬)에 등용된 해이다. 제17～20구는 강세황 자신이 큰 글씨를 좋아하였다는 말과, 실제 글씨와 뜻이 다르지 않고 적합하였다는 점을 상기시키고 있다.

강세황<도70>은 각 서체는 물론, 세자(細字)와 벽과대자(擘窠大字)에 이르기까지 속기(俗氣)를 일소하고 새로운 예술세계를 지향하였다. 강세황은 한국 서예사에서 조선중기의 침체기를 극복하고 새롭게 전개될 조선후기의 서단에 서막을 열어줌과 동시에 중기와 후기의 가교역할을 한 인물로 평가되고 있다.

다음은 다산(茶山) 정약용(丁若鏞: 1762～1836)의 「탐진촌요십오수(耽津村

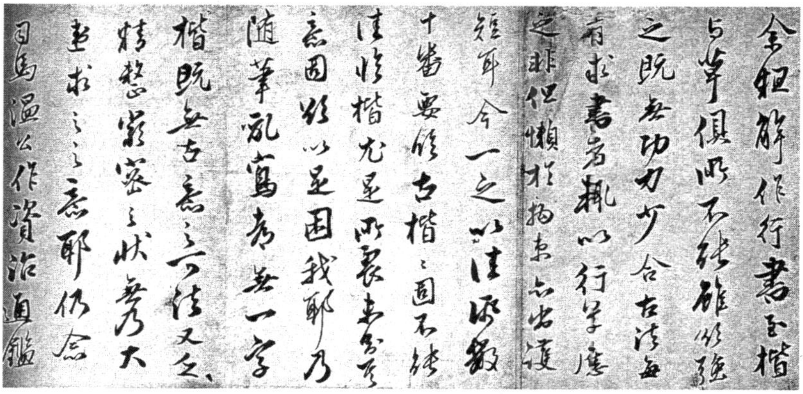

<도70>

謠十五首)」 중 (11)을 감상해 보기로 하자.

村童書法苦支離	시골 아이들 서법이 매우 지리하여
點畫戈波皆皆欹	점 · 획 · 과 · 파가 모두 삐뚤어졌네.
筆苑舊開新智島	필원이 옛날 신지도에 열려 있어
掾房皆祖李匡師[180]	하급관리들 모두 이광사를 스승으로 삼았다네.

이 시는 이광사<도71>의 글씨에 대한 논서시인데, 정약용이 강진에 유배된 지 2년 되던 해(1802)에 지었다. 그럼 먼저 정약용이 이광사의 글씨를 어떻게 인식하였는가에 대해서 「야취첩(夜醉帖)」의 발문을 통해 살펴보기로 하자.

> 우(右)의 야취첩(夜醉帖) 1권은 원교 이광사의 글씨이다. 근세의 서가로는 오직 이광사가 독보적인데, 참판 조윤형과 표암 강세황은 그를 심히 비방하여 남은 힘이 없었으니, 대체로 자기 역량을 헤아리지 못한 것이다. 그러나 그 비방을 부를 만한 이유가 있으니, 그 세자(細字)인 해서 · 행서 · 초서로서 법도가 갖추어진 것은 정심(精深)하고 기묘(奇妙)하여 좋은 것은 이왕(二王)에 드나들었고, 조금 낮은 것도 장지(張芝)와 장욱(張旭)의 경지를 잃지 않았다. 그러나 대자(大字)와 반행서(半行書)는 전광(顚狂), 기도(欹倒)가 너무 심하니 그 자형이 가증스러울 뿐만 아니라, 아울러 그 획법도 혹 무디고 막혀서 신묘함이 없다. 이것을 본받을 만하다고 하는 것은 지나치게 현혹된 것이다. 이 서첩도 역시 세자(細字)로 된 해서와 소자(小字)의 초서라서 뛰어날 뿐이다.[181]

---

180) 丁若鏞, 『與猶堂全書』, 韓國文集叢刊281, 民族文化推進會, 2002, p. 81.

※ 茶山의 書藝論은 金相洪 敎授의 『茶山文學의 再照明』(단국대학교 출판부, 2004)이란 저서에서 상세하게 연구되어 있다.

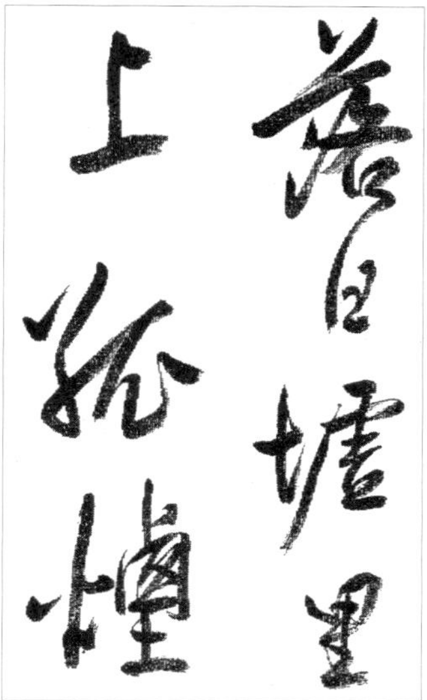

<도71>

위의 발문을 미루어 볼 때, 정약용은 근세의 서가로 이광사가 독보라고 언급한 후 이광사 글씨의 장·단점을 지적했다. 먼저 세자(細字)로 된 해서·행서·초서는 정심(精深)·기묘(奇妙)하여 높은 것은 이왕(二王)의 경지에 출입하였고, 낮은 것도 이장(二張)의 경지를 잃지 않았다고 극찬하였다. 그러나 대자(大字)인 반행서(半行書)는 획이 무디고 막혀서 신묘함이 없다고 지적하였다. 정약용의 「발해동악부(跋海東樂府)」에서는 "이씨의 서법이 한 시대에 뛰어났는데, 해동악부가 더욱 득의(得意)의 필(筆)이다."182)라고 하였다. 그는 또 "근세의 서가로는 오직 이광사가 독보적이다."라고 하여 이광사를 당시 서단에서 최고의 서예가로 인식하였음이 분명하다.

이규상(李奎象)은 윤순과 이광사를 비교하면서 평하였는데 그 내용은 다음과 같다.

---

181) 丁若鏞, 「夜醉帖」, 『與猶堂全書』, p. 304. "右夜醉帖一卷, 圓嶠李匡師之書也. 近世書家, 唯李獨步, 而曺參判允亨, 姜豹菴世晃, 深詆毁之, 不遺餘力, 蓋不力量耳. 然其所以致詆毁則有之, 其細楷行草之繩趨尺步者, 精深奇妙, 高者出入二王, 卑者不失二張. 然其大字半行, 顚狂欹倒太甚, 不唯其字形可憎, 竝其畫法, 或鈍滯無神. 以玆而謂亦可法者, 其偏惑者也. 是帖亦細楷小草爲長耳."

182) 丁若鏞, 「跋海東樂府」, 『與猶堂全書』, p. 307. "李氏書法一世, 而海東樂府尤其得意筆."

> 대개 그 글씨는 윤순과 서로 우열을 다투는데, 어떤 사람은 이광사가 뛰어나다고 하고, 어떤 사람은 윤순이 뛰어나다고 한다. 글씨는 윤순에게 배웠는데 서법은 약간 다르다. 윤순은 오로지 결구을 위주로 하고, 이광사는 오로지 획을 위주로 하였다. 윤순은 방법(方法)보다는 원법(圓法)이 뛰어나고, 이광사는 원법(圓法)보다 방법(方法)이 많다. 윤순의 글씨는 자태가 많고, 이광사의 글씨는 기세가 많다. 윤순은 이왕(二王)을 몹시 닮았으며, 이광사는 「난정서」와 「성교서」를 근본으로 하면서 소식과 미불을 섞었다. 윤순은 비록 초서라 하더라도 옹용(雍容) · 단적(端的)하지만 이광사는 비록 해서의 글씨라도 반드시 답답함을 떨쳐 횡으로 기울어졌다.[183]

앞서 본 정약용의 「탐진촌요」(11)의 기 · 승구는 시골 학동들의 서법이 매우 지리멸렬하여 필획들이 모두 삐뚤어졌다는 뜻이다. 전 · 결구는 이광사가 전라남도 완도군에 있는 신지도로 유배를 갔을 때, 당시 주민들과 관리들이 모두 이광사의 필법을 스승으로 삼았다는 말이다. 이광사는 글씨뿐만 아니라, 본격적인 서론인 「서결(書訣)」을 신지도에서 저술하여 한국 서예이론사에 새로운 지평을 열었다.

정약용은 시뿐만 아니라 서화에도 높은 경지에 이르렀다. 그는 제화시(題畵詩)와 서화에 관한 발문(跋文) · 제문(題文)을 많이 남긴 것으로 보아 서화에 대한 상당한 수준과 안목이 있었음을 알 수 있다.[184]

이어서 정약용의 「산행잡구이십수(山行雜謳二十首)」 중 (18)의 논서시를

---

183) 李奎象, 「幷世才彦錄 · 書家錄」, p. 277. “蓋其書相上下尹白下, 或曰李勝, 或曰尹勝. 書學於尹, 而法小異. 尹專主搆結, 李專主畫. 尹圓法勝於方, 李方法多於圓. 尹書多態, 李書多氣. 尹酷肖二王, 李本蘭亭聖敎序, 而雜東坡米南宮. 尹雖草書, 雍容端的, 李雖楷字, 必拂鬱橫斜.”

184) 金相洪, 『茶山文學의 再照明』, p. 457.

분석해 보자.

門帖金生筆　문에는 김생의 글씨 붙어 있고
樓懸道甫書　누각에는 이광사의 글씨 걸렸네.
世遙疑有贋　세대는 멀어 가짜인가 의심하지만
名重覺無虛[185]　이름은 무거워 헛되지 않음을 알겠네.

<도72>

이 시는 1805년(44세) 전남 강진(康津)에 있는 백련사(白蓮寺)를 탐방하고 쓴 것이다. 정약용은 백련사의 현판에 '만덕산(萬德山) 백련사(白蓮社)'<도72> 여섯 자의 글씨는 불경 중에서 오려낸 것이라고 고증하였다. 이 시의 분석에 앞서 백련사의 현판에 대한 「발김생서(跋金生書)」라는 발문을 살펴보기로 하자.

> 이 신라 김생의 글씨는 불경 중에서 오려낸 것이다. 각본의 김생 글씨는 모두 수경(瘦勁)·초발(峭拔)한데, 이 글씨는 획이 비택(肥澤)함이 매우 심하니 아마 변한 서체일 것이다. 감별하는 자는 이를 살펴야 할 것이다.[186]

이 시에는 백련사의 문에 김생이 썼다고 전해지는 '만덕산, 백련사'의 글씨가 있지만 가짜라고 감식했다. 위의 발문에 따르면 김생의 글씨는

---

185) 丁若鏞, 『與猶堂全書』, p. 94.

186) 上揭書, 「跋金生書」, p. 310. "右新羅金生書, 于佛乘中割取者也. 刻本金生書, 皆瘦勁峭拔, 此書肥澤特甚, 盖其變相也. 賞鑒者審焉."

가늘고 힘차며 빼어난 명필이지만, 여기에 쓰여 진 글씨는 필획에 살이 쪘으며 변한 모양이라고 했다. 이 여섯 글자는 해서로 쓰여졌으며, 목각의 한계 때문인지 운필과 결구 및 장법이 모두 자연스럽지 못하다. 그리고 누각에 이광사가 쓴 '대웅보전(大雄寶殿)'<도73>과 '만경루(萬景樓)'<도74>의 현판은 이름의 무게답게 훌륭하다고 호평했다.

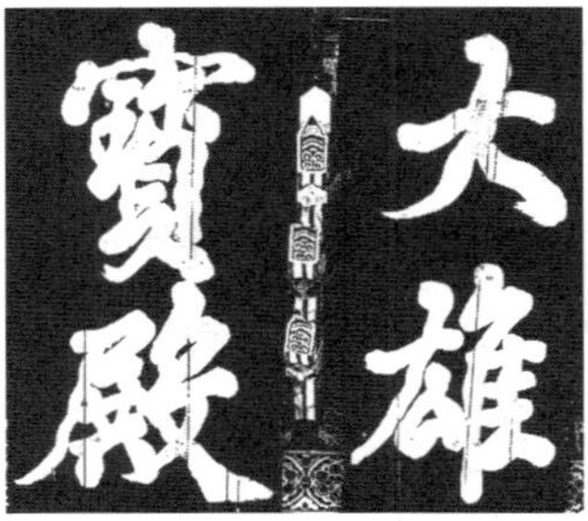

<도73>

<도74>

김생은 해동필법의 제1인자로 손꼽혔으며, 중국에까지 명성이 자자했다. 역대로 여러 서가들이 김생을 신필(神筆)로 인정했다. 홍양호(洪良浩)는 우리나라 글씨 가운데 김생을 시조로 보면서, 그 신골(神骨)이 깊은 경지에 올라 이왕(二王)과 합할 수 있다고 극찬했다.

> 우리나라의 글씨는 신라의 김생으로부터 비롯되었으니, 김생의 글씨는 기굴(奇崛)하고 오묘하며 옛 사람을 스승으로 삼지 않고 스스로 문호를 열었다. 그러나 신골(神骨)을 홀로 이룬 경지가 암암리에 이왕(二王)과 합치되기 때문에 조맹부가 크게 추대해 복상(服尙)한 바가 되었다.[187]

---

187) 洪良浩, 「題尹白下淳書軸」, 『耳溪集』, p. 294. "東方之書, 祖於新羅之金生, 金生之筆奇崛奧妙, 不師古人而自闢門戶. 然其神骨獨詣, 暗合二王, 故大爲趙子

이 시에서 정약용이 가짜로 인정한 것은, 다만 위의 여섯 글자에 대하여 국한된 서평임을 알 수 있다. 다른 한편으로는 우리나라 역대 최고의 서가와 대비시켜 이광사의 글씨를 한층 더 호평한 의도가 있을 수도 있다.

이어서 정약용의 「화자유신수여주용흥사오화벽운(和子由新修汝州龍興寺吳畵壁韻)」을 감상해 보자.

三韓妙墨少絶藝	삼한의 글씨들은 걸작이 적은 편인데
近有道甫獨名世	근자에 이광사 홀로 세상에 이름이 났네.
自從端明謫僭厓	한림학사 출신으로 변방에 귀양 와서
頗學儀曹敎蠻隷	천민들에게 예절을 가르친다고 한다네.
偉哉編配一布衣	위대하도다! 일개 포의로 귀양 갔던 그는
聲若雷霆殷百歲	우레 같은 명성이 백세를 울리고 있네.
觀其白蓮題額書	그가 쓴 백련사 액자 글씨를 보면
佶屈故作拏龍勢	佶屈함이 짐짓 용을 잡은 형세이네.
金生頑朴浪得名	김생은 頑朴하여 헛된 이름을 얻었을 뿐
堪與邨氓寫券契	촌백성들 계문서나 써줄 만한 글씨였네.
涇渭交流判淸濁	涇水와 渭水가 섞여 흐르나 淸濁이 판이하고
蹠獲同門了愚慧	盜蹠과 猛獲은 동문이나 愚와 慧가 뚜렷하네.
大器轗軻死窮海	大器가 뜻을 얻지 못하고 窮海에서 죽어가니
遺跡凄凉足破涕	남긴 글씨 처량하여 보고 눈물짓누나.
只爲高名解殺人	단지 높은 이름으로 죽은 사람일줄 알았는데
已聞天威當日霽	이에 임금의 위엄이 당일에 풀렸다고 들었네.
休怪侏儒獨飯飽	광대들 홀로 배부른 것 괴이 여기지 말라.
自古綺紈皆掉袂	예로부터 비단 옷 입고 소매나 흔들었지.
獄吏偏識康津縣	옥리들도 두루 안다네. 이 강진 고을에
先生去後吾兄弟[188]	선생이 가신 후 내가 형제인 것을.

昂所推服尙矣."

이 시는 정약용이 강진 유배 때인 1807년에 김생과 이광사의 글씨에 대하여 지은 것이다. 이 시의 시제 아래에 '이도보(李道甫)가 쓴 백련사(白蓮寺)의 액(額)을 보고'라는 주를 보면 백련사에 있는 이광사의 '대웅보전(大雄寶殿)'의 현판과 '만경루(萬景樓)' 현판 글씨임이 분명하다.[189)]

제1~8구에서는 삼한(三韓)에서 명필들이 적은데, 최근 이광사가 나타나 세상에 이름을 떨쳤다. 그는 포의의 몸으로 귀양처에서 천민들을 지도하고 백세에 우레와 같은 명성을 언급한 내용이다. 그가 쓴 백련사의 '대웅보전'과 '만경루'의 현액은 꿈틀대는 용처럼 헌걸차고 기세가 엿보인다고 극찬하였다. 그가 쓴 '대웅보전'의 현액은 행서로, 기세가 웅중(雄重)하고 영활하다. 또한 '만경루'의 현액은 해서로, 웅장하면서 운필이 곡진하다. 제9~14구에서는 김생이 썼다고 전해지는 '만덕산, 백련사'의 현판이 완박(頑朴)하여 시골 백성들의 계문서나 써줄 만한 글씨라고 했다. 물론 정약용은 앞의 발문에서 이 글씨가 김생의 친필이 아니라고 전제를 하였다. 제15~20구에서는 이광사를 선생이라고 높이 호칭하였다. 이광사는 비록 세상에 없으나 강진 고을에 다산 형제[흑산도에 유배된 중형(仲兄) 정약전(丁若銓: 1758~1816)]가 있다는 것을 옥리들도 알고 있다고 하여 서가로는 이광사 이후에 자신의 형제가 있다고 자부한 내용이다.[190)]

이광사의 학서 과정을 살펴보면, 그가 대가의 자리에 처할 수밖에 없었던 상황이 고스란히 나타나고 있다. 그는 「서결」의 전편에서 다음과 같이 자술하고 있다.

---

188) 丁若鏞, 『與猶堂全書』, p. 96.

189) 金相洪, 『茶山文學의 再照明』, p. 484.

190) 上揭書, pp. 484~488 參照.

> 내가 처음 공부할 때 입으로 가르쳐주고 손을 잡고 가르치는 선배가 없었기 때문에 깨닫기가 매우 어려웠다. 수십 년간 잠심(潛心)하고 거의 천 자루에 이르는 붓을 달아 못 쓰게 하고서야 비로소 체득함이 있었다. 체득하기 어려운 까닭에 좋아함이 깊어 낮에는 먹는 것을 잊고, 밤에는 잠자는 것을 잊었다. 여름철에는 간혹 밤을 새우기에 이르렀고 누우면 손가락으로 배에다 획을 그었으며, 일어나면 붓이 손에서 떨어지지 않았고 옛 사람의 지극함에 이르지 않았다고 생각되면 그만두지를 않았다. 중년에 사람들을 가르칠 때 반드시 그 말을 상세하게 하여 내가 수십 년 깨달은 것을 말해 주었는데, 영민한 자는 몇 일만에, 우둔한 자는 열흘이나 한 달 만에 알았으나 끝내 정교한 경지에 나아 간 사람은 한 사람도 없었다. 나는 지혜가 예리한 사람은 맛 본 것이 얕아 깊이 빠지지 않는다고 판단하고, 드디어 다만 붓으로만 가르치고 말로써 가르치는 경우는 드물게 하여 스스로 터득하게 하였다.[191]

정약용<도75>은 학문과 '문원(文苑)의 기재(奇才)'인 동시에, 서화에 대한 감식과 안목이 상당한 수준이었다. 뿐만 아니라, 그가 쓴 해서·행서·초서의 친필 서간(書簡)들을 보면 행기(行氣)가 넘쳐흐르며 아취(雅趣)가 물씬 풍겨난다. 따라서 정약용의 글씨 또한 한국 서예사에서 새르운 각도로 재조명되어야 할 것이다.

다음은 자하(紫霞) 신위(申緯: 1769～1845)의 「담계우발여소휴안평대군견본진적왈(覃溪又跋余所携安平大君絹本眞蹟曰), 차능이송설수완(此能以松雪手腕), 운성교서필의자(運聖教序筆意者), 진확론야(眞確論也). 계이이절구

---

191) 李匡師, 「書訣」, p. 2. "始余之學, 無前人口授手提, 故覺之甚難. 潛心數十年, 幾禿千穎, 而方有得, 得之難, 故嗜之深, 晝忘食, 夜以忘寢. 夏月或至徹夜, 臥則以指畫肚, 起則筆不離手, 意不到古人至處不已也. 中年教人, 必詳其言, 語吾數十年所覺者, 而敏者數日, 鈍者旬朔而知, 亦無一人竟造工. 余謂其知之銳, 味淺而不癖, 遂只筆授, 罕以言教, 使自得之."

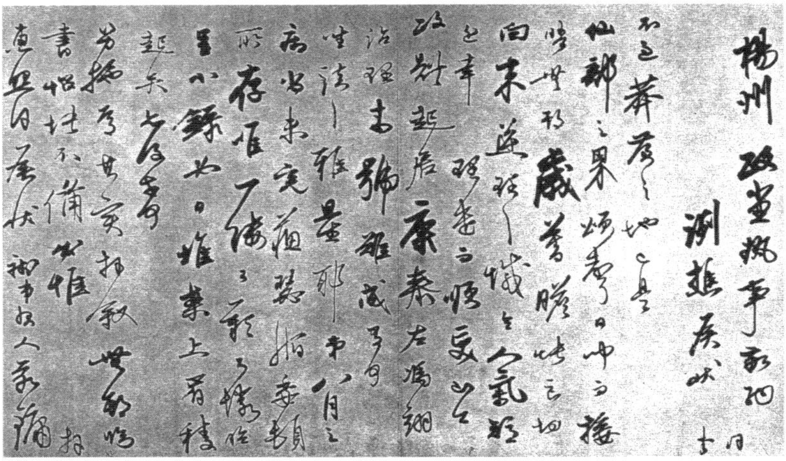

<도75>

(系以二絶句).」 기일(其一)을 살펴보기로 하자.

宮女凝脂落墨勻	궁녀의 고운 살결 먹이 가지런해
豪華公子自無塵	호화로운 공자는 저절로 속됨이 없구나.
鷗波腕運懷仁集	구파(조맹부)의 필법으로 쓴 「성교서」
曠四百年無此人[192]	멀리 4백년간 이런 사람 없었구나.

자하 신위는 4천여 수의 한시를 남긴 시인이며 서화에도 뛰어난 재능을 지닌 인물로 시・서・화 삼절로 일컬어진다. 자하는 시인으로서도 중요한 인물이지만, 서화의 예술정신을 추구한 시인이었기 때문에, 그의 시는 조선 시사(詩史)에서 더욱 주요한 지위를 차지하리라고 생각된다.[193] 신위의

192) 申緯, 『警修堂全藁』, 韓國文集叢刊291, 民族文化推進會, 2002, p. 20.

193) 鄭垣杓, 「紫霞 申緯의 漢詩硏究」, 서울大學校大學院, 文學博士學位請求論文, 1987, p. 6.

논서시 가운데 본고에서는 12수를 가려서 분석하고자 한다.

이 시는 신위가 연경에 갈 때 이용(李瑢)의 행서 진적인 「성교서」를 가지고 가서 옹방강(翁方綱)에게 논평을 받고 난 후에 지은 것이다. 우리는 이 시에서 조맹부와 이용이 다방면으로 동일점이 있다는 것을 알 수 있다. 그 동일점이란 먼저 왕족출신이며 시·서·화 삼절일 뿐만 아니라, 당대는 물론 후대의 서단에까지 지대한 영향을 끼쳤다는 것을 거론할 수 있다.

기구는 이용의 그림을 말한 것으로, 그는 평소에 여가를 선용하여 수묵(水墨)을 즐겼으며 특히 미인의 육색(肉色)을 잘 그렸다고 전해진다. 조맹부 또한 회화에 뛰어났는데 산수(山水)는 동원(董源)과 이성(李成)의 법을 취하였고, 인물(人物)과 안마(鞍馬)는 이공린(李公麟)과 당나라 사람들을 스승으로 여겼으며, 묵죽(墨竹)과 화조(花鳥)에도 조예가 깊었다. 승구에서 '호화공자(豪華公子)'란 왕족 출신을 일컫는다. 이용은 세종(世宗)의 3남으로 소헌왕후(昭憲王后) 심씨(沈氏)가 어머니이며, 1428년(세종10)에 안평대군으로 봉해졌다. 이듬해 정연(鄭淵: 1389～1444)의 딸과 결혼하고 1430년 여러 왕자들과 함께 성균관에 입학하여 학문을 연마했다. 조맹부도 송나라 태조(太祖)의 아들인 덕방(德芳)의 후인이라는 점에서 이용과 가문의 배경 또한 유사하다.

전구에서 '구파(鷗波)'란 조맹부가 거처한 '구파정(鷗波亭)'을 가리키는데, 사람들은 '조구파(趙鷗波)'라 부르기도 하였다. 이용도 마포(麻浦)의 북쪽 기슭에 있는 '담담정(淡淡亭)'에서 학문을 닦았다. 그리고 '회인집(懷仁集)'이란 당나라 때 승려 회인(懷仁)이 왕희지의 글자를 집자(集字)하여 「성교서(聖敎序)」를 만든 법첩이다. 이용과 조맹부는 공히 왕희지를 추종하여 「성교서」를 수 없이 임서함으로써 왕희지의 필의를 얻었다. 결구에서 400여 년간에 걸쳐 이 같은 사람이 없었다는 것은, 그 정도로 이용의 필체가 탁월하였다고 신위가 강조한 대목이다. 조맹부 역시 원대(元代)로부터 그의 서풍이 도도하게 흘러내려 갔으며, 고려와 조선에서도 '조체(趙体)'가 오랫동안 영향을 미쳤다.

신위는 이 시를 통하여 이용의 필치를 숭앙하면서 조맹부의 글씨와 대등함을 술회한 것이다.

이어서 앞의 시와 같은 제목의 두 번째 시를 분석해 보자.

石峯撐肉聽松筋	석봉은 살찌고 청송은 근력이 있으나
臨戰安閑匪懈軍	전쟁에 임하여 안정되고 한가한 匪懈의 군사로다.
百鍊剛來柔繞指	백 번 단련하여 강하면서 부드럽게 손가락을 두르니
畵家又一石陽君[194]	화가로는 또 한 사람 石陽君이 있다네.

신위는 한호와 청송(聽松) 성수침(成守琛: 1493~1564)의 글씨를 비평하면서 이용의 필적을 한층 더 높이 평가하고 있다. 한호는 '육(肉)'으로, 성수침은 '근(筋)'으로만 지탱하여 한호의 필획에는 살찐 육서(肉書)로 쓰인 결점이 있고, 성수침은 힘줄로 쓰여 져서 육(肉)이 부족한 '근서(筋書)'라는 것이다. 이에 비해 이용의 글씨는 근육(筋肉)이 적절하게 호용된 훌륭한 글씨라고 했다. 이것을 전쟁의 군사에 비유했다. 훈련이 잘된 군인은 살이 많이 찌지도 않고 너무 마르지도 않아서 항상 날렵한 몸매로 상대를 제압할 수 있으며, 자신감이 충만하기 때문에 전쟁에 임해서도 안정되고 여유가 있다는 것이다.

기·승구에서는 근(筋)과 육(肉)을 필획에, 이용의 글씨를 전쟁에 임하는 군사에 비유했다. 전구에서는 경우에 따라서 수없이 강하게도 하고 부드

194) 申緯, 『警修堂全藁』, p. 20.

럽게도 단련하여 음양의 기운이 조화롭게 손가락을 둘러싸서 자연히 오묘한 필치가 표현된다고 하였다. 결구에서는 이러한 경지에 도달한 사람으로 화가인 이정(李霆)을 거론하고 있다.

석양군(石陽君) 이정(李霆: 1541~?)은 시・서・화에 뛰어났고, 죽화(竹畵)로 이름을 떨친 인물이다. 간이(簡易) 최립(崔岦: 1539~1612)은 「삼청첩서(三淸帖序)」에서 이정(李霆)의 작품을 다음과 같이 호평하였다.

> 내가 그대가 친 대나무를 보니 성글지만 좋아할 만하고 빽빽하여도 싫지가 않다. 소리가 나지 않아도 들리는 듯하고, 색이 같지 않은데도 진짜 대나무와 같다. 기운이 나타나지 않아도 습하지 않고 시원하며, 덕이 펼쳐지지 않았는데도 의젓하고 공경할 만하다. 이것은 뜻과 생각에서 펼쳐져 저절로 만족스럽게 된 것이니, 이에 내가 자네의 대나무・난초・매화・시・글씨가 또한 각각 내 마음을 움직이게 하는 것이 모두 이와 같음을 알게 되었다.[195]

신위가 조선의 글씨는 이용을, 문인화가로는 이정을 으뜸으로 꼽았다. 사실 이 두 사람은 시・서・화에 모두 탁월한 삼절들이다. 신위 역시 삼절인 만큼 이들을 정확히 논평하였다.

다음은 신위가 「우군황정경(右軍黃庭經)」에 대하여 지은 시를 분석해 보자.

用筆難憑巧力爲　　용필은 巧力으로 하는 것만 의지하기 어려우니

---

195) 崔岦, 「三淸帖序」, 『簡易集』, 韓國文集叢刊49, 民族文化推進會, 1990, p. 275. "以余觀子之所爲竹也, 疎而可喜也, 密而不厭也. 聲不作而有聞也, 色不似而逼眞也. 氣不與形而爽然未襲也, 德不與設而修然可敬也. 是有以發乎意思而自足, 乃余之知子竹也若蘭也梅也詩也字也, 亦各有以動佘者, 類斯而已."

自然天質法隨之　　자연스럽게 타고난 천질에 법은 저절로 따르네.
山陰極則黃庭字　　「황정경」의 글씨는 왕희지 글씨의 극치이니
淡古虛和繼者誰[196]　　담고, 허화함 이을 사람 누구인가!

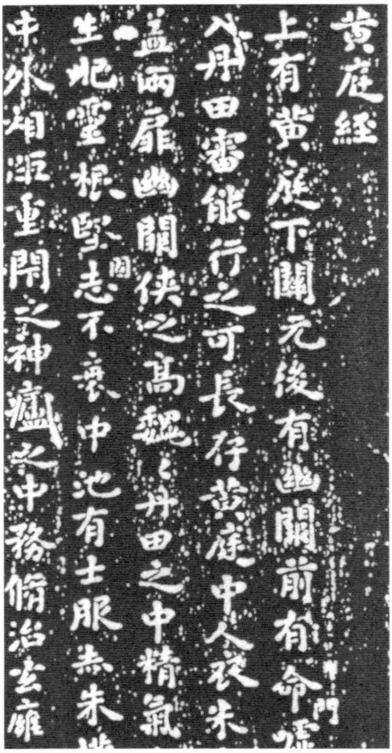

<도76>

이 시는 동진의 왕희지가 소해(小楷)로 쓴 「황정경」<도76>에 대하여 논한 것이다. 「황정경」의 원첩(原帖)은 전하지 않으며, 후세에 수(隋)·당(唐)·송대(宋代)의 대가들이 임서한 각본(刻本)들이 유전되는데, 역대로 소해(小楷)의 상품(上品)으로 여겨져 왔다. 남제(南齊)의 서예가인 왕승건(王僧虔: 426~485)은 「필의찬(筆意贊)」에서 "먼저 「고서(告誓)」를 임서한 다음 「황정경」을 써야 한다. 그러면 골(骨)이 풍부하고 육(肉)이 윤택해져서 신묘한 경지에 들고 신령스러움에 통할 수 있다."[197]라고 하였다.

기·승구에서 용필은 '교력(巧力)'으로만 되는 것이 아니라 자연적으로 타고난 '천질(天質)'을 법으로 따라

196) 申緯, 『警修堂全藁』, p. 546.

197) 王僧虔, 「筆意贊」, 『歷代書法論文選』(上), p. 58. "先臨告誓, 黃庭經. 骨豊肉潤, 入妙通靈."

야 한다고 했다. 신위의 이러한 견해는 후천적인 노력과 천부적으로 타고난 재능이 모두 중요하다는 의미이다. 이것은 내재적이면서 선천적인 재능이 필요한 것으로 예술가의 고매한 상상력과 천재적인 창조의식에 의해 자연스럽게 노정된다는 말이다. 어떠한 예술도 자질과 노력의 비중이 사람에 따라 차등은 있겠으나, 결국은 양자의 공존이 필요한 것이다. 전구의 '산음(山陰)'은 왕희지가 살았던 곳으로, 왕희지의 「황정경」을 해서의 극치로 비유한 것이다. 그것의 풍격(風格)이 담박(淡泊) · 고상(高尚) · 허정(虛靜) · 조화(調和)를 계승할 사람이 없다고 하였다.

따라서 「황정경」의 용필은 기교를 초월하여 쓰인 것으로, 왕희지의 타고난 자질과 노력의 결과로 이룩된 해서의 극치로 결론을 내렸다.

다음은 신위의 「탕음령장천비(蕩陰令張遷碑)」를 분석해 보자.

雪白蘭芬孝友敦	흰 눈과 향기로운 난처럼 효우가 돈독하니
天心不繆淑人親	천심을 어기지 않고 착한 사람과 친하네.
既多受祉南山壽	이미 복을 많이 받아 남산처럼 오래 살고
干祿無彊子子孫[198]	자자손손 무궁하게 녹을 받는구나.

「장천비(張遷碑)」<도77>는 후한(後漢)의 중평(中平) 3년(186)에 산동성(山東省) 동평현(東平縣)에 세워진 것으로, 후한의 여러 예서 중에서도 하나의 일품(逸品)으로 손꼽힌다. 제액(題額)에는 '한고곡성장탕음령장군표송(漢故穀城長蕩陰令張君表頌)'으로 쓰여 있다. 장천이 처음에는 곡성(穀城)의 장(長)이었고, 나중에는 탕음령(蕩陰令)이 되었다는 뜻이다. 이 비는 장천이 벼슬할 때 선정(善政)을 베풀어 이민(吏民)들이 그 덕을 표송(表頌)하기

---

198) 申緯, 『警修堂全藁』, p. 556.

<도77>

위하여 새겨진 것이다. 「장천비」는 점획에 변화가 적고, 결구는 정방형(正方形)으로 구성되어 있으며, 전체적인 분위기가 무표정한 것이 특징이다. 비의 풍격은 전아(典雅)·웅후(雄厚)·박무(樸茂)하여 한(漢)나라의 석각(石刻) 중에서도 많이 볼 수 없는 독특한 맛을 지니고 있다.

이 시에서 기구의 '설백(雪白)'은 심성의 청징(淸澄)함을 시각적으로, '난분(蘭芬)'은 훈훈한 인정을 후각적으로 표현하여 효우(孝友)의 돈독함을 강조하였다. 여기에서 '효우(孝友)'라고 한 것은, 장천(張遷)의 선조가 주(周)나라에서 나왔으므로 주나라 선왕(宣王)이 중흥할 때에 장중(張仲)이란 사람이 효우로써 행하였음을 은유한 것이다. 그밖에도 고제(高帝) 때의 장량(張良)이나 문경연간(文景年間)의 장석지(張釋之)나 효무제(孝武帝) 때 장건(張騫) 등이 모두 후덕한 정치를 한 인물들이다. 이처럼 맑고 깨끗하게 선정(善政)을 베풀어 백성들이 서로 친하게 지내며 하늘도 감동하게 되었고, 이미 선조들도 많은 덕을 베풀어 자손 대대로 무궁하게 녹을 받았다는 것이다. 그리고 이 시에서 나타나는 시어(詩語)들은 비문의 내용에서 인용한 것이 많은데, 그 비문의 일부내용은 다음과 같다.

於穆我君, 旣敦旣純, 雪白之性, 孝友之仁, 紀行來本. 蘭生有芬, …(中略)… 唯淑是親, 旣多受祉. 永亨南山, 干祿無疆, 子子孫孫.[199]

다음은 신위가 지은 「양군석문송(楊君石門頌)」을 살펴보자.

秋貶春宣智力殫　가을에 거두고 봄에 베풀어 지력이 다하였고
匡君輔主奠區寰　군주를 바르게 보필하여 나라를 드높였네.
石門大筆磨崖頌　석문의 마애에 대필로 칭송하니
意在張遷魯峻間[200]　필의가 「장천비」와 「노준비」사이에 있구나.

<도78>

「석문송(石門頌)」<도78>은 동한(東漢) 건화(建和) 2년(148) 포성현(褒城縣)의 북방(北方), 석문(石門)의 마애(磨崖)에 예서로 새겨져 있다. 이것은 양맹문(楊孟文)이 석문의 개착(開鑿)에 공헌한 공적을 기록한 내용이다. 이곳은 동함곡관(東函谷關)과 서농관(西隴關)의 이관(二關) 가운데에 있기 때문에 관중(關中)이라 하여 중요한 교통의 요새지이다. 석문은 한대(漢代)에 이미 도절(途絶)되었다가 다시 개통하였는데, 이 개통을 기념하기 위하여 쓰인 것이 바로 「석문송」이다. 이 글씨는 자연석에 새겨진 것이어서 다른 한비(漢碑)들과 사뭇 서풍을 달리하고 있다. 이 송(頌)의 결자(結字)는 대소가 하나같지 않으며 쇄락(灑落)하고 자연스러운 맛이 뛰어나다. 또한 글자의 행간(行間)에 취미(趣味)가 많아 한나라 예서 중에서

199) 渡邊隆男 發行, 「張遷碑」, 『中國法書選』, 二玄社, 1992, pp. 30～34.
200) 申緯, 『警修堂全藁』, p. 556.

도 초서라 일컬어진다. 「석문송」의 풍격은 웅후분방(雄厚奔放)한 미와 자연미가 어우러진 훌륭한 예서이다.

기・승구는 양맹문(楊孟文)의 지혜와 어진 신하의 도리를 적은 것이다. 전구는 석문의 마애에 그를 칭송하였다는 내용이다. 결구에서는 「석문송」의 필의는 「장천비」와 「노준비」의 사이에 있다고 하였다. 「장천비」는 방정전아(方整典雅)하고, 「노준비」는 풍유웅위(豊腴雄偉)한 데 비하여, 「석문송」은 전아웅위(典雅雄偉)한 가운데 자연스러운 맛이 우러져 나온다고 볼 수 있겠다.

이어서 신위의 「제조생지예(題曺生指隷)」를 음미해 보자.

曺生指隷妙難雙	조생(曺匡振)의 指隷는 묘하기 짝이 없고
雄傑亭扁鼎可扛	웅걸 찬 정자의 편액은 솥을 마주 들 만하네.
限地論才終陋見	지위에 국한하여 재주 논함은 결국 낮은 견해이니
崔詩韓筆跨東邦[201)	최경창의 시와 한호의 글씨는 동방의 자랑이라네.

눌인(訥人) 조광진(曺匡振: 1772～1840)은 여러 서체를 잘 썼으며 '지두예서(指頭隷書)'에 뛰어났다. 그의 묘지(墓誌)에는 다음과 같이 기록되어 있다.

처음에 눌인 옹은 집이 가난하여 사방으로 배우러 다니다가 이원교(李圓嶠)의 글씨를 배웠는데, 만년에야 크게 깨달았다. 안진경 서법의 진수를 깊게 터득하여, 전예(篆隷)의 금석기(金石氣)가 있다. 더욱이 고법을 임모(臨摸)하는데 뛰어나, 행초는 유석암(劉石菴)과 같고, 지예(指隷)는 장수옥(張水屋)을 닮아 철을 구부리고 쇠를 녹인 듯하여 세간의 글씨와

201) 吳世昌 編著, 『槿域書畫徵』, 曺匡振條, p. 215.

는 같지 않으니, 천전운뢰(天篆雲雷)가 지나가는 것뿐만이 아니다. 지금의 '쾌재정(快哉亭)' 편액은 바로 그의 지예서(指隸書)이다.[202]

김정희는 「여조눌인(與曺訥人)」에서 "바로 편지를 보았는데 임서한 글자가 비록 많지는 않았으나, 평정하고 타당하여 차츰 신묘한 경지로 들어가니, 다른 사람들이 가히 추측할 바가 아니오. 오직 좌우와 내가 알 뿐이구나!"[203]라고 하면서 그의 글씨를 높이 평가하였다. 그리고 만나서 글씨에 대한 담론을 할 수 없음을 안타까워했다.

이 시에서 신위는 조광진의 지예(指隸)는 절묘하여 겨룰 사람이 없고, '쾌재정(快哉亭)'의 현판 글씨가 솥을 들만큼 웅걸 차다고 하였다. 전구에서는 조광진이 특별한 벼슬을 하지 않았지만, 그의 타고난 재능과 글씨는 인정해야 마땅하다고 했다. 이는 당시의 상황을 고려해 볼 때 유명한 학자나 고관의 글씨가 아니면 인정하지 않는 풍조가 있었는데, 신위는 이러한 견해를 '누견(陋見)'으로 인식했다. 결구에서는 '삼당시인(三唐詩人)'의 한 사람인 고죽(孤竹) 최경창(崔慶昌: 1539～1583)의 시와 한호의 글씨를 우리나라의 자랑거리로 여겼다.

다음은 신위의 「제백하공서첩(題白下公書帖)」을 감상해 보자.

公書多態度　　공의 글씨는 태도가 많으니
華亭堪比倫　　화정(동기창)과 감히 겨눌 만하네.

---

202) 上揭書, p. 214. "始翁家貧, 游學四方, 習李圓嶠書, 晩乃大悟. 深得顔魯公法髓, 有篆隸金石氣. 尤長於臨摸古法, 行草類劉石庵, 指隸擬張水屋, 屈鐵鎔金, 不似世間書, 天篆雲雷不啻過也. 今快哉亭扁, 卽其指隸."

203) 金正喜, 「與曺訥人」, 『阮堂全集』, p. 93. "卽見片紙, 所臨字雖不多, 平正妥當, 轉入神妙之境, 非人所可測度. 惟左右與吾知之耳."

華亭鏡中相　　화정의 거울 속에는
時現美婦人[204]　때때로 미부인이 나타나곤 한다네.

백하(白下) 윤순(尹淳: 1680~1741)은 대제학을 지낸 문신이며 서예가이다. 또한 윤순은 이서(李溆)로부터 시작되어 윤두서(尹斗緖)를 거친 동국진체를 이광사(李匡師)에게 이어준 인물이기도 하다. 그는 서론의 요점을 정리한 「서평(書評)」에서 뜻이 항상 '창경발속(蒼勁拔俗)'함에 근본을 두어야 한다고 강조했다. 그는 "글자를 쓸 때에 먼저 창경(蒼勁)으로써 근본을 삼으면 즉, 성취한 날에는 자연히 농숙(濃熟)하여 힘을 쓰지 않아도 저절로 미려함에 이른다. 이 역시 정도(正道)이다."[205]라고 하였다. 그는 서예의 수련과정을 40여 년간 한결같이 하면서도 여가가 있을 때마다 심서(心書)를 하였다. 그리고 이미 터득한 필법이라도 더욱 익숙하게 하려고 부단히 정진한 결과 후세에 훌륭한 서가로 인정받게 된 것이다.

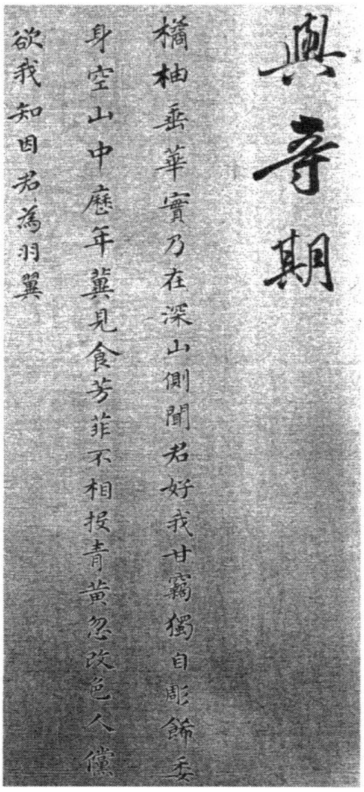
<도79>

그렇다면 윤순<도79>의 글씨에 대하여 후대 서가들의 서평을 살펴보자. 이광사는 「필결」후편에서 "백하는 늦게 출세하여 유독 중국의 획법을 터득하여 체제나 격식이

204) 申緯, 『警修堂全藁』, p. 130.

205) 尹淳, 「白下帖」, 서울大學校 奎章閣所藏, 寫本, 일사古816-54-P986, p. 170. "作字先以蒼勁爲本, 則成就之日, 自然濃熟, 不用力而自至於美麗也. 然此亦正道也."

새롭고 묘하며, 재주와 정서가 공교·유려하여 우리나라의 누습하고 졸렬함을 한 번에 씻었다."[206]라고 했다. 또 홍양호는 「제윤백하순서축(題尹白下淳書軸)」에서, 윤순은 제가들의 장점을 집대성하여 일가를 이루었다고 호평하였다.

> 오직 백하 윤공이 천년 뒤에 태어나 매우 뛰어나고 빼어나서 우리나라의 누추함을 한 번에 씻었으며, 김생 이하 제가들을 모두 흡수하여 그 좋은 점을 섭취하였고, 당·송·원·명을 완미(玩味)하여 동진(東晉)에 절충하였으니, 점·획은 신기(神氣)와 골육(骨肉)이 모두 넉넉하고, 결구는 법상(法象)과 의태(意態)가 모두 구비되었다. 집대성하여 일가를 이루었으니 그 아름답고 예쁘기는 구름이 흘러가고 용이 노는 듯 하며, 번성하고 빛나기는 이름난 꽃과 예쁜 여자 같아서 사람들로 하여금 눈을 어지럽히고 마음을 취하게 하니, 가히 인간의 뛰어난 재주이며 천하의 신기한 재주라 이를 만하다.[207]

기·승구에서 윤순의 글씨는 정취와 자태가 많아서 명(明)나라의 동기창과 비슷하다고 했다. 동기창의 글씨에는 '연미(軟媚)'함이 많이 나타나는데, 윤순 또한 '다태도(多態度)'로서 동기창과 유사한 풍격을 지니고 있다. 동기창은 복고의 중요성을 강조하고 전통을 제대로 이해하기를 추구하였는데, 이는 명대의 전반적인 문예사조이기도 하다. 문학에서부터 시작된 복고적

206) 李匡師, 「書訣」, p. 47. "白下晩出, 獨得中國書意, 體格新妙, 才情巧麗, 一洗東人陋劣."

207) 洪良浩, 「題尹白下淳書軸」, 『耳溪集』, p. 295. "惟白下尹公, 生於千載之後, 穎脫超邁, 一洗偏方之陋, 盡取金生以下諸家, 而割其榮焉, 咀嚼乎唐宋元明, 而折衷於永和, 點畫則神氣骨肉俱足, 締構則法象意態咸備. 妙悟神解, 集成一家, 夭矯如行雲游龍, 穠燁如名花好女, 令人目眩而心醉, 可謂人間之絶藝, 天下之奇才也."

경향은 사회전체의 기본적 분위기였으므로 동기창의 개인적인 견해는 아니었다. 또한 동기창 이론의 특색은 복고를 하되 그 위에 변화를 가미해야 한다는 것이었다. 그는 변화를 강조하면서 실제작품에도 직접 실천했다는 측면에서 더욱 의미를 부여해야 할 것이다.[208] 동기창의 예술사상은 평담(平淡)과 질박(質朴), 천진(天眞)과 자연(自然)을 종지(宗旨)로 하고 있으며, "만 권의 책을 읽어야 만 리 길을 갈 수 있다."[독만권서(讀萬卷書), 행만리로(行萬里路).]라고 하는 품성의 수양을 강조하는 것이 특징이다. 이와 같은 사상의 연원은 북송의 소식으로부터 연유되고 있다. 동기창은 연박(淵博)한 학문으로 보나 시 · 서 · 화에 겸통(兼通)한 예술적 천분(天分)으로 보나 또는 정치적인 비중으로 보나 그 모든 면에서 동파에 상통되는 점이 너무도 많다.[209] 전 · 결구는 동기창의 글씨에서 비춰지는 형상을 때때로 미인이 나타나는 모습에 비유하였다.

연암(燕巖) 박지원(朴趾源: 1737～1805)은 「관내정사(關內程史)」에서 윤순의 서풍을 구체적으로 논평하고 있는데, "윤공은 우리나라의 명필이다. 한 점과 한 획에 고법이 아닌 것이 없다. 타고난 재주의 화려하고 고움이 마치 구름이 가고 물이 흐르는 것 같으며, 풍부하고 섬세함이 적절히 나타나고 살찌고 여윈 것이 서로 알맞게 되었다."[210]라고 하였다. 따라서 윤순의 글씨 자태는 '미부인(美婦人)' · '화연(華娟)' · '명화호녀(名花好女)' 등으로 표현되어 화려하고, 예쁜 자태가 많았음을 알 수 있다.

다음은 신위의 「구부득우선서(久不得藕船書), 서래운(書來云), 인일발여

208) 韓正熙, 「董其昌論」, 『美術史論壇』, 韓國美術研究所, 時空社, 1995, p. 227.
209) 權德周, 『中國美術思想에 대한 研究』, 淑明女子大學校出版部, 1987, p. 171.
210) 朴趾源, 「關內程史 · 25日 辛丑」, 『熱河日記』, 以會文化社 影印, 1988, p. 176. "尹公我東名筆也. 一點一畫, 無非古法. 而天才華娟, 如雲行水流, 穠纖間出, 肥瘦相稱."

시함(人日發余詩函), 음성일시(吟成一詩), 즉차원운첩위삼수(卽次原韻疊爲三首).」를 살펴보기로 하자.

晉法書蘇米	진나라의 글씨는 소식과 미불로 이어지고
南宗畵宋元	남종화는 송·원에서 꽃 피웠네.
藝林同一變	예림이 한번 변한 것 같으니
句髓合參論[211]	글귀의 정수도 참고해 논할 만하네.

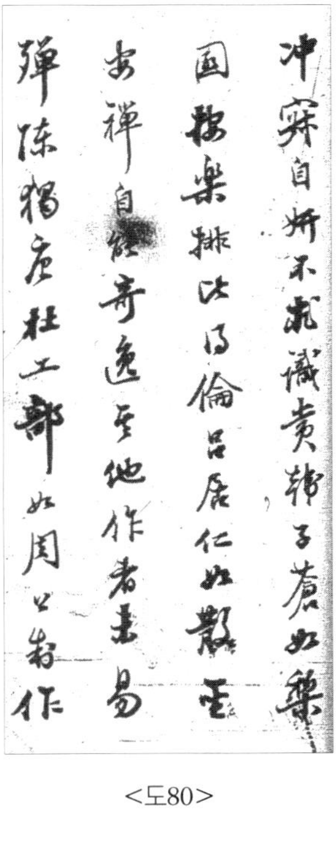

<도80>

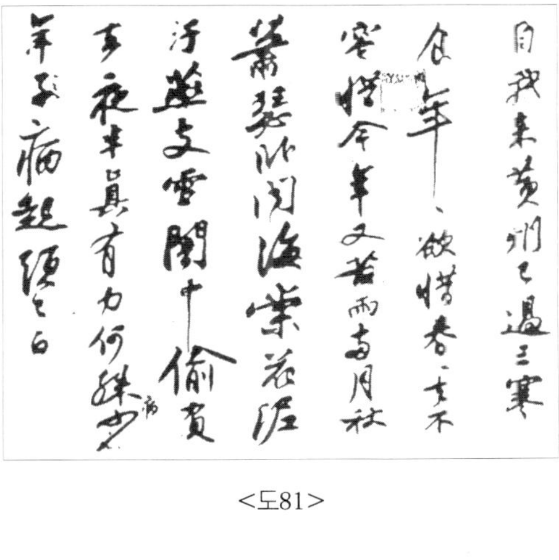

<도81>

211) 申緯, 『申緯全集』第3集, 太學社 影印, 1983, p. 1403.

<도82>

시제에서 '우선(藕船)'은 이상적(李尙迪: 1804~1865)<도80>을 가리키고, 기구의 '진법서(晉法書)'란 동진 왕희지의 글씨를 말한다. '소미(蘇米)'는 송의 소식(蘇軾)<도81>과 미불(米芾)<도82>을 가리키는데, 이들은 모두 왕희지의 글씨를 전범으로 하였다. 승구의 '남종화(南宗畵)'는 문인화로서, 당에서 시·작하여 송 · 원에서 꽃을 피웠다. 전구의 "예림은 동일하게 변한다."[예림동일변(藝林同一變)]라는 것은, 시 · 서 · 화와 기타 예술이 개별적으로 변하기보다는, 각 시대에서 요구하는 사상에 따라 함께 변화한다는 말이다.

신위의 예술관은 '시서화수의무이(詩書畵髓宜無二)' · '시서화수동일법유(詩書畵髓同一法乳)'이다. 즉, 시 · 서 · 화의 정수는 같은 법에서 나온다는 인식이다. 신위는 시의 정신세계를 밝히기 위하여 회화와 서예의 정신세계를 대비 · 원용하였다. 신위는 이것을 이론에 그치지 않고 실천으로 옮긴 대표적인 문인이자 예술가이다. 물론 조선시대 문인 · 사대부들은 시 · 서 · 화 삼절을 추구함이 일반적인 사고의 경향이었다. 이러한 사상적 근거는 당의 왕유(王維)로부터 송의 소식, 명의 동기창 등으로 점차 계승되어 왔다. 우리나라는 최치원으로부터 시작되어 조선시대에 정착되었다.

다음은 신위의 「김추사예서미구(金秋史隷書米句), '삼협강성유필저(三峽江聲流筆底), 육조범영낙준전(六朝帆影落樽前)' 십사자(十四字), 점재문소각벽(黏在聞韶閣壁). 복어작추(僕於昨秋), 천거벽오헌(遷居碧梧軒), 금일재도각중(今日再到閣中), 육조범영사자(六朝帆影四字), 피수인망거(被誰人忙去). 이시존지(以詩存之).」를 분석해 보자.

評量秋史到分隷	추사가 분예서로 쓴 것을 평가하면
肯堇濃堆墨所成	어찌 겨우 진한 堆墨으로만 이투어졌겠는가.
洪釋無機檜以下	홍석은 회풍 이하의 기미가 없었고
石經殘字漢東京	석경에 남은 글자 東漢의 글자로다.
本知悟徹從詩髓	본디 시의 정수를 통해 철저히 깨달은 것 알았으나
不覺英多畏後生	후생을 두렵게 할 정도로 많은 재능 있는 줄 몰랐네.
再至聞韶閣後壁	다시 문소각의 뒷벽에 이르니
惘然帆影六朝情[212]	육조범영이 없어짐에 茫然自失 한다네.

이 시는 김정희의 예서 글씨에 대한 신위의 서평이다. 시제에서 '문소각(聞韶閣)'은 경상북도 의성(義城)에 있는 누각이다. 그 누각의 벽에 추사가 미불의 시구 14자를 예서로 쓴 것에 대하여 느낀 바를 시로 읊었다.

212) 申緯, 『警修堂全藁』, p. 112.

수련에서 '분예(分隸)'란 두 가지의 뜻이 있는데 팔분(八分)과 예서(隸書)를 뜻한다. 본 시에서는 통칭 한(漢)나라의 예서로 이해하면 된다. 그리고 '퇴묵(堆墨)'이란 쌓여져 있는 먹이라는 의미도 있고, 송나라의 진요좌(陳堯佐)가 만든 팔분체(八分體)의 하나를 가리키기도 한다. 진요좌는 팔분서(八分書)를 좋아하여 옛 법을 변화하여 스스로 일가를 이룬 사람이다. 점획이 다소 살찌고 무겁지만 필력이 굳세고 건장하여 이를 '퇴묵'이라 이르고 지목하여 '팔분'이라고 한다. 따라서 팔분서로 유명한 진문혜의 글씨에 추사의 예서를 대비시킨 것이다. 함련의 '홍석(洪釋)'은 큰 학자를 가리키고, '회(檜)'는 『시경(詩經)』의 「회풍(檜風)」을 의미한다. 이것은 춘추시대(春秋時代)에 오(吳)나라의 계찰(季札)이 노(魯)나라에서 풍(風)·아(雅)·송(頌)을 듣고 평론하면서 회풍(檜風) 이하는 언급하지도 않았는데, 이는 평론할 가치가 없기 때문이라고 한 것에 연유한다. 그리고 '석경(石經)'은 동한 희평사년(熹平四年: 175)에 각된 것으로 「희평석경(熹平石經)」을 말한다. 이 석경은 '오경(五經)'을 돌에 새긴 것으로 모두 46개였으나, 지금은 몇 글자만 남아 있다. 이 각석은 예서로 쓰여 졌으며, 채옹이 썼다는 설과 한 사람이 쓴 것이 아니라는 설이 있다. 이 석경은 서법이 엄정(嚴整)하여 예서의 전범으로 간주되고 있다. 경련에서는 훌륭한 시에다 묘한 글씨가 어우러짐을 노래했고, '영다외후생(英多畏後生)'이란 바로 김정희를 지칭하는 것이다. 신위는 김정희보다 17년이나 연상이지만 김정희의 글씨를 높게 인정하였다. 두 사람은 막역지교(莫逆之交)의 관계를 오랫동안 유지하였다. 미련에서는 '육조범영(六朝帆影)'이란 네 글자가 없어짐에 망연자실한 작자의 심회를 토로하고 있다.

다음은 신위의 5언 고시(古詩) 「답추사(答秋史)」 기이(其二)를 감상해 보자.

俗書病綿弱　속서의 병은 섬약함인데
乃非眞媚嫵　그것은 진실로 아름다움이 아니네.
懸此十指槌　이 열 손가락에 매달아 미는 것이
那能才管擧　어찌 능히 재주가 주관하는 것이리오.
穠厚骨撑肉　골격을 두터이 하여 살을 지탱해야
姿態方可許　자태를 기대할 수 있다네.
出手駭俗眼　손에서 나오면 세속의 눈을 놀라게 함에
有是吾與汝　나와 그대가 있다네.
師古在師天　옛것을 스승으로 여김은 天理를 스승으로 여기는 데 있으니
秘妙屋漏雨[213)]　오묘한 비법은 옥루우로다.

제1・2구에서는 섬약하고 가냘픈 글씨는 속서(俗書)로서, 진정한 아름다움이 될 수 없다는 내용이다. 진정한 아름다움은 강건(剛健)함과 섬약(纖弱)함의 적절한 조응이 필요하다는 것을 암시해 주는 부분이다. 제3・4구는 모든 손가락이 붓에 매달리게 되면 필관의 거동이 자유롭지 못하다는 의미이다. 운필을 할 때에 손가락에만 의존하게 되면 영활한 운필을 할 수가 없다. 따라서 팔과 손가락의 적절한 운용이 있을 때, 비로소 강건함과 섬약함이 동시에 나타나게 되는 것이다. 제5・6구는 골법(骨法)과 육법(肉法)의 적절한 안배가 있어야 훌륭한 자태를 기대할 수 있다는 뜻이다. 제7・8구에서는 글씨를 쓰면 세속의 안목을 놀라게 할 수 있는 사람은 바로 시 작자인 자신과 김정희를 지목했다. 제9・10구에서는 서예의 오의(奧義)를 '사고(師古)'에 두었으며, 그 비결이 '옥루우(屋漏雨)'에 있다고 결론을 내렸다.

'옥루우(屋漏雨)'는 '옥루흔(屋漏痕)'으로 세로획의 용필에 대한 예술효

213) 上揭書, p. 243.

과를 지칭하는 것이다. 즉 행필(行筆)할 때 한 번에 곧게 내려가는 것이 아니라, 벽의 갈라진 틈 사이로 비가 스며들어 흘러내리는 형상처럼 완연히 흘러 내려가는 모양과 같다. 이 용어는 당나라 안진경이 말한 것으로 필획이 원활하고 생동하여야 자연스러운 운치가 생겨난다는 것을 비유한 말이며, 이것을 중봉에 비유하였다.

신위<도83>는 사고(師古)의 바탕 위에 창신(創新)으로 발전됨이 바람직한 학서의 과정이라고 하였다. 신위의 서예 창작관은 바로 사고(師古)를 우선한다는 점이라 할 수 있다.

다음은 신위의 「이묵농진사유원(李墨農進士裕元), 공한예(工漢隸), 위여서예사양연산방육자편(爲余書睿賜養硏山房六字扁). 일작모우내방(日昨冒雨來訪), 송기시(誦其詩), 시역근소(詩亦近蘇). 여자희음방중우첨일명사야(余自喜吟舫中又添一名士也), 시이차시(示以此詩).」를 감상해 보자.

如僧退院掩山房	마치 중이 절에서 물러나 산방의 문을 닫는 듯
年小才名不可當	젊은 나이에 재주와 명성 감당할 수 없구나.
一瓣香拈蘇學士	일판향은 소동파의 법을 따랐고
濃堆墨古蔡中郞	진한 퇴묵의 예스러움은 채옹이구나.
碧盧已具江湖想	벽로방에서 이미 강호의 생각을 했는데
小雨仍添舫閣凉	가랑비가 배 누각의 서늘함을 더하네.
謬以通家尊世講	대대로 담론하고 높이는 世誼가 있었기 때문에
衝泥多謝歷街場[214]	진흙을 마다 않고 길 마당을 지나네.

묵농(墨農) 이유원(李裕元: 1814~1888)은 문신이며 한예(漢隸)에 뛰어난 인물이다. 이 시는 이유원이 신위에게 '예사양연산방(睿賜養硏山房)'이라는

214) 上揭書, p. 538.

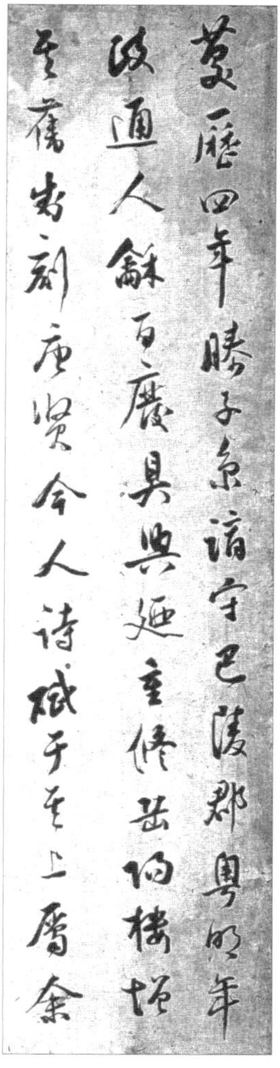

<도83>

예서의 편액과 시를 지어 준 것에 대해 평한 것이다.

수련에서는 이유원의 조용한 성품과 젊은 나이에 재명이 뛰어남을 언급했다. 함련에서는 이유원의 시를 소식과 비견하였고, 진한 퇴묵으로 쓴 글씨의 예스러움이 동한 말의 문학가이자 서예가인 채옹의 예서에 비유하였다. 채옹은 예서에 뛰어났으며, 그의 서예 풍격은 결구가 엄정하고 점획에 법도가 있으며, 변화의 서체를 터득하여 골기(骨氣)에 통달하였다는 평을 받고 있다. 경련에서 '벽로(碧盧)'는 신위가 거처했던 곳으로, 신위도 이미 강호(江湖)의 한적한 생각을 가지고 있었는데, 가랑비가 부슬부슬 내리자 배 누각의 쓸쓸함을 더하는 심경을 읊은 것이다. 미련은 이유원과 신위의 집안이 대대로 세의(世誼)가 있었으며, 비 오는 일기에도 먼 거리를 찾아준 이유원에게 감사의 표시를 전하는 심경이다.

신위는 이유원보다 45년 연배였지만, 쓸쓸한 곳을 찾아와 시·서에 대하여 담소를 주고받는 정경은, 나이를 초월한 문인들의 운치 있는 교유라 할 수 있다.

다음은 신위의 「진락공이자현중수문수원비(眞樂公李資玄重修文殊院碑)」를 감상해 보자.

楷書率更令　해서는 솔경령(구양순)이며
行書聖敎序　행서는 「성교서」라.
坦然亦麗人　탄연 역시 고려인이니
豈有別機杼[215] 어찌 별난 방법이 있겠는가!

<도84>

시제에서 '진락공(眞樂公)'은 식암(息庵) 이자현(李資玄: 1061~1125)의 시호(諡號)이다. 이자현은 고려의 학자이자 문인이다. 그는 벼슬을 사직하고 전국의 명산을 유람하던 중 춘천의 청평산(淸平山)에 들어가 '보현원(普賢院)'을 '문수원(文殊院)'이라 개칭했다. 「문수원비」<도84>는 당시 이자현이 선학(禪學)을 연구할 때 세운 비이다. 이 비문의 비액(碑額)은 대해서(大楷書)이고, 본문은 행서로 쓰였으며, 글씨는 고려의 승려였던 묵암(默庵) 탄연(坦然: 1070~1159)이 썼다.

기구에서 "해서는 솔경령이라."고 한 것은, 초당(初唐)의 서예가인 구양순이 '솔경령'의 벼슬을 하였기 때문에 그의 서체를 '솔경체(率更體)'라고 불렀던 것이다. 그는 특히 해서에 뛰어나 '당대해서제일(唐代楷書第一)'인 동시에 중국서예사상 해서의 일인자로 지목된다. 「문수원비」는 비액이 해서로 되어 있기 때문에, 구양순의 '솔경령(率更令)'으로 언급했다. 그러나

215) 上揭書, p. 118.

실제 비액의 글씨는 구양순의 필법과는 다소 거리가 있다. 승구에서 '행서성교서(行書聖教序)'라고 한 것은 바로 왕희지의 글씨를 가리킨다. 행서로 쓰인 「성교서」는 당나라 때의 승려 회인(懷仁)이 고종(高宗)의 칙명을 받고 궁중에 비장(秘藏)된 왕희지의 행서묵적 중에서 집자(集字)를 하여 만든 거편(巨篇)의 비각(碑刻) 글씨이다. 전・결구에서는 탄연도 역시 고려인이니 어찌 구양순과 왕희지를 뛰어넘을 수 있는 각별한 방법이 있겠는가!라고 하였다.

그러면 탄연에 대한 서평을 살펴보면 전・결구의 내용에 대한 대략의 윤곽이 잡힐 듯하다. 먼저 이규보(李奎報: 1168~1241)의 「동국제현서결평론서(東國諸賢書訣評論序)」에 보면 "왕사(王師) 탄연의 글씨는 행서에 더욱 뛰어났다. …(중략)… 이것은 어찌 배워서 얻을 수 있겠는가! 반드시 하늘에서 받은 것이다. 그런 즉 마땅히 탄연은 신품(神品)의 제2에 두어야 한다."[216]라고 기재되어 있다. 또한 최자(崔滋: 1188~1260)의 『보한집(補閑集)』에서는 "대감국사 탄연은 필적이 정묘하고 시격(詩格)이 고담(高談)하다."[217]라고 했다. 그리고 이광사는 「서결」후편에서 "고려의 승려 탄연이 오로지 「성교서」를 본받아서 실로 우리나라의 올바른 서법을 열어주었다."[218]라고 높이 평가하였다.

위의 기록들을 살펴보면 탄연이 왕희지의 「성교서」를 많이 익혔다는 점을 알 수 있고, 실제로 유전되는 그의 「문수원중수비(文殊院重修碑)」의

216) 李奎報,「東國諸賢書訣評論序」,『東國李相國集』, 後集 卷11, 景仁文化社, 高麗名賢集 影印, 第1輯, 1973, p. 551. "王師坦然書, 於行尤所長. …(中略)… 此豈學而得之, 必受之天者歟. 然則當以坦然, 居神品之第二."

217) 崔滋,『補閑集』卷下, 東西文化院, 韓國詩書叢編 影印, 第1輯, 1989, p. 107. "大鑑國師坦然, 筆蹟精妙, 詩格高淡."

218) 李匡師,「書訣」, p. 46. "麗僧坦然, 專象聖教序, 而實啓東人圜捼之畫."

행서필적을 여러 서평과 비교해 볼 때 사실과 매우 흡사하다. 게다가 '신품사현(神品四賢)' 가운데 김생의 다음으로 제2의 자리에 두고 있음은 주지의 사실이다.

다음은 추사(秋史) 김정희(金正喜: 1786~1856)의 「제대람권면(題岱覽卷面)」 기이(其二)를 분석해 보자.

登岱圖餘又此書	「등대도」의 여백에 이 글씨와
碧霞殘石當車渠	「벽하묘비」에 남은 글씨 당연히 보물이네.
墨卿隷古西京法	묵경의 고예는 西漢의 법이라
借勢秦松漢柏於[219]	秦松과 漢柏의 필세를 빌렸구나.

시제에서 '대람(岱覽)'이란 청나라의 이병수(伊秉綬: 1754~1815)가 쓴 예서이다. 이병수는 청대의 서단에서 예서로 특출한 인물이었다. 그의 예서는 매우 독특하여 기세가 방박(磅礴)하고 필획이 평직(平直)하며, 분포(分布)는 균균(均勻)하여 사방이 충실하다. 또한 필력이 웅건(雄建)·침착(沈着)하며, 글자가 방정(方整)·엄숙(嚴肅)하다. 그의 창작관은 '변(變)'으로써 창신(創新)을 추구하는 것이었다.

기구에서 '등대도(登岱圖)'는 이병수가 그리고, 그 여백에다 고예(古隷)로 '대람(岱覽)'을 썼다는 내용이다. 승구에서 '벽하(碧霞)'는 진(秦)나라 때의 「벽하묘비(碧霞廟碑)」로, 잔석(殘石)에 남아 있는 글씨가 보석처럼 소중하다는 것이다. 전구에서 '묵경(墨卿)'은 이병수의 아호이며, 이는 서한(西漢)의 법으로 쓰여 졌다는 것으로 '고예(古隷)'를 지칭한다. '고예(古隷)'는 진말(秦末)에서 서한(西漢)대에 이르기까지 쓰인 서체로 파책(波磔)이 없는

219) 金正喜, 『阮堂全集』, p. 180.

예서이다. 결구에서는 진한(秦漢)의 필세를 원용하였다는 뜻이다.

김정희는 평소에 예서를 서법의 '조가(祖家)'로 여겼다.

> 예서는 서법의 조가(祖家)이다. 만약 서도에 마음을 두고자 하면 예서를 몰라서는 안 된다. 예서의 법은 반드시 방경(方勁)과 고졸(古拙)을 최상으로 여기는데, 그 졸한 곳도 또한 쉽게 얻어지는 것이 아니다. 한예(漢隷)의 묘는 오로지 졸한 곳에 있다.[220)]

또한 예서의 소원(溯源)은 종정고관(鐘鼎古款)에 있기 때문에 예서를 배우려면 종정고관을 알아야 한다고 했다. 김정희는 한예(漢隷)를 중심으로 위로는 종정고관의 이상으로 소급하였고, 아래로는 북비남첩을 두루 섭렵하여 동서고금을 회통하였다.

다음은 김정희가 신위에게 준 「송자하입연(送紫霞入燕)」<도85> 기삼(其三)을 살펴보자.

混侖元氣唐沿晉	원기가 돌고 돌아 당이 진을 따르고
篆勢蒼茫到筆尖	아득한 전서의 필세가 붓끝에 이르렀네.
邕塔嵩陽拈一義	옹탑과 숭양이 一義를 집으니
都從稧帖瓣香添[221)]	모두 「난정계첩」을 좇아 판향을 더하였구나.

이 시는 신위가 입연(入燕: 1812)할 때 김정희가 써준 10수 중에 세 번째 시이다. 김정희는 신위보다 17년이나 연하였지만, 연경에는 3년 먼저 다녀왔다. 그래서 연경에 들어가는 신위에게 부탁의 말과 10수의 시를

---

220) 上揭書, 「雜著」, p. 139. "隷書是書法祖家, 若欲留心書道, 不可不知隷矣. 隷法必以方勁古拙爲上, 其拙處又未可易得. 漢隷之妙, 專在拙處."

221) 上揭書, p. 182.

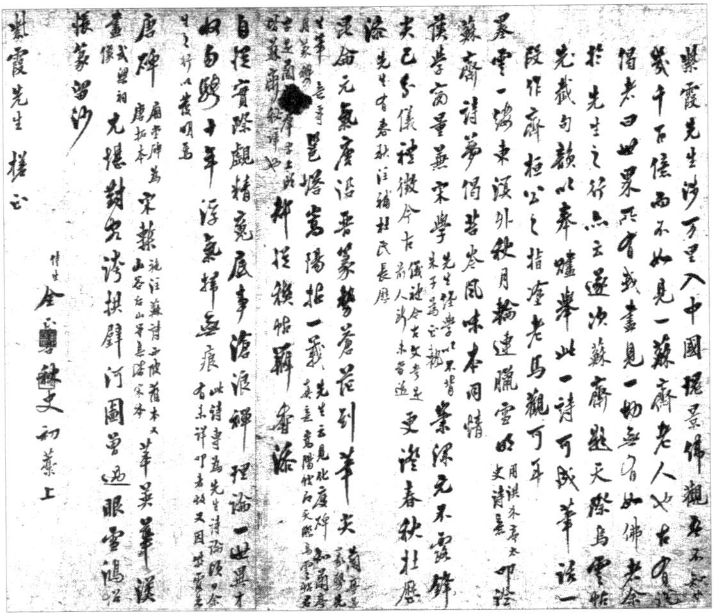

<도85>

지어 보냈다. 이때에 김정희의 나이는 26세로 연경에 다녀온 다음 해이다. 김정희는 그 시의 서문에서 "자하 선배가 만 리를 건너서 중국에 들어가니, 진귀한 경치와 위대한 경관이 수천 만억과 같을지 나는 모르겠지만, 소재노인(蘇齋老人)을 한번 찾아뵙는 것만 못할 것입니다."[222]라고 하였다. 이들은 시·서·화의 삼절이었으며, 당대(當代) 서예계를 선도한 양대 산맥이었다. 그렇지만 그들의 교분은 '이문회우(以文會友)'의 정신으로 우의가 남달리 두터웠다. 옹방강(翁方綱: 1733～1818)은 평생 동안 비첩과 금석고증에 공헌하였으며 서예와 서론에도 정통한 인물이었다.

---

222) 上同. "紫霞前輩涉萬里入中國, 瑰景偉觀吾不如其千萬億, 而不如見一蘇齋老人也."

이 시에서 당나라는 진(晉)나라의 필법으로 거슬러 올라갔고, 진(晉)나라는 또한 진(秦)나라의 전서 형세를 답습하였다고 했다. '옹탑(邕塔)'은 당나라 때 구양순이 쓴 「화도사비(化度寺碑)」<도86>이며, '숭양첩(嵩陽帖)'은 청나라 때 옹방강이 쓴 「천제오운첩(天際烏雲帖)」을 말한다. 따라서 「화도사비」와 「천제오운첩」은 모두가 왕희지의 '계첩(稧帖)' 즉 「난정서」를 흠모한 것이라고 하였다. 결국 서법은 청(淸) → 당(唐) → 진(晉) → 진(秦)으로 원기(元氣)가 거슬러 올라가는 것이며, 그 진의(眞意)는 「난정서」에 있다고 역설하였다.

이어서 김정희가 장욱의 「두통첩(肚痛帖)」에 대해 지은 「시전시조박영자(示全詩祖朴榮滋)」를 분석해 보자.

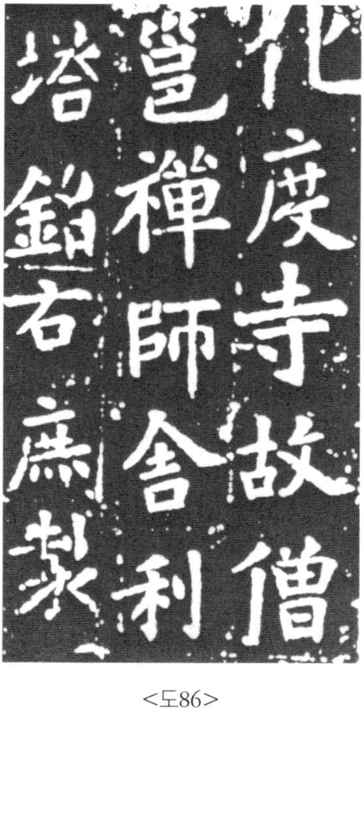

<도86>

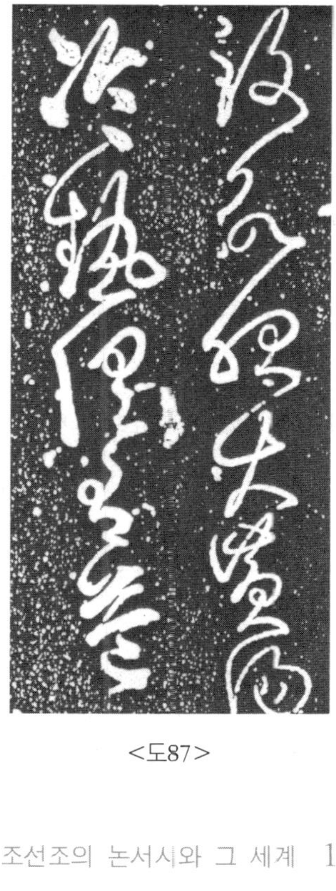

<도87>

顚旭顚素肚痛帖　장욱과 회소의 「두통첩」은
胸中雲烟筆底雷　가슴속의 운연이며 붓 아래 우뢰로다.
村兒肚痛都緣假　마을 아이들 「두통첩」은 모두 가짜를 따르니
那得一波一畫來[223] 어찌 한 파책 한 획인들 얻었다 하겠는가.

장욱의 「두통첩」<도87>은 광초의 대표작으로 모두 30자이다. 이 서첩은 글자와 글자가 영활하게 이어진 연면초(連綿草)로서 자유분방하고 필력이 넘쳐흐르며, 초서의 운필법에서 귀중하게 여기는 일기관통(一氣貫通)으로 쓰였다. 당나라의 한유(韓愈: 768~824)는 「송고한상인서(送高閑上人序)」에서 장욱의 초서에 대하여 다음과 같이 기술하고 있다.

> 장욱은 초서를 잘 썼는데 다른 기술을 연마하지 않았다. 기쁨과 노여움, 궁색함과 곤궁함, 근심과 슬픔과 유쾌함과 편안함, 원한과 사모, 술에 취한 취기와 무료함 등 불평이 마음에서 발동하면 반드시 초서로 그것을 발산해 내었다. 사물을 살펴봄에 산과 물과 절벽과 골짜기, 새와 짐승과 벌레와 고기, 풀과 나무의 꽃과 열매, 해와 달과 별, 바람과 비와 물과 불, 천둥과 번개, 노래와 춤과 전투 등 천지사물의 변화를 볼 때마다 기쁘기도 하고 놀라기도 하여 하나같이 글씨에 의탁했다.[224]

장욱과 회소의 '광초'는 비록 기이하고 자유롭게 표현되었으나, 그 원류를 추찰(推察)해 보면, 법도를 기초로 하면서 숙련의 과정을 거친 승화된

223) 上揭書, p. 193.

224) 韓愈, 「送高閑上人序」, 『歷代書法論文選』(上), p. 267. "張旭善草書, 不治他技. 喜怒窘窮, 憂悲愉佚, 怨恨思慕, 酣醉無聊, 不平, 有動於心, 必於草書焉發之. 觀於物, 見山水崖谷, 鳥獸蟲魚, 草木之花實, 日月列星, 風雨水火, 雷霆霹靂, 歌舞戰鬪, 天地事物之變, 可喜可愕, 一寓於書."

초서이다. 그래서 마음이 움직이는 대로 휘호하여도 법도에 위배되지 않는 자유로운 경지를 개척한 것이다. 그러므로 장욱의 광초는 천변만화하였고, 기이한 형상은 헤아릴 수 없는 경지에 이르러 초성으로 존경을 받았다. 그들은 '광(狂)'이나 '전(顚)'으로 혹 전법(篆法)을 융합하고 혹 예의(隸意)를 섞었으며, 이어지는 필획과 글자를 채용하여 필속(筆速)을 더욱 빠르고 질탕(跌宕)하게 하였다. 아울러 운필(運筆)과 낙묵(落墨)의 절주를 변화시켰을 뿐만 아니라, 초서의 필법(筆法)·용묵(用墨)·결체(結體)·장법(章法) 등의 방면에서 하나의 큰 변화를 통해 서예형상에서 풍부하고 다채로움을 더하였다. 이로부터 초서는 정을 펼치고 뜻을 전달하는 데 더욱 편리해졌다. 광초가 생겨나면서 실용성에는 이탈하였으나 일종의 순수하고 예술적인 서체로서 독립적으로 존재하게 되었다.

기구에서 '전욱전소(顚旭顚素)'라 함은, 장욱과 회소가 모두 광초의 대표자였기 때문이다. 승구의 '운연(雲烟)'은 두보의 「음중팔선가(飮中八仙歌)」[225]의 시구 중 "휘호하여 종이에 쓰면 마치 운연과 같았다."[휘호낙지여운연(揮毫落地如雲烟)]라는 데서 나온 말이다. 즉 종이에 휘호하면 마치 구름과 연기 같다는 것으로 득의(得意)의 발로를 뜻한다. 환언하면, 가슴속의 흥회(興懷)가 붓을 통해 우뢰(雨雷)와 같이 표출되는 것이다. 전·결구에서는 가짜로 된 「두통첩」이 횡행(橫行)하지만, 이것으로는 필획과 파임의 진수를 얻을 수 없다고 하였다.

따라서 김정희는 「두통첩」에 쓰인 광초가 바로 장욱의 가슴에서 일어나는 홍치를 필묵에 기탁한 것이라고 보았다. 예술에 뜻을 기탁하는 자는 고인(古人)이나 아사(雅士)가 마음으로 묘리를 찾는 행위이다. 즉 자신의

---

225) 杜甫, 仇兆鰲 注, 『杜詩詳注』, p. 138. "張旭三盃草聖傳, 脫帽露頂王公前, 揮毫落紙如雲烟."

회포를 필묵의 형태미로 옮길 수 있는 것이 바로 서예의 지극함이라 하겠다.

다음은 김정희가 신위의 서권을 보고 쓴 「한생응기이자하서권(韓生應耆以紫霞書卷), 요여일어(要余一語), 주사이시(走寫以示).」를 음미해 보자.

天品超然腕底神　천품이 초연하여 팔 아래가 신비롭고
碧蘆舫裡說前因　벽로방 속에서 예전 인연을 말하였네.
百年以後蒼茫意　백년 이후의 창망한 생각
翡翠鯨魚孰問津[226] 비취와 경어에게 물을 이 누구인가?

김정희의 서예관은 기법보다 '서권기(書卷氣)'에 주안점을 두었다. 그는 작가의 정신표출을 본질로 인식하여, 정신이 살아있지 않은 글씨는 예술이 아니라 기술로 보았다. 학문이 있는 사람은 글씨에 서권기가 있기 마련이므로, 다만 손재주에 의해 글씨가 이루어진 것을 귀하게 여기지 않았다. 그는 다음과 같이 말했다.

> 법은 사람마다 전수할 수 있지만, 정신의 흥회(興會)는 사람마다 스스로 이르는 것이다. 정신이 없는 것은 서법이 비록 볼 만하다 해도 능히 오래두고 완상하지 못하며, 흥회가 없는 것은 자체(字體)가 비록 아름다워도 겨우 자장(字匠)이라 할 뿐이다. 기세가 가슴속에 있다가 글자 속과 글 줄 속에 드러나면 혹은 웅장하고 혹은 우서(紆徐)하여 막을 수 없다. 만약 겨우 점과 획에서 기세를 논한다면 오히려 한 층이 가로막힌 것이다.[227]

---

226) 金正喜, 『阮堂全集』, p. 191.

227) 上揭書, 「雜識」, p. 151. "法可以人人傳, 精神興會, 則人人所自致. 無精神者, 書法雖可觀, 不能耐久索翫, 無興會者, 字體雖佳, 僅稱字匠. 氣勢在胸中, 流露於字裏行間, 或雄壯, 或紆徐, 不可阻遏, 若僅在點畫上論氣勢, 尙隔一層."

이처럼 김정희는 서법이 볼만하여도 정신이 없는 것을 '자장(字匠)'이라고 여겼으며, 무엇보다 흥회(興會)와 기세(氣勢)를 강조하였다. 이러한 고도의 예술성을 획득하기 위해서는 어느 시대, 어느 분야에 편협하지 않고 광범위한 학문의 천착과 심오한 정신의 자유로움이 발현되어야 한다. 즉 선천적 자질과 후천적 노력이 용해되어, 그 기세가 글자 속과 글줄 사이에서 자연스럽게 흘러나올 때 비로소 가능한 것이다.

기구에서는 신위의 '천품(天品)'이 초연하게 타고났기 때문에 글씨에도 정신이 깃들어 있다고 했다. 승구의 '벽로방(碧蘆舫)'은 신위가 거처하는 곳이다. 즉 '벽로방'에서 김정희와 신위는 많은 담소를 나누었다. 그리고 전・결구는 백년 후에 신위가 없으면 많은 사람들이 필의에 대하여 물을 곳이 없을 것이라는 내용이다. 요컨대 김정희는 신위<도88>의 서권(書卷)을 신의(神意)로 품평하면서 후세에서도 쉽게 볼 수 없을 글씨라고 극찬하였다.

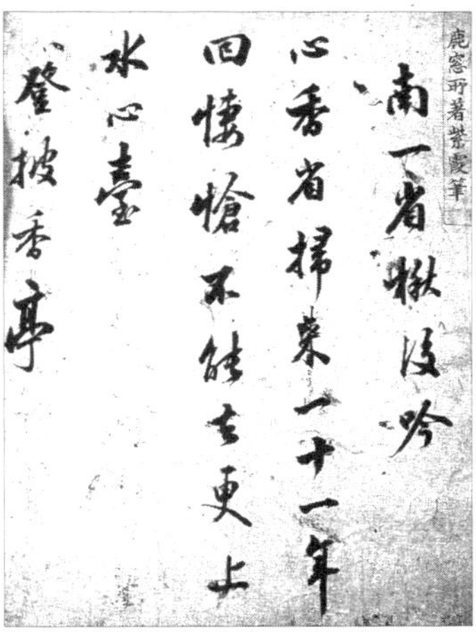

<도88>

다음은 김정희의 『한와당(漢瓦當)』을 살펴보자.

知有銅仙證舊文 銅器에 신선이 있는 것을 알고 舊文을 고증하니
西京之字罕前聞 西漢의 글자가 드문 것을 이전에도 들었네.
千秋萬歲無窮計 천추만세의 무궁한 꾀는
尙見熊熊墨吐雲[228] 여전히 곱게 먹이 구름을 토해내듯 하구나!

228) 上揭書, p. 188.

와당명문(瓦當銘文)은 기와에 새겨진 문양 또는 문자를 말한다. 그 시초는 '삼대(三代)'에 있다고 하지만 대체로 진(秦)·한(漢)대부터 성행하여 후대로 이어졌다. 와당의 서체는 주로 전서·예서를 바탕으로 하여 장식적인 성격을 가미하였으며, 와문(瓦文)에 쓰인 내용은 주로 길어(吉語)가 많다. 예컨대 장락미앙(長樂未央)<도89>·장락무극(長樂無極)·장생미앙(長生未央)·장락만년(長樂萬年)·천추만세(千秋萬歲)<도90> 등이 대표적인 문장이다. 글자의 수는 한 글자로부터 열두 글자에 이르기까지 다양하다. 이러한 와당문자의 표현은 조전(鳥篆)·충서(蟲書)로 말미암아 획이 굴곡(屈曲)되고 원형(圓形)으로 불규칙하게 도안되었다. 진(秦)·한(漢) 때 와당의 명문은 다수가 양문(陽文)이고, 음문(陰文)으로 된 것은 극히 드물다. 자체(字體)의 기필(起筆)과 수필(收筆)은 방능웅건(方稜雄健)하여 서한(西漢)의 고예(古隸)와 유사하다.

기구에서 '동선(銅仙)'이라고 표현한 것은 청동기나 와당에 새겨진 문장들이 주로 장생불사(長生不死)나 불로장생(不老長生) 등 도가적 신선사상을 띠고 있는 문장들이 많기 때문이다. 승구의 '서경지자(西京之字)'란 서한

<도89>

<도90>

(西漢)의 글자를 가리키는 것으로 전서 혹은 고예(古隷)의 서체를 말한다. 전구에서 '천추만세(千秋萬歲)'는 천년만년 동안 장수를 축원하는 의미로 무궁함을 도모하라는 뜻이다. 결구에서는 이 와당에 새겨져 있는 형태들이 수천 년이 지났지만, 아직도 고운 빛을 띠면서 먹이 구름을 토해내는 것 같다고 비유했다. 서한(西漢)의 글자가 유전되는 것이 드물었지만, 이 와당의 발견으로 당시의 서풍을 이해하는 데 귀중한 자료가 되었다는 것이다.

다음은 김정희의 「문모종시중득졸서유락자구장지(聞某從市中得拙書流落者購藏之), 불각분반여봉(不覺噴飯如蜂), 주사이지지괴(走寫以志媿), 약서서도(略敍書道), 우이면지(又以勉之).」를 읽어보자.

吾書拙且陋	내 글씨 옹졸하고 또 고루하여
廿載迷路歧	20년 갈림길을 헤매었네.
未解元和脚	원화의 각본도 이해를 못 했는데
寧識蘭亭皮	어찌 난정의 피상을 알리오!
或有人强要	혹 사람들이 억지로 요구하면
拈毫先忸怩	붓 들자 부끄럼이 앞서네.
不足博一芋	하나의 토란 넓이 보다 부족한데
何緣贐市兒	어찌 장사꾼의 손에 들었을까?
君書妙傾城	그대 글씨 절묘하여 성을 기울었으며
鏡裏舞春姿	거울 속에 춤추는 봄의 자태로구나
獨詣騁異才	홀로 도달해 기이한 재주 달리고
自求有餘師	스스로 탐구하여 스승보다 뛰어났네.
多怪嗜痂癖	괴상하게 즐기어 딱지 벽이 많아
仍成愛鶩癡	여전히 野鶩을 좋아하여 어리석음 되었네.
芝箭歸幷蓄	靑芝·赤箭 아울러 비축할진대
豨苓諒不遺	참으로 猪苓조차 남기지 못하였네.

自檢輒自惑	스스로 살펴보아도 저절로 의혹되니
直欲詰君爲	곧바로 그대에게 물어 보고자 한다.
然吾不善書	그러나 내 글씨는 잘 못쓰나
書道頗聞之	서도라는 말은 자못 들었다네.
溯源該三蒼	근원을 거슬러 삼창을 갖추고
撫眞學衆碑	진본을 좇고 여러 비를 배워야 하네.
平直均密間	평직과 균밀의 사이에서
煥乎字外奇	글자 밖의 기이함이 빛나네.
會稽千年跡	회계의 천년 자취
尙有快雪時	아직도 「쾌설시청첩」이 있다네.
旁探樂毅海	곁으로는 「악의론」의 해자를 찾고
遙證落水彝	멀리는 彝齋의 낙수본을 깨달아야 하네.
而歐怪褚硏	구양순의 괴이함과 저수량의 연미함을
攝之一牟尼	하나의 牟尼로 잡아야 한다네.
山海叩崇深	산과 바다의 높고 깊음을 조아리고
鸞鳳恣鞭笞	난새, 봉황 타고 마음껏 채찍질하네.
紛紛屢飜本	어지러운 번각본을 모아
捫籥堪一噫	열쇠로 채워야 감히 기쁠 수 있다네.
古肥與今瘐	예전의 살찐 것과 지금의 파리함
倒行又逆施	거꾸로 또 역으로 끌고 가야하네.
扶起大雅輪	대아의 수레를 잡아 일으켜
特竪勿字旗	특별히 물자의 기를 세워야지.
行當張吾軍	종당에는 우리 군사 늘어나니
以此爲質劑[229]	이것으로 권계로 삼으려 한다네.

제1~4구는 자신의 글씨가 옹졸하고 고루하여 20여 년을 헤매었다는 뜻이다. 여기에서 '원화각(元和脚)'이란, 당나라 원화 연간에 유공권(柳公

229) 上揭書, p. 159.

權)이 글씨로 유명하였는데 그 글씨를 '원화각'이라고 한다. 따라서 유공권의 글씨조차 이해를 못했는데, 어찌 서성인 왕희지의 「난정서」를 이해할 수 있었겠는가! 라고 자신의 부끄러움을 토로했다. 제5~8구는 혹 어떤 사람이 억지로 글씨를 요구하면 붓을 들자 겸연쩍 함이 앞서고, 박식함이 토란의 넓이 보다 부족한데 어떻게 사고파는 물품이 되어 장사꾼의 손으로 들어갔는지를 부끄럽게 여겼다. 제9~12구는 왕희지에 대한 내용이다. 왕희지는 글씨가 절묘하여 경도하는 사람이 많았으며, 글씨가 거울 속에서 춤추는 봄의 자태와 같다고 했다. 또한 시대의 유행을 초월하여 개성을 해방시키는 정신적 요구에 따라 과감하게 옛 것을 타파하고 대담한 혁신을 꾀했다고 극찬했다. 그래서 마침내 '독예(獨詣)'의 경지로 나아가 스승인 위부인보다 뛰어났다는 의미이다. 제13~16구에서 괴벽이 있으면 늘 보는 것은 싫증을 내고 새로운 것을 좋아하는 격이 된다고 하였다. 게다가 영약(靈藥)의 일종인 청지(靑芝)와 적전(赤箭)같은 좋은 글씨를 비축해야 되지만 천한 약초인 저령(猪苓)조차 남기지 못했다고 겸양하였다. 제17~20구는 자신이 쓴 글씨를 살펴보면 의혹되고 잘 쓰지는 못했지만, 서도에 대해서 들은 바가 있다고 하였다. 제21~24구에서는 서예의 근원을 '삼창(三蒼)'으로부터 시작하여 '중비(衆碑)'를 익혀야 한다고 했다. '삼창'이란, 진나라 승상(丞相)인 이사(李斯)가 『창힐편(倉頡篇)』 7장을 짓고, 중거부령(中車府令)인 조고(趙高)가 『원력편(爰歷篇)』 6장을 짓고, 태사령(大史令) 호무경(胡毋敬)이 『박학편(博學篇)』 7장을 지은 것으로, 이 모두가 주서(籒書)를 합하여 소전으로 쓴 3,300자이다. 한(漢)나라 때 3편을 합하여 60자를 끊어 한 장씩 만들었는데, 모두 55장으로 『창힐편』이라 칭하였다. 이러한 전서로부터 여러 비첩들을 학습하면 평직균밀(平直均密)한 가운데 자외지취(字外之趣)가 나타난다고 김정희는 강조했다. 제2

5～28구에서 회계의 천년자취란 왕희지를 의미하며, 그의 글씨가 「쾌설시청첩」<도91>과 「악의론」에 남아 있으므로 탐구해야 한다고 했다. 그리고 '낙수이(落水彝)'는 이재(彝齋) 조자고(趙子固)의 「낙수난정본(落水蘭亭本)」으로, 왕희지 행서를 깨달아야 한다는 내용이다. 제29～32구에서는 구양순의 괴특(怪特)함과 저수량의 연핵(硏翮)함을 하나의 적묵(寂默)으로 잡아야 높고 깊음을 이해하고 자유롭게 휘호할 수 있다고 했다. 제33～36구는 여러 번 번각된 번각본을 제대로 이해하여야 그 진수를 터득할 수 있고, 고금(古今)과 비수(肥瘦)를 적절히 호용하여야 득묘(得妙)할 수 있게 된다고 했다. 제37～40구에서는 위와 같은 법도를 권계로 삼아야 서도에 입신할 수 있다는 것이다.

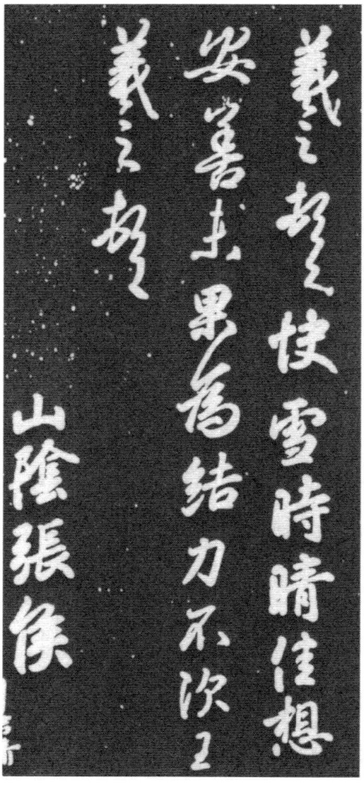

<도91>

따라서 이 시는, 김정희가 자신을 겸양하면서도 서도의 길을 명쾌히 제시한 논서시이다. 이른바 "근원을 거슬러 삼창을 갖추고 / 진본을 좇고 여러 비를 배워야 한다."[소원해삼창(溯源該三蒼), 무진학중비(撫眞學衆碑).]라는 구절은, 김정희가 추구하고 실천한 결과물인 동시에 학서 과정의 요체라 할 수 있다.

다음은 온유재(溫裕齋) 윤종섭(尹鍾燮: 1791～1870)의 「팔월초길제사임당필첩(八月初吉題師任堂筆帖)」을 음미해 보자.

先生胎教本乎心　　선생의 태교는 마음에 근본을 하였고
堂號巋然學摯任　　당호는 우뚝이 지임을 배웠구나.
嶽陵溟州留大道　　산악은 명주에 큰 도를 머물게 하였고
天垂槃國嗣徽音　　하늘은 槃國에 드리워져 아름다운 소리를 이으셨네.
草書入妙藤花古　　초서는 입묘하여 藤花紙가 예스럽고
體變如雲筆彩深　　서체의 변화는 구름 같아 붓의 문채가 깊이 어리네.
太守神明登顯刻　　태수는 신명하여 판각에 올려 드러내
寄來經幌不勝欽[230]　서재에 보내오니 매우 흠모하네.

이 시는 윤종섭이 신사임당(申師任堂: 1504~1551)의 필첩을 보고, 아울러 신사임당이 초서로 쓴 여섯 폭의 글씨를 연재(淵齋) 윤종의(尹宗儀: 1805~1886)가 강릉부사(江陵府使)로 재임 시에 모사(摸寫)하여 판각한 것을 감상하고 지은 시이다. 윤종의는 사임당이 친필로 쓴 5언 절구의 여섯 판에 발문을 썼는데, 그 내용을 일부 게재하면 다음과 같다.

> 우(右)는 율곡 선생의 어머니인 부인 사임당 신씨의 필적이다. 내가 강릉의 부사로 있을 때 병산 최씨의 집에 이 본(本)이 있다는 말을 들었다. 대개 강릉은 부인의 고향이라서 이손녀(姨孫女)의 간청을 받아 손수 당(唐)의 5언 절구 여섯 폭을 써 준 것이다. 지금 300여 년이 지났어도 글자 획이 아직도 완연하다. 비록 병풍을 만들었으나 종이가 심히 바래고 낡았으며 좀 벌레에 상하고 연기에 그을려 얼마 안 되어 마멸되려 한다. 그런 까닭으로 삼가 정교하게 모사하고 판각하여 크게 사모하는 정성을 붙인다.[231]

---

230) 尹鍾燮, 『溫裕齋集』卷2, 서울大學校 奎章閣所藏, 木活字本, 高宗16年(1879)刊行, p. 26.

231) 申師任堂書, 「師任堂筆蹟」卷末, 尹宗儀書(1869), 奎章閣所藏, 拓本, 高宗6年(1869)刊行, 7面. "右栗谷先生母夫人師任堂申氏筆蹟. 宗儀宰江陵, 聞柄山崔

수련은 신사임당의 태교와 성품을 말한 것이다. '지임(摯任)'은 태임(太任)을 가리키는데, 즉 주(周)나라 문왕(文王)의 어머니이다. 태임은 성품이 단정하고 엄격하며 정성스러웠다. 태임은 포태(胞胎)한 이후 나쁜 것은 보지 않고, 음란한 소리도 듣지 않았으며, 나쁜 욕도 입에 담지 않는 정숙한 행동거지로 문왕을 낳았다고 한다. 따라서 신사임당의 행동거지를 태임에 비유한 것이다. 함련에서 '악릉(嶽陵)'은 백두산(白頭山)을, '명주(溟州)'는 강릉의 옛 지명이다. '예국(橤國)'도 강릉의 옛 이름인데 '예국(濊國)' 또는 '철국(鐵國)'이라고도 했다. 그렇다면 백두산 줄기의 강릉에 대도(大道)를 머물게 했고, 하늘도 강릉 땅에 아름다운 소리를 잇게 축복을 내려준 것이다. 경련은 사임당의 초서가 묘한 지경에 들었기 때문에 등화지에 쓰인 글씨가 고아(古雅)하고, 구름같이 심오한 빛을 띠고 있었음을 표현했다. 미련에서는 태수 윤종섭이 정성스레 판각하여 경황(經幌)에 보내오자 흠모함을 이기지 못하겠다는 내용이다.

신사임당은 여류 문인이자 조선 최고의 여류 서화가이다. 지금까지 여류 서가에 대한 논서시의 자료가 매우 희귀한 사실로 비추어 볼 때 주지할 만한 가치가 있다. 더구나 초서를 자유롭게 쓸 정도의 경지에까지 이르렀다고 하니 그의 학서 과정과 글씨의 수준을 쉽게 짐작할 수 있겠다.

다음은 육조(六橋) 이조묵(李祖默: 1792~1840)의 「우음(偶吟)」을 감상해 보자.

退筆如山字或傳	다 쓴 붓이 산 같은데 글씨가 혹 전할까?

氏家有此本. 蓋江陵卽夫人本鄕, 而爲姨孫女所懇, 手書唐五絶六幅寄贈者也. 今三百有餘年, 字畫尙宛然. 雖粧爲屛帖而紙甚渝薄, 蠹魚之所傷, 烟煤之所侵, 將匪久磨泯. 故謹精摸入梓, 庸效景慕之誠焉."

石經考證雪輝邊　　석경의 고증이 주변의 눈처럼 빛나네.
何人不負靑春事　　뉜들 청춘의 일 짊어지지 않으리오.
鏡裡愁看卅九年[232)]　　거울 속에서 39세의 몸을 근심스레 바라보네.

이조묵은 시·서·화에 모두 뛰어났다. 시는 당나라 이상은(李商隱)의 시풍을, 글씨는 동진 왕희지의 필법을, 그림은 원(元)나라 황공망(黃公望)의 화법을 애호했다. 그는 서화의 수집에도 심취하여 고적(古迹)을 목숨보다 소중하게 여겨 소장품이 전국의 제일이었다. 그리고 금석문의 고증을 통해 경전의 뜻을 해석하는 데 전념했다. 그는 담계(覃溪) 옹방강(翁方綱)과 성원(星原) 옹수곤(邕樹崑) 부자와의 묵연(墨緣)이 대단히 깊었는데, 이 묵연으로 옹방강에게 「천제오운진적(天際烏雲眞蹟)」을 얻어서 보첩(寶帖)으로 삼기도 했다.

이조묵은 옹방강의 묵죽진적(墨竹眞蹟)을 얻고 기뻐하면서 다음과 같이 7언 율시를 지었다. "목숨을 오히려 고적(古迹)을 소장하는 것보다 가볍게 여겼으니 / 미산(眉山)의 묵죽이 앞의 연유를 알려 준다. / 한 자쯤 되는 해자(垓字)는 천 길이나 되는 형세를 담았고 / 한 치쯤 되는 화폭에는 두어 아름씩 되는 대나무를 배치했구나. / 작은 배움으로 어찌 능히 그 묘체를 엿보겠는가! / 후생으로 그 전신(傳神)을 완상(玩賞)하는 것만도 두렵구나. / 「오운보첩(烏雲寶帖)」을 다시 매만지고 있으니 / 바로 소재(蘇齋)를 따르는 하인이 아닌가!"[233)]

이조묵은 위 「우음」의 기구에서 퇴필이 산더미만큼 쌓일 정도로 서화에

232) 李祖默, 『六橋稿略』卷1, 서울大學校 奎章閣所藏, 全史字本, 5605, p. 61.

233) 吳世昌 編著, 『槿域書畵徵』, 李祖默 條, pp. 226～227. "性命猶輕藏古迹, 眉山墨竹問前因. 尺塹不窘千尋勢, 寸幅多排數握身. 末學何能窺妙諦, 後生還怕玩傳神. 烏雲寶笈甘追補, 莫是蘇齋服役人."

심취하였는데, 이 정도로 익힌 글씨가 전할 수 있을까 걱정했다. 승구는 30여 년간 석경(石經)을 고증하니 눈빛처럼 밝게 와 닿는다는 의미이다. 그러나 전·결구에서는 젊었을 때 하고픈 일들을 이루지 못한 채 어느덧 40년 전을 돌이켜 보기가 걱정이 된다는 작가의 회한을 토로했다.

다음은 은송당(恩誦堂) 이상적(李尙迪: 1804~1865)의 「봉만추사김시랑(奉輓秋史金侍郎)」 기삼(其三)을 감상해 보자.

江潭憔悴采芙蓉	강담에서 초췌한 채 부용을 캐노라니
不復歸聞長樂鍾	다시는 장락궁의 종소리를 듣지 못하네.
牛斗無靈韓吏部	두우성이 신령하지 못함은 한유요
龍蛇入夢鄭司農	용사가 꿈에 보이니 정현이로다.
名高秖是天應忌	이름이 높으니 하늘도 마땅히 시기하고
才大難爲世所容	재주가 거대하여 세상에 용납되기 어렵구나.
知己平生存手墨	평생 나를 알아주신 수묵이 있으니
素心蘭又歲寒松[234]	본디 마음은 난이요 또 세한송이로다.

이 시는 이상적이 선생 김정희의 만장(輓章)에 받친 것이다. 수련의 '강담(江潭)'은 초(楚)나라의 굴원(屈原)이 벼슬에서 쫓겨나 노닐던 곳이다. 그리고 '장락(長樂)'은 한대(漢代)의 '장락궁(長樂宮)'을 말한다. 따라서 김정희가 귀양살이의 초췌함과 다시 궁궐로 돌아가 벼슬을 하지 못하는 안타까움을 그린 것이다. 함련 3구의 '한이부(韓吏部)'는 당의 대문장가인 한유(韓愈: 768~824)를 말한다. 즉 진(晉)나라 무제(武帝) 때 두우성(斗牛星) 사이에 붉은 기운이 나타나 보검(寶劍)이 있는 곳을 알려주었는데, 한유 같이 훌륭한 인물이 죽었을 때 하늘에서 아무런 조짐이 없었다는 고사이다. 제4구는

234) 李尙迪, 『恩誦堂集』, 韓國文集叢刊312, 民族文化推進會, 2003, p. 266.

후한(後漢) 건안(建安) 5년, 꿈에 공자가 나타나 '금년은 진년(辰年)이고 내년은 사년(巳年)이라'고 하여, 용(龍)과 사(蛇)가 든 해에 현인이 죽을 것이라는 말이다. 과연 정현(鄭玄: 127~200)이 그해 6월에 죽었으니 바로 경진년(庚辰年)이었다. 김정희가 죽은 해가 철종(哲宗) 7년 무진년(戊辰年: 1856)이었으므로 이것에 비유한 것이다. '정사농(鄭司農)'은 황제가 정현에게 대사농(大司農)의 벼슬을 내렸으나 사양하고 학문연구와 교육에 전념한 것을 의미한다. 경련은 김정희의 명성이 높아서 하늘도 시기하고 재주가 너무 커서 세상에 용납되기 어렵다는 말이다. 미련에서 '세한송(歲寒松)'은 김정희가 이상적에게 준 대표적인 문인화, 즉 「세한도(歲寒圖)」를 가리킨다.

「세한도」<도92>는 김정희가 59세(1844) 때 제주도에서 귀양살이하고 있는 자기를 잊지 않고 북경으로부터 진귀한 자료를 많이 구입해 준 제자 이상적에게 그려 준 것이다. 「세한도」는 문인화의 전형적인 작품으로서

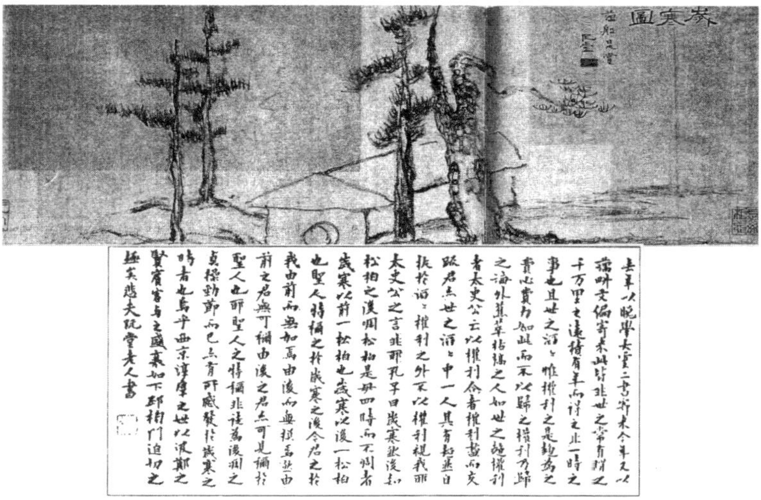

<도92>

풍격이 높고 간결한 필치로 구성되어 있다. 문인화는 '간(簡)'과 '담(淡)'을 숭상한다. 이것은 간략하면서 뜻이 풍족한 경지인 '간이의족(簡而意足)'을 말한다. 「세한도」를 그리고 그 취지를 뒤에 붙였는데 화제(畵題) 또한 일품(逸品)이다. 그 내용을 살펴보면 그리게 된 동기가 잘 나타나 있다.

> 지난해에 『만학집(晩學集)』과 『대운산방집(大雲山房集)』두 책을 붙여 왔고, 금년에는 또 우경(耦耕)이 편집한 『황조경세문편(皇朝經世文編)』을 붙여 왔다. 이것은 모두 세상에 흔히 있는 것이 아니고, 천만리 먼 곳에서 구입한 것이며 여러 해에 걸쳐서 얻은 것이라 일시의 일이 아니다. 또한 세상의 풍조가 오직 권리만 따르는데, 이와 같이 심력을 허비하여 구한 것을 권력 있는 사람에게 돌아가지 않고 바다 밖으로 돌아 왔으니, 초췌하고 고고(枯槁)한 사람이 세상에서 권리를 추향(趨向)하는 자와 같다. 태사공(太史公)이 이르기를 "권리로 합한 자는 권리가 다하면 교분이 성글어진다."라고 하였는데, 군(君)도 역시 세상에 사는 한 사람일 텐데 초연히 그 도도한 권리 밖으로 스스로 벗어나 권리로써 나를 보지 않았으니, 태사공의 말은 옳지 않네. 공자가 말씀하시기를 "날씨가 추운 연후에야 소나무와 잣나무가 뒤에 시들어진다는 것을 알게 된다."라고 하셨다. 송백이 사철을 통하여 시들지 않아 세한 이전에도 하나의 송백이요, 세한 이후에도 하나의 송백인데 성인이 특히 세한을 당한 이후를 일컬었다. 지금 군이 나에게 앞이라고 더한 것이 없고 뒤라고 덜한 것도 없다. 그러나 앞에 연유하는 군은 칭찬할 수 없으나, 뒤에 연유된 군(君)은 역시 성인에게 칭찬 받을 만하다. 성인이 특별히 칭찬한 것은 한갓 후조(後凋)의 정조와 경절(勁節)을 위한 것만 아니라, 또한 세한의 시절에 느낀 바가 있었기 때문이다. 아! 서한(西漢)의 순후(淳厚)한 세상에 급암(汲黯), 정당시(鄭當時) 같은 현인들도 빈객과 성쇠를 함께했는데, 하비(下邳)의 방문(榜門)같은 것은 박절이 너무나 극하였으니 슬픈 일이다. 완당노인(阮堂老人)이 쓰다.[235)]

이 작품을 받은 이상적은 다음해 북경에 갈 때 가지고 가서 중국의 여러 명사들에게 보이고 16인으로 하여금 찬사(贊詞)와 제시(題詩)를 받아서 뒤쪽에 덧붙였다. 이 작품에는 추운 겨울에 외로운 집과 송백(松柏)이 서 있는 모습이다. 황량하고 적막한 가운데 고고한 풍모를 살린 「세한도」는 바로 유배지의 정경인 동시에 김정희 자신의 심경을 그린 것이다. 이것은 간결하면서 심오한 인생역정을 담은 김정희 문인화의 정화(精華)라 하겠다.

이어서 이상적(李尙迪)의 「봉만추사김시랑(奉輓秋史金侍郎)」 기이(其二)를 분석해 보기로 하자.

炎荒十載賜環回	제주도 귀양살이 십년 만에 선희토록 하니
北海風霜老更哀	북해의 풍상은 늙어서 더욱 슬프네.
盡道書追秦漢上	글씨는 진・한을 거슬러 올라갔다고 모두 말하지만
誰知畵逼宋元來	그림이 송・원에 가까운 것을 누가 알리오?
覆盆寃恨終難雪	임금님 은혜를 입지 못한 원한은 끝내 씻기 어려우니
末路心期摠似灰	만년에 마음의 기약은 모두 재와 같구나.
慟哭先王恩未報	선왕의 은혜에 보답하지 못한 것 통곡하니
屢稱蘇軾是奇才[236]	자주 소식을 일컬으며 奇才라고 하셨지.

235) 任昌淳 責任監修, 「圖版解說」, 『秋史 金正喜』, 韓國의 美⑰, 中央日報社, 1998, p. 230. "去年以晩學, 大雲二書寄來, 今年又以藕耕文編寄來. 此皆非世之常有, 購之千萬里之遠, 積有年而得之, 非一時之事也. 且世之滔滔, 惟權利之是趨, 爲之費心費力如此, 而不以歸之權利, 乃歸之海外, 蕉萃枯槁之人, 如世之趨權利者. 太史公云, 以權利合者, 權利盡而交疎. 君亦世之滔滔中一人, 其有超然自拔於滔滔權利之外, 不以權利視我耶. 太史公之言非耶. 孔子曰, 歲寒然後知松柏之後凋. 松柏是貫四時而不凋者, 歲寒以前一松柏也, 歲寒以後一松柏也, 聖人特稱之於歲寒之後. 今君之於我, 由前而無加焉, 由後而無損焉. 然由前之君, 無可稱, 由後之君, 亦可見稱於聖人也耶. 聖人之特稱. 非徒爲後凋之貞操勁節而已, 亦有所感發於歲寒之時者也. 烏乎西京淳厚之世, 以汲鄭之賢, 賓客與之盛衰, 如下邳榜門, 迫切之極矣, 悲夫. 阮堂老人書."

이 시의 수련은 김정희의 유배생활을 그렸다. '염황십재(炎荒十載)'는 먼 남방의 덥고 거친 땅 제주도에서 10여 년간의 귀양살이를 말한다. 이것은 생부(生父)인 김노경(金魯敬: 1766~1840)이 윤상도(尹尙度: 1768~1840)의 옥(獄)에 연루되어, 김정희가 헌종(憲宗) 6년인 1840(55세)년부터 1848(63세)년까지 8년간 제주도에 유배된 일이다. 그리고 '북해풍상(北海風霜)'은 영의정 권돈인(權敦仁: 1783~1859)의 일에 연루되어 함경도 북청(北靑)에 또 다시 1851년(66세)부터 1852년(67세)까지 2여 년 동안 유배된 사건이다. 그래서 제주도와 북청에서 유배생활 10년의 애한을 적은 것이다. 함련에서는 김정희의 글씨가 진·한대를 거슬러 오르면서 그 훌륭함은 모두가 알고 있으나, 그림이 송·원에 가깝게 뛰어남은 잘 알지 못한다고 하였다. 그리고 김정희는 진대(秦代)의 엄격한 전서도 중요하게 여겼다. 또한 그는 문인화에 관심이 많았으며, 실제의 작품에도 송·원대의 문인화풍이 많이 유전되고 있다. 경련은 김정희가 유배로 말미암아 지니고 있던 학문과 기량을 최대한 발휘하지 못한 아쉬움을 슬퍼한 구절이다. 미련에서는 선왕의 은혜에 보답하지 못한 것을 통탄했고, 김정희가 평소에 소식을 기이한 재주의 소유자로 존경했다는 것을 읊고 있다.

소식은 송대(宋代)를 대표할 수 있는 대가로서 고법을 통한 신의(新意)의 창출을 강조한 서가이다. 글씨에는 공졸(工拙)함 외에도 의취(意趣)로써 그 사람의 사정(邪正)을 알 수 있다고 했다. 그는 「제노공첩(題魯公帖)」에서 "사람들의 글씨에는 공졸함 외에도 대개 의취가 있으니 또한 그것으로 그 사람의 사정(邪正)의 대강을 볼 수 있다."[237]라고 했다. 소식은 글씨를

---

236) 李尙迪, 『恩誦堂集』, p. 266.

237) 蘇軾, 「題魯公帖」, 『蘇軾文集』卷69, 中國古典文學基本叢書, 中華書局, 1999, p. 2177. "人之字畫工拙之外, 蓋皆有趣, 亦有以見其爲人邪正之粗云."

단순히 기교적인 측면으로만 보지 않고 작가의 내면에서 표출되는 의취를 보아야 한다고 했다.

청나라의 유용(劉墉)은 소식과 황정견의 글씨에 대하여 천진(天眞)과 청신(淸新)하다고 평했다. "소식과 황정견의 아름다운 기운은 본디 천진하여 / 고야(姑射)의 풍성한 자태로 속세에 물들지 않았네. / 부드러운 붓 놀림과 풍부한 먹물이 모두 오묘함에 들어가 / 무궁한 기축(機軸)에서 청신함을 창출하였다네."[238)]

이 시는 이상적이 스승에 대한 인생역정과 품격 높은 서화에 대해 술회한 것이다.

다음은 교정(皎亭) 현일(玄鎰: 1807～1876)이 '지두서(指頭書)'를 보고 지은 「소당시지두서일본(小棠示指頭一本), 주경기굴각진기묘(遒勁奇崛各臻其妙). 이시하지(以詩賀之).」 기일(其一)을 음미해 보기로 하자.

指端心畫眞奇絶	손끝으로 心畫을 그으니 진실로 기이하고 절묘해
元氣淋漓分外生	원기가 분수밖에 넘쳐흐르네.
鴨水以東無此作	압록강 동쪽에는 이런 글씨 없으니
藝林不朽小棠名[239)]	예림에서 소당의 이름 썩지 않으리.

시제에서 '지두서(指頭書)'란 붓 대신 손가락에 먹을 묻혀 쓴 글씨이다. 소당(小棠) 김석준(金奭準: 1831～1915)은 '지두서'<도93>에 뛰어났다. 현일은 이 지두서 일본(一本)을 보고 시 2수를 지었다. 이 시는 그 중 첫 번째 시이다.

---

238) 劉墉, 「論書絶句」, 『歷代五體論書詩』, p. 10. "蘇黃佳氣本天眞, 姑射豐姿不染塵. 筆軟墨豐皆入妙, 無窮機軸出淸新."

239) 玄鎰, 『皎亭先生詩集』卷5, 서울大學校 奎章閣所藏, 活字本, 7715, p. 9.

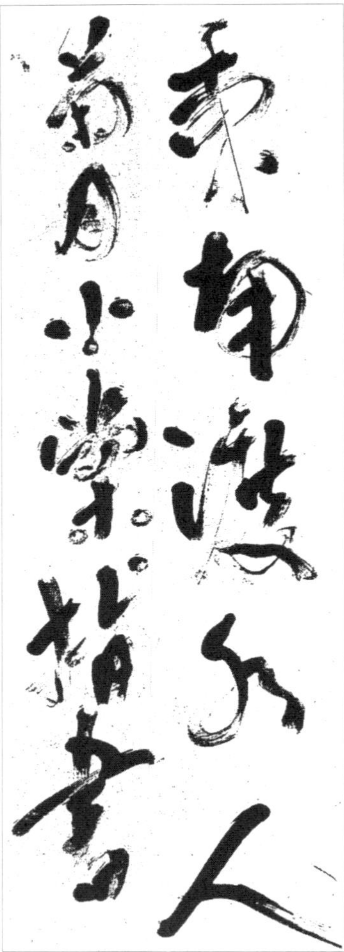

<도93>

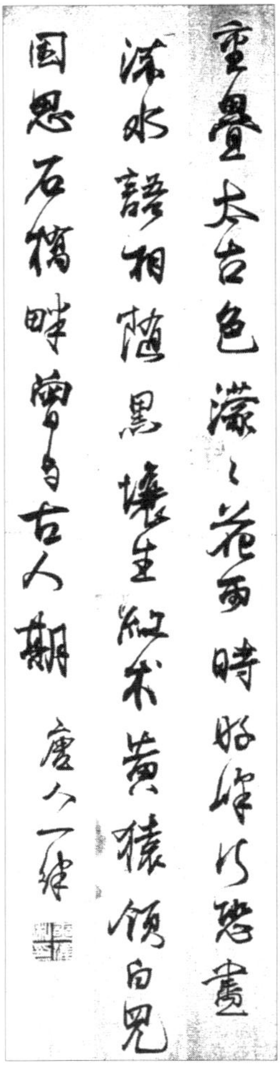

<도94>

기 · 승구에서는 마음에 가지고 있는 심획(心畫)을 손끝으로 운필하니, 그 원기가 넘쳐흘러 생동감을 자아내는 장면을 묘사했다. 전 · 결구는 이러한 작품은 우리나라에서 볼 수 없는 것으로 예림에서 그 이름이 불후할

것이라고 읊조렸다.

김정희와 김석준<도94>은 사제관계로 교분이 돈독하였다. 김정희는 「서시김군석준(書示金君奭準)」에서 "소당(小棠)은 유독 심정(沈靜)한 곳에서 힘을 얻었다. 비록 안진경을 배웠지만 그 추광(麤獷)한 기운을 거두어들이고 문약(文弱)한 사람처럼 깊이 안서(顔書)의 졸(拙)한 뜻을 터득하였으니, 이것은 안(顔)을 배우는 상승(上乘)이 된다."[240]라고 하였다.

이어서 앞의 시와 같은 제목의 두 번째 시를 감상해 보자.

一肥一瘦總相宜	한번 살찌고 한번 여윔이 모두 서로 알맞으니
宛見伊人點染時	흡사 그 사람이 글씨 쓸 때를 보는 것 같구나.
徜使書家開別徑	서가들로 하여금 다른 길을 열었으니
箇中眞諦有誰知[241]	여럿 가운데 진짜 요체를 누가 알리오!

이 시에서 '일비일수(一肥一瘦)'란, 용필법의 하나이면서, 결자(結字)와 포치(布置)에서도 중요한 기법 중의 하나이다. 먼저 용필법에는 장로(藏露)・곡직(曲直)・방원(方圓)・대소(大小)・비수(肥瘦) 등이 있는데, '비수'의 관계에 대해서는 청대의 송조(宋曹)가 「서법약언(書法約言)」에서 다음과 같이 말했다.

> 골육이 고르고 기맥이 관통하며, 성긴 곳과 평평한 곳은 충간하게 쓰고 조밀한 곳과 험절한 곳은 들어서 써야한다. 가득 차게 하려면 살찌게 하고 들어서 쓰고자 하면 야위게 해야 한다. 너무 야위면 형(形)이

---

240) 金正喜, 「書示金君奭準」, 『阮堂全集』, p. 138. "小棠獨於沈靜處得力. 雖學顔平原而斂其麤獷之氣. 如文弱人深得顔書拙意, 此爲學顔上乘."

241) 玄鎰, 『皎亭先生詩集』, p. 9.

마르고 너무 살찌면 질(質)이 탁하게 된다. 근골(筋骨)이 서지 않으면 지육(脂肉)이 어찌 붙겠는가! 형질(形質)이 건실하지 않으면 신채(神彩)가 어찌 나오리오! 육(肉)이 많고 골(骨)이 적은 것은 '묵저(墨猪)'라 이르고, 골이 많고 육이 적은 것을 '고등(枯藤)'이라고 한다.[242]

이처럼 비수(肥瘦)의 양자는 한쪽으로 치우치지 않아야 형질이 건실해져 글씨에 신채가 나타나게 되는 것이다. 그리고 결자와 장법에서의 비수관계는 음양으로도 대신할 수 있으며, 한 글자에도 비수가 어우러져야 하지만 행간(行間)에도 비수가 호응되어야 하는 것이다.

따라서 '일비일수(一肥一瘦)'는 '일음일양(一陰一陽)'의 원리로서 서로 적절히 안배하게 되면 거기에서 진체(眞諦)를 터득할 수 있을 것이다. 이 시에서 현일은 김석준(金奭準)이 '지두서'로써 요체를 얻었다고 읊조렸다.

다음 시들은 박문회(朴文會)가 1859년에 문하생들과 함께 중국과 한국의 고금명적(古今名蹟)들을 모아서 「고금역대법첩(古今歷代法帖)」을 모간(模刊)하고 아울러 여러 가지 서법을 논한 것이다.

그 중에서 먼저 「파필법(把筆法)」을 고찰해 보기로 한다.

古今把法雙鉤完	고금에 붓 잡는 법 쌍구가 완전해야 하니
指實掌空但使寬	손가락은 붙이고 손바닥은 비어 너그럽게 해야 한다.
執虛自有措縱易	손바닥을 허하게 잡으면 조종하기 쉽고
指固終爲變化難[243]	손가락이 견고하면 마침내 변화하기 어렵다.

242) 宋曹, 「書法約言」, 『歷代書法論文選』(下冊), pp. 527~528. "使骨肉停勻, 氣脉貫通, 疏處平處用滿, 密處險處用提. 滿取肥, 提取瘦. 太瘦則形枯, 太肥則質濁. 筋骨不立, 脂肉何附. 形質不健, 神彩何來. 肉多而骨微者謂之墨猪, 骨多而肉微者謂之枯藤."

243) 朴文會 編, 『古今歷代法帖』跋文, 서울大學校 奎章閣 所藏, 拓本, 5713, p. 79.

'파필법'은 즉 집필법으로 붓을 잡는 방법을 이른다. 집필법에는 오지집필법(五指執筆法)·사지집필법(四指執筆法)·삼지집필법(三指執筆法)·이지집필법(二指執筆法)·악권집필법(握拳執筆法)·집필무정법(執筆無定法) 등이 있다. 그 가운데 오지집필법에 속하는 쌍구법(雙鉤法)이 비교적 많이 사용되어 왔다. 쌍구(雙鉤)란 '쌍포(雙苞)'라고도 하는데, 붓이 중지(中指)와 무명지(無名指)의 사이에 있는 것을 말한다. 대지(大指)는 밖에서 안으로 향하면서 눌러주고, 식지(食指)와 중지(中指)는 필관의 밖에서 안으로 향하면서 갈고리처럼 감싼다. 그리고 소지(小指)는 무명지(無名指)의 아래쪽에 붙어서 움직임을 도와주는 역할을 한다. 또한 집필법을 세분하면 지법(指法)과 장법(掌法)으로 나눌 수 있는데, 손가락을 붙여야 한다는 '지실(指實)'과 손바닥이 공허해야 한다는 '장허(掌虛)'가 바로 그것이다. 그리고 대지(大指)와 식지(食指) 사이는 '호구(虎口)'처럼 열려야 한다. 이렇게 온전한 쌍구가 되어야 글씨를 자유롭게 휘호할 수 있다고 여겨져 왔다.

위의 시에서 말하는 집필법은 '쌍구법'으로 해야 하고, 쌍구법이 완전하려면 '지실장허(指實掌虛)'로 집필하여야 한다는 뜻이다. 그리고 손바닥을 허하게 잡아야 운필하기가 용이하고 손가락을 너무 견고하게 하면 변화가 어렵기 때문에 적당하게 힘을 주어 잡아야 한다는 것이다. 물론 집필법에는 다양한 방법이 있기 때문에 획일화할 필요는 없다. 집필법은 서체와 대소(大小)에 따라 상이하고 서가의 취향에 따라서도 사뭇 달리할 수 있는 것이다. 집필법은 글씨를 잘 쓰기 위한 수단이지 목적은 아니다. 집필법에 대해서는 역대 서가들의 관점이 다양하여 획일적이지가 않은데, 소식은 "붓을 잡는데 고정된 법이 없다."[파필무정법(把筆無定法)]라고 하였다. 다만 초학자들은 일반적인 집필론의 학습이 중요하며, 예로부터 집필법은 보편적으로 '실지허장(實指虛掌)'을 강조하였다.

이 시에서 언급된 집필법이 물론 박문회의 독창적인 서론은 아니다. 이것은 역대의 서론에서 회자되어온 것을 재차 강조한 것에 불과하나, 서가들이 유념해야 할 사항인 것만은 분명하다.

이어서 박문회는 「사법(寫法)」을 음양의 이치로 다스려야 필세와 필력이 생동한다고 보았다.

乾坤大道在書家	건곤의 큰 도가 서가에게도 있으니
先辨陰陽一理斜	먼저 음양을 분별하여 하나의 이치로 다스려야 한다.
信勢驅來爭楚漢	형세에 맡겨 몰아오면 초・한이 다투듯 하고
放端揮去動龍蛇[244]	붓끝을 놓아 휘몰아 가면 용사가 꿈틀하듯 한다.

모든 사물에는 강유(剛柔)가 내재하며, 모든 이치는 음양의 조응 속에 생성・발전・변화・소멸되어 가듯이, 서법에도 이러한 원리가 적용된다고 보았다. 즉 모순되는 음양이 상호 의존하여 중화(中和)가 될 때 비로소 생동하는 필세가 붓끝에서 나타나는 것이다.

이서는 「필결」에서 서법을 음양의 원리로 많은 부분을 설명하고 있다. 그 중에서 일부를 인용하면 다음과 같다.

> 글자의 법에는 원리[경(經)]와 변화[권(權)]가 있으니, 상도(常度)를 지키는 것이 원리이고 수시를 좇음이 변화이다. 좌는 양이고 우는 음이니, 양은 상승하고 음은 하강하며, 양은 가볍고 음은 무겁다. 글자가 모두 음이면 오른쪽이 반드시 왼쪽보다 무겁고 처져야 하니, 오른쪽이 무겁고 처지는 것이 원리인 것이다.[245]

244) 上同.

245) 李溆, 「筆訣」, p. 756. "字法有經有權, 守常者經也, 趨時者權也. 左陽右陰, 陽

이처럼 이서는 자법(字法)을 '좌양우음(左陽右陰)'·'양경음중(陽輕陰重)'의 원리로 설명하였다. 또한 그는 강유(剛柔)가 서로 변통할 수 있다고 했다.

> 강(剛)한 것은 유(柔)하게 할 수 있고 유한 것은 강하게 할 수 있으며, 무거운 것은 가볍게 할 수 있고 가벼운 것은 무겁게 할 수 있으며, 조밀한 것은 성글게 할 수 있고 성긴 것은 조밀하게 서로 어긋나거나 여유 있는 것을 덜고 부족한 것을 보충하여, 뭇 획들이 이어져 어지럽지 않게 하는 것이, 마치 하늘의 무늬가 찬연하여 자연스레 문장을 이루는 것과 같다.[246)]

강유(剛柔)·중경(重輕)·소밀(密疏)는 역(易)의 상호작용으로 변통하게 되면 자연히 자법(字法)과 전체적인 포국(布局)이 형성된다고 하였다. 김정희는 필획에 '경양중음(輕陽重陰)'·'좌세우추(左細右麤)'·'주추여세(柱麤餘細)'의 음양원리를 필법에 적용하였다.

> 필획이 가벼운 것은 양이 되고, 무거운 것은 음이 된다. 무릇 글자 중에 두 개의 세로획이 있으면 마땅히 왼쪽은 가늘게 하고, 오른쪽은 굵게 하여야 한다. 글자 중의 기둥이 되는 것은 굵게 하고, 나머지는 모두 가늘게 해야 한다. 이것이 음양을 나누는 법일 뿐이다.[247)]

升陰降, 陽輕陰重. 字衆陰, 右必重低於左, 右重底經也."

246) 上揭書. p. 761. "剛可使似柔, 柔可使似剛, 重可使似輕, 輕可使似重, 密可使似疎, 疎可使似密, 損有餘, 補不足, 使其衆畫連, 而不相悖亂, 如乾文之粲然, 而自然成章."

247) 金正喜, 「雜識」, 『阮堂全集』, p. 150. "筆之輕者爲陽, 重者爲陰. 凡字中有兩直者, 宜左細右麤. 字中之柱宜麤, 餘俱宜細. 此分陰陽之法耳."

김정희는 또 음양의 획이 통변(通變)할 수 있다고 했다.

> 서도에서 음양의 획에 대해서는 알기 어려운 것이 아니다. 확실히 일정한 음획과 양획은 있으나 음 가운데 양이 있고 양 가운데 음이 있는 것이 마치 제주(帝珠)가 교섭(交攝) · 호영(互映)하여 만억으로 변하는 모습이 헤아려 궁구할 수 없는 것과 같다. 지금 이 양획은 음획으로 만들 수 있고, 음획을 쓰는 데에도 역시 그러하며, 좌우로 도는 데에도 역시 그러하다. 어떻게 한 위치만 집정(執定)하여 변통(變通)이 없을 수 있겠는가.248)

김정희는 필획에 분명히 음획과 양획이 있으나 고정된 것이 아니라, 경우에 따라 수시로 변화할 수 있다고 보았다. 이것은 비록 상반되는 성질을 가지고 있으나 필요에 따라 호용되는 것이다. 이러한 원리는 고정되거나 정체하지 않으면서 변화가 발생하여 새로운 국면으로 전개되는 것을 말한다.

결과적으로 박문회는 건(乾)[양(陽)]과 곤(坤)[음(陰)]의 대도(大道)는 서가에게도 있으니, 먼저 이 음양의 이치를 분별하여야 생동감 넘치는 글씨를 쓸 수 있다고 말한 것이다.

이어서 박문회의 「건묵법(乾墨法)」을 분석해 보자.

重濁形容濃裏出	무겁고 탁한 현상은 진함에서 나오고
輕淸氣像澹中連	가볍고 맑은 기상은 담박함에서 이어진다.
書病元來從擁滯	글씨의 병은 원래 막힌 데서 나오니

248) 上揭書, 「與人」, p. 108. "書道之陰陽畫是不難知. 固有一定之陰陽, 而陰中有陽, 陽中有陰, 如帝珠交攝互映, 萬億變相, 不可數窮. 今此陽畫可以作陰畫, 用陰畫亦然, 左右旋亦復然矣. 可以執定一位, 無以通變耶."

古今□□有誰傳[249]　고금의 □□을 누가 전해 주리오.

이 시는 '묵법(墨法)'에 관한 것이다. 먼저 먹 사용의 중요성에 대한 서론을 살펴보면 다음과 같다. 동기창은 「논용필(論用筆)」에서 "글씨의 교묘함은 용필에 있지만 더욱 중요한 것은 용묵에 있다. 그러나 고인의 진적을 많이 보지 않으면 이 비결을 함께 말하기 부족하다."[250]라고 했다. 그리고 "먹을 사용하는데 반드시 촉촉하게 해야지 마르게 사용해서는 안 된다. 더욱이 짙고 살찌기를 꺼려야 하는데, 살찌면 크게 나쁜 방도이다."[251]라고 하였다. 이것은 필법에서 용필과 용묵이 동시에 조화롭게 작용되어야 함을 이르는 것으로, 용묵법에서는 고조(枯燥)보다 윤습(潤濕)함을 중요시한 말이다. 그런데 용묵에 따라 각기 나타나는 예술효과가 다르기 때문에 어느 한쪽에 치우칠 필요가 없다. 예컨대 윤묵(潤墨)은 우아함을 취하고 조묵(燥墨)은 강함을 취하는 데 용이하다. 그리고 서체와 취향에 따라서도 조금씩 상이하다. 예컨대, 전서·예서·해서는 약간 마른 것이 좋고, 행·초서는 약간 촉촉한 것이 좋다. 물론 상황에 따른 조윤(燥潤)의 적절한 대비가 이상적인 용묵법이라고 할 수 있다. 김정희는 「묵법변(墨法辯)」에서 묵법의 중요성을 피력하였는데, 그 요점을 살펴보면 다음과 같다.

> 서가들은 먹을 제일로 삼는다. 대체로 글씨는 붓을 부리는 것인 즉 붓으로 하여금 먹을 묻혀 가게 하는 데에 불가할 뿐이다. …(중략)… 우리나라 사람들은 단지 붓 치레하는 데만 힘을 기울이고, 묵법은 전혀 알지

---

249) 朴文會 編, p. 80.

250) 董其昌, 「畵禪室隨筆」, 『歷代書法論文選』, p. 503. "字之巧處在用筆, 尤在用墨, 然非多見古人眞迹, 不足與語此竅也."

251) 上同. "用墨須使有潤, 不可使其枯燥, 尤忌穠肥, 肥則大惡道矣."

> 못한다. 시험 삼아 종이 위의 글자를 보면 오직 먹일 뿐이니, 이는 백성들이 매일 쓰면서도 알지 못하는 것이다. …(중략)… 이 때문에 고결(古訣)에 이르기를 "먹물은 깊고 색이 진하며 모든 붓털에 힘을 고루 가게 한다."라고 하였으니, 즉 묵법과 필법을 아울러 거론한 것이다. 그런데 근래에 우리나라 서가들은 단지 '만호제력(萬毫齊力)' 한 구절만 집어 이것을 묘체로 삼고, 위에 구절의 장심색농('漿深色濃)'의 말은 아울러 언급하지 않아 이 두 구절이 서로 떨어질 수 없다는 것을 알지 못한다. …(중략)… 이른바 진하고 묽고 매끄럽고 껄끄러움은 묵법에서 논할 수 있는 것이지, 어찌 필법의 언필을 하고 안 하는 것에 있는가? 묵법과 필법을 혼륜(混圇)하여 구별함이 없이 다만 필법을 들어 논하였으니 어찌 편벽되고 고루한 것이 아니겠는가. 참으로 개탄할 일이다.[252)]

박문회는 농묵(濃墨)에서 중탁(重濁)한 형상이 나오고, 담묵(淡墨)에서 경청(輕淸)한 기상이 나타난다고 했다. 농담의 관건은 흐린 먹으로 육중함을 나타내고 진한 먹으로도 막히지 않고 쓸 수 있을 정도의 능숙함이 요구된다. 그래서 흐린 가운데 진한 맛이 우러나오고, 진한 가운데 흐린 맛이 함께 나타나야 비로소 오묘한 맛을 느낄 수 있는 것이다. 그리하여 박문회는 글씨의 병은 먹물이 막힌 데에서 비롯된다고 하면서 묵법의 중요성을 강조하였다.

글씨를 배우는 사람들은 주로 용필법과 결구법 및 장법을 중요시하지만

---

252) 金正喜, 「墨法辯」, 『阮堂全集』, p. 27. "書家墨爲第一. 凡書之使毫, 卽不過使毫行墨而已. …(中略)… 東人, 秪於筆致力, 全不知墨法. 試看紙上之字, 惟墨而已, 此百姓日用, 而不知也. …(中略)… 是以古訣云, 漿深色濃, 萬毫齊力, 卽並擧墨法筆法. 而近日我東書家, 單拈萬毫齊力一句, 以爲妙諦, 不並及其上句之漿深色濃, 不知此兩句之不可離開. …(中略)… 其所云, 濃淡滑澁, 可論於墨法, 而烏在其筆法之偃與不偃也. 混圇無別於墨法筆法, 但以筆法擧擬, 豈不偏枯者耶. 良可慨矣."

용묵법(用墨法)을 소홀히 하기 쉽다. 용필도 좋고 결구와 장법도 좋아야 하지만, 최종적으로는 반드시 먹으로 체현되어 글자가 이루어진다는 것을 간과해서는 안 되다. 그러므로 묵법은 서법에서도 매우 중요한 하나의 문제이다.

먹은 본래 검은 것으로 하나의 색일 뿐이다. 그러나 은용을 잘하면 먹색이 찬란할 수 있고 풍부한 변화를 드러낼 수도 있다. 그 때문에 예로부터 먹은 다섯 가지의 색으로 구분된다는 말이 있다. 먹은 물의 다소와 먹을 가는 시간의 장단과 화선지가 먹을 흡수하는 능력과 운필의 경증질서(輕重疾徐)에 따라서 초(焦)·농(濃)·담(淡)·고(枯)·습(濕) 등의 효과를 나타내며 다양한 변화의 묵색이 나타난다. 이러한 다양한 변화의 먹색은 또한 점획과 선으로 하여금 입체감을 나타나게 하며 점차 빛의 조화로움을 느끼게 하여 서예에서 공간미(空間美)를 가지게 한다.

용묵은 변화가 극진하다고 할 수 있는데, 다만 세 가지를 기피해야 한다. 첫째는 '숙묵(宿墨)'을 피해야 한다. 즉 하룻밤이 지난 먹이다. 먹이 마른 뒤에는 물이 상하고 증발하여 먹의 입자가 침정(沈淀)되며 벼루의 표면이 아교처럼 응결된다. 이때의 먹은 이미 사묵(死墨)으로 기운과 신채가 없다고 할 수 있다. 그 때문에 쓸 수가 없으며 깨끗이 씻어서 다시 새롭게 갈아야 한다. 둘째는 '괴묵(怪墨)'을 피해야 한다. 이는 용필을 강구하지 않고 퇴묵(堆墨)의 먹색에만 신경 쓰는 것이다. 글씨를 쓸 때 칠하기만 하면 묵(墨)은 있으나, 필(筆)이 없게 된다. 잠시 보면 먹의 기운이 온전한 것 같지만 자세히 보면 모두 종이 위로 떠 있으며, 이러한 용묵법은 순전히 장난삼아 할 수 있지만 서법의 기본특징을 잃어버리기 때문에 취하기에는 부족하다. 셋째는 '취묵(臭墨)'을 피해야 한다. 즉 시간이 오래되어 변질된 먹이나 저질의 묵즙(墨汁)은 버려야 한다. 이것은 먹의 냄새가 사람에게 풍겨서 글씨를 쓸 때 이미 우아한 흥취가 없게 된다. 억지로 그것을 쓰면 먹의 기운이 혼탁하여 점획이 뻣뻣하고 붓에 생기가 없게 된다.

이어서 박문회의 「추전법(推展法)」을 분석해 보자.

引挽從來□筆處	끌고 당김은 원래 붓을 놀리는 데서 생겨나고
屈伸每自奔毫時	구부리고 펴는 것은 매번 붓을 달릴 때로부터이다.
陰陽幷立無偏意	음양은 나란히 서서 치우친 뜻이 없어야 하며
長短止□有遠思[253]	장단과 止□에는 원대한 생각이 있어야 한다.

'추전법'이란, 붓을 밀어서 펴는 법이다. 붓을 끌고 당기는 것은 운필하는 곳에서 생겨나고, 구부리고 펴는 것은 휘호할 때 순간순간 나타나게 하는 것이다. 굴신(屈伸)의 필법은 운필법에서 매우 요긴한 문제로 다루어지고 있다. 굴신이 서로 반복하면서 조화를 이루어 갈 때 비로소 그 가운데 무한한 변화의 자태가 생겨나게 된다. 서예는 살아 움직이는 것을 귀하게 여기며, 살아있는 모든 현상은 고정된 형태가 없으며 반드시 굴신하고 변화를 하게 마련이다. 서예의 형태 또한 부단히 굴신하고 변화할 때 비로소 기운생동의 효과를 얻을 수 있다.

본 시에서는 서예의 운필법에서 중요하게 여겨지는 '인만(引挽)'·'굴신(屈伸)'·'음양(陰陽)'·'장단(長短)'이 한 쪽으로 치우치지 않고, 적절한 조화를 이루면서 표현되어야 원대한 생각이 깃든다고 하였다.

이어서 박문회의 「착력법(着力法)」을 살펴보자.

力是書家大將軍	필력은 서가의 대장군이니

253) 朴文會 編, p. 80.

操毫着力用千斤	붓을 잡고 힘을 붙이면 천근도 쓸 수 있다네.
百弩彎控聲落落	일백의 활이 시위를 당기니 소리가 크게 나고
萬牛回轉勢紜紜[254]	일만의 소가 회전하니 형세가 성대하구나.

필력(筆力)·필세(筆勢)·필의(筆意)는 서예에서 가장 중요한 세 가지 요소이다. 그 중에서 필력은 글씨에서 가장 요긴한 문제로 간주되어 왔다. 필력은 글자의 형태에서 나타나는 예술상의 힘을 가리킨다. 이것은 글자를 쓰는 사람이 점획에 기력을 불어넣어 생동감 있게 표현되는 것을 말한다. 그래서 예로부터 서가들이 필력에 관하여 언급한 것이 매우 많으며, 그 실례를 인용해 보기로 한다.

먼저 한나라 채옹은 「구세(九勢)」에서 "힘이 글자 가운데에 있어 하필(下筆)할 때 힘을 쓰면 살과 피부가 아름다워진다."[255]라고 하였다. 그리고 진(晉)나라 위부인(衛夫人)은 「필진도(筆陣圖)」에서 "필력이 좋은 것은 골(骨)이 많고, 필력이 좋지 않는 것은 육(肉)이 많다."[256]라고 하였다. 또한 당(唐)나라 때 「술장장사필법십이의(述張長史筆法十二意)」에서 장욱은 필력을 '골체(骨體)'[257]로, 안진경은 '근골(筋骨)'[258]로 보았다. 그리고 명(明)나라의 풍방(豊坊)은 「서결(書訣)」에서 필력이 있으면 '서필입목(書必入木)'[259]한다고 하였다. 즉 필력이란, 전신의 기운을 필단(筆端)에 의지하여 표현되어지는 생명력을 가리키며 예술적 형상의 역동성을 말한다.

---

254) 上同.

255) 蔡邕, 「九勢」, 『歷代書法論文選』(上冊), p. 6. "力在字中, 下筆用力, 肌膚之麗."

256) 衛夫人, 「筆陣圖」, 『歷代書法論文選』, p. 20. "善筆力者多骨, 不善筆力者多肉."

257) 張旭, 「述張長史筆法十二意」, 『歷代書法論文選』, p. 255. "力謂骨體."

258) 上同. "點畫皆有筋骨."

259) 豊坊, 「書訣」, 『歷代書法論文選』(下冊), p. 471. "書必入木."

이 시에서도 필력을 서가의 대장군에 비유하였다. 필력이 있으면 천근이나 되는 무게로 쓸 수 있고, 백 개의 활을 당길 만큼 힘이 있으며, 만 마리의 소가 회전하는 형세와 같이 성하게 할 수 있다고 보았다. 물론 필력을 소유하려면 신체적인 힘으로만 이루어지는 것이 아니라, 작가의 내재하는 기운과 필묵을 능숙하게 다룰 수 있는 수법(手法)이 필수이다. 이 두 가지가 상호 교회(交會)하여 나타나야 원만하고 생동감 있는 필력이 창출되어지는 것이다. 필력은 물리적인 힘과 달라 대소(大小)를 가늠할 수 없는 것이지만 체험과 심미능력으로 느낄 수 있다는 것이다.

이어서 박문회의 「굴곡법(屈曲法)」을 감상해 보자.

屈法書家是大綱	굴법은 서가에게 큰 강령이니
十行工可百行當	열 줄이 잘 되면 백 줄도 알맞게 된다.
千變萬轉無定所	천번 만번 변하여 일정한 곳이 없으나
一元交媾在中央[260]	一元에서 음양이 相交하여 중앙에 있다네.

'굴곡법(屈曲法)'은 점획의 파동(波動)으로 생기는 필세이다. 이것은 서법에서 운필법의 하나로 통칭하여 '곡직법(曲直法)'이라 한다. 곡직법은 서로가 상반되는 개념이지만 항상 함께 사용되는 것이다. 곡직의 관계는 왕희지가 「서론(書論)」에서 언급할 만큼 용필법 중에서 상당한 비중을 차지하고 있다. 그는 "매번 쓸 때에 열이 느리면 다섯은 급하게, 열이 굽으면 다섯은 곧게, 열이 감추어지면 다섯은 나타나게, 열이 일어나면 다섯은 숙이고자 해야 비로소 서(書)라고 이를 수 있다."[261]라고 하였다. 또한 유

260) 朴文會 編, pp. 80～81.

261) 王羲之, 「書論」, 『歷代書法論文選』(上冊), p. 26. "每書欲十遲五急, 十曲五直, 十藏五出, 十起五伏, 方可謂書."

희재(劉熙載)는 「서개(書概)」에서 "글씨는 굽으면서 곧은 형세가 있어야 하고, 곧으면서 굽은 운치가 있음이 중요하다."[262]라고 했다. 그리고 포세신(包世臣: 1775~1855)도 『예주쌍집(藝舟雙楫)』에서 "옛날 법첩에 수록되어 있는 글씨가 후세 사람이 쓴 것과 다른 점은 굽은 획을 잘 사용한 점이다."[263]라고 하였다.

이와 같이 곡직의 관계는 굽은 가운데 곧은 것이 있고, 곧은 가운데 굽은 것이 공존해야 하는 것이다. 어떠한 서체의 필획에도 곧게만 쓰인 곳은 없으며, 곡직이 어우러져 변화의 획을 창출하게 되는 것이다. 필획과 운필은 생동하는 것이어서 뻿뻿하거나 고정되지 않아야 한다. 그래서 필획은 꿈틀거리고 움직이며 펴고 굽혀짐이 있어야 하는 것이다

이 시에서도 굴법(屈法)은 서가들에게 큰 강령이라고 한 것은 지당한 논리이다. 굴법으로 십행(十行)이 잘 되면 백행(百行)도 같은 이치가 되는 것이다. 천번 만번이 변하여도 고정된 법칙이 없다는 것은 일원(一元)에서 시작되어 음양으로 상교(相交)하는 원리이기도 한 것이다.

다음은 박문회가 지은 「의재필선(意在筆先)」을 감상해 보자.

心隨意法筆前先	마음은 뜻을 따라 붓보다 먼저 가야 하니
指是謂之意在前	이것을 일러 뜻이 붓보다 먼저 있어야 한다는 것이다.
手托東南將盡地	손은 동남쪽으로 맡겨 땅을 다하듯이 하고
眼浮西北欲登天[264]	눈은 서북쪽으로 떠서 하늘을 오르고자 한다.

262) 劉熙載, 「書概」, 『歷代書法論文選』(下冊), p. 662. "書要由而有直體, 直而有曲致."

263) 包世臣, 『藝舟雙楫』, 臺灣商務印書館, 民國75年, p. 46. "古帖之異於後人者, 在善用曲."

264) 朴文會 編, p. 81.

'의재필선(意在筆先)'이란, 뜻이 붓보다 앞서야 한다는 말로 '의재필전(意在筆前)'·'필거심후(筆居心後)'·'자거심후(字居心後)'라고도 한다. 여기에서 의(意)란 작가에게 내재된 사상·정감·필의가 하나로 관통하는 것을 가리킨다. 때문에 '의재필선(意在筆先)'을 한 후에 비로소 '의재필중(意在筆中)'에 도달할 수 있게 된다. 이것은 글씨 쓰는 요령을 말하는 것으로, 즉 글씨를 쓰기 이전에 미리 마음속에서 어떻게 쓸 것인가를 구상한 뒤에 붓으로 써야 한다는 의미이다. 즉 작가가 창작을 할 때 머리 속에는 필연적으로 먼저 분명한 형상을 가지고, 그런 뒤에 의중(意中)의 형상에 의거하여 붓을 대고 쓰는 것이다. 이러한 이론은 역대 서론가들이 수 없이 주창한 비결이다.

위부인은 「필진도」에서 "뜻이 뒤에 있고 붓이 앞에 있는 자는 패하게 되고, 뜻이 앞에 있고 붓이 뒤에 있는 자는 승리하게 된다."[265)]라고 하였는데, '의재필선'은 여기에서 비롯된 것이다. 왕희지도 「서론」에서 "무릇 글씨는 침착하고 고요한 것을 귀하게 여기니, 뜻이 붓보다 앞에 있게 하고, 글자는 마음 뒤에 거처하여, 아직 글을 쓰기 전에 생각을 맺는 것이 이루어져야 한다."[266)]라고 했다. 왕희지는 이러한 인식을 더욱 구체적으로 확장시켜 나갔다.

> 대저 글씨의 법을 배우려면 먼저 먹을 갈면서 정신을 모으고 생각을 조용히 해야 한다. 자형이 크고 작고 누운 것과 위로 향한 것, 평평하고 곧고, 떨치고 움직이는 것을 예상한 즉 근맥(筋脈)이 서로 이어지니, 뜻이

265) 衛夫人, 「筆陣圖」, 『歷代書法論文選』(上冊), p. 20. "意後筆前者敗, 意前筆後者勝."

266) 王羲之, 「書論」, 『歷代書法論文選』(上冊), p. 26. "凡書貴乎沉靜, 令意在筆前, 字居心後, 未作之始, 結思成矣."

붓보다 먼저 있게 한 연후에 글자를 써야 한다.[267]

이것은 마음과 손의 결합을 의미하면서 손보다 마음이 우선되어야 한다는 내용이다. 소식은 "가슴속에 완성된 대나무가 있어야 한다."[흉중유성죽(胸中有成竹)]라고 하여 대나무를 치기 전에 미리 완성된 대나무가 가슴속에 있어야 한다고 했다. 물론 훌륭한 것을 먼저 관조해야 하고 그 다음에 작가의 심미의식을 통해 용해되고 가공되어 만들어진 것을 작가의 예술기교를 운용하여 화면상에 나타내는 것이다. 결국 붓은 뜻을 따라서 가기 때문에 붓보다 구상된 뜻이 앞서야 한다는 것이고, 손은 마음에 따라 의탁하게 되면 저절로 뜻하고자 하는 대로 쓸 수 있다는 말이다.

'의재필선'이 올바르게 되어야 '계백당흑(計白當黑)'도 가능하다. 글씨의 예술은 여백의 조형사고를 중요시한다. '여백'은 남아버린 '공백(空白)'과 다르게 '남겨둔 것'이며, 작가의 치밀한 계산에 의해 의도적으로 남겨지는 공간이기 때문에 작가의 심미적 의식이 이미 경험되어진 충실한 공간이다.[268] 또한 서예는 '공행(空行)'을 중시한다. 공행은 빈 공간을 운행한다는 의미로 허공을 자유롭게 날아다니듯이 시원스럽게 써야 한다는 것이다. 이러기 위해서는 마음속의 구상이 붓보다 앞에 있어야 할 것이다.

마지막으로 박문회의 「게완(揭腕)」을 분석해 보자.

撑此指掌正此身	손가락과 손바닥으로 받치고 몸을 반듯하게 하며
如天手步運如神	天手가 가듯이 귀신같이 운필해야 한다.
前推後托平低在	앞서 밀고 뒤에서 기대어 평평하고 낮게 있어야 하니
盤石□□任屈伸[269]	책상에서 □□ 마음대로 굴신해야 한다.

267) 上揭書, p. 28. "夫欲學書之法, 先乾研墨, 凝神靜慮. 豫想字形, 大小偃仰, 平直振動, 則筋脈相連, 意在筆前, 然後作字."

268) 김병종, 『미술강의』, 통나무, 1990, p. 124.

'게완'은 휘호할 때 오른쪽 팔을 자연스레 들고 쓰는 방법이다. 즉 '현완법(懸腕法)'을 일컫는 말이다. 팔을 옆구리에 붙이어 쓰면 몸이 함께 움직이게 되어 영활한 운필을 할 수가 없게 된다. 왼쪽 손바닥은 자연스럽게 받쳐 주고 자세를 바르게 해야 된다. 앞에서는 당겨주고 뒤에서는 밀면서 필획에 적절한 균형을 잡아야 한다. 그리고 오른쪽의 팔은 반드시 들어서 운필을 자유롭게 구사해야 한다. 이 '현완법'은 역대로 완법(腕法)의 근간으로 여겨져 왔다. 물론 글자의 크고 작음과 서체에 따라 '침완법(枕腕法)'과 '제완법(提腕法)'이 사용될 수 있다. 특히 행서 · 초서는 현완법으로 하면 필세가 무궁하며 운필에 구속을 받지 않는다. 이서는 운필의 방법을 다음과 같이 언급했다.

> 운필하는 데 단지 손가락으로만 움직여서는 안 되며, 또한 몸과 팔로만 움직여서도 안 된다. 단지 손가락만 움직이면 쾌건(快健)하면서도 완전(宛轉)할 수 없고, 단지 팔로만 움직이면 위곡(委曲)하면서도 정밀하게 쓸 수가 없다.[270]

박문회의 논서시는 어떤 서론과 비교하여도 내용의 깊이에 손색이 없으며, 필법에서 가장 요긴한 문제를 함축적으로 다루고 있다.

조선후기는 1724년부터 1910년까지 186년으로 가늠하였다. 이 시기는 영 · 정조의 숭문정책으로 중기의 침체기를 극복하면서 문예전반에 걸쳐 새로운 사상이 대두되었다. 청대의 실학사상과 금석 · 고증학의 신사상(新思想)이 문학과 예술에 이르기까지 새로운 기틀을 형성하기 시작했다. 이

269) 朴文會 編, p. 80.

270) 李溆, 「筆訣」, p. 756. "運筆不可以只運手指, 亦不可以只運身與臂. 只運手指, 則不能快健而宛轉, 只運臂則不能委曲而精密."

러한 북학운동은 홍대용(洪大容)에 의해 주창되었고, 박제가(朴齊家), 김정희(金正喜) 등으로 계승되면서 비로소 학문적으로 결실을 맺게 되었다. 이러한 풍조로 시·서·화 겸수(兼修)의 문인취향이 고조되면서 이른바 삼절들이 많이 배출되었다.

조선후기의 대표적인 삼절은 이광사(李匡師), 강세황(姜世晃), 신위(申緯), 김정희(金正喜)를 지목할 수 있다. 그 중에서도 김정희에 대하여 더욱 주목을 요하는 것은 이러한 사상을 단순히 전파하는 데 국한된 것이 아니라, 선행 실학자들의 실증적 연구방법을 계승하면서 조선사회에 뿌리 깊게 실현시켰다는 점이다. 또한 김정희는 양반·문인들 이외에도 승려·중인 출신들과의 빈번한 교류로 예술의 영역을 한층 더 확장시켜 나갔다.

한편 조선후기에는 서론의 성숙기로서 많은 저술이 있었다. 이광사(李匡師)의 「서결(書訣)」, 김상숙(金相肅)의 「필결(筆訣)」, 이규상(李奎象)의 「서가록(書家錄)」, 김정희(金正喜)의 「서론(書論)」 등이 대표적인 이론서들이다. 그리고 개인 문집에는 단편적인 서평들이 즐비하다. 이러한 양상은, 서예가 기법에만 치우치지 않고 서학의 개념으로 인식되었던 것이다. 이광사는 '자획(字劃)'이 '심술(心術)'에서 근원하고, '의치(意致)'가 '식량(識量)'에서 생겨난다고 하여 '심술(心術)'과 '식량(識量)'을 중요시하였다. 정약용(丁若鏞)은 서예를 용(勇)의 덕(德)이라고 하여 학문으로 인정하였다. 또한 김상숙은 '심정(心正)'과 '수숙(手熟)'의 일체(一體)를, 신위는 시·서·화가 동일법유(同一法乳)라는 예술관을 지향하였다. 그리고 김정희는 '문자향(文字香)'과 '서권기(書卷氣)'를 강조하여 서예의 정신미를 추구하였다.

조선후기의 논서시는 다량이 남아있는데, 본고에서는 중요하다고 인식한 시들을 선별하여 분석했다. 먼저 이광사는 「관순화첩(觀淳化帖)」에서,

평생 동안 「순화첩(淳化帖)」을 가지고 임모를 했지만, 고인의 깊고 신중함은 문장공부에 있다고 술회했다. 강세황(姜世晃)은 왕희지의 해서와 이양빙(李陽氷)의 전서에 대해 묘사했고, 이윤영(李胤永)은 김상숙의 글씨에 대한 느낌을 언급했다. 그리고 성대중(成大中)은 이한진(李漢鎭)의 과두서(蝌蚪書)에, 장혼(張混)은 엄한붕(嚴漢朋)의 「경화문(景化門)」현액을, 정약용(丁若鏞)은 김생과 이광사의 글씨에 대하여 비평하였다. 신위(申緯)의 논서시는 이용(李瑢), 한호(韓濩), 성수침(成守琛) 등의 한국서가와 중국의 「황정경(黃庭經)」·「장천비(張遷碑)」·「석문송(石門頌)」의 비첩에 대하여 작시했다. 뿐만 아니라 조광진(曺匡振)의 지예(指隷), 윤순(尹淳)의 서첩(書帖), 김정희의 분예(分隷), 이유원(李裕元)의 한예(漢隷), 이자현(李資玄)의 「문수원비(文殊院碑)」등에 관해서도 실로 다양하게 작시되었다. 또한 김정희는 이병수(伊秉綬)의 고예(古隷), 신위의 묵적, 장욱의 「두통첩(肚痛帖)」, 한(漢)나라의 와당에 대한 서평을 했다. 그리고 윤종섭(尹鍾燮)은 신사임당(申師任堂)의 필첩에, 이조묵(李祖默)은 글씨의 기예(技藝)에, 이상적(李尙迪)은 김정희의 인생역정과 「세한도(歲寒圖)」를 중심으로 한 그의 서화에 대하여, 현일(玄鎰)은 김석준(金奭準)의 지두서(指頭書)의 요체에 대해 시로써 비평하였다. 박문회(朴文會)는 파필법(把筆法)·사법(寫法)·건묵법(乾墨法)·착력법(着力法)·추전법(推展法)·굴곡법(屈曲法)·의재필선(意在筆先)·게완(揭腕)에 대하여 다양하게 작시하였다. 이들의 논서시는 필법의 관건이 되는 문제들을 핵심적으로 다루고 있다. 이러한 논서시는 내용이 함축적으로 잘 기술되어 있어서 서론서와 대비하여도 손색이 없다고 하겠다.

이상으로 조선후기의 논서시에 대하여 살펴보았다. 이 시의 내용들은 중국과 한국의 서가·작품·필력·필세·필의·비첩·인품·기법 등 다양한 소재들이 동원되었다. 일부의 시들은 서론서나 문집 등 기타서적에서 볼 수 없는 것들도 산재해 있고, 게다가 서론 이상의 함축적인 내용도 있었다. 따라서 논서시는 여러 서론서와 함께 중요한 서예이론 저작물로서, 앞으로도 관심 있게 연구되어야 할 대상임에 틀림이 없다.

Ⅳ. 논서시에 내재된 서체별 특징

문자와 언어는 의사전달의 기능을 한다. 그런데 언어는 시간적으로나 공간적으로 많은 한계성을 가지고 있으나, 문자의 창조로 인하여 이 두 가지의 결함과 제약성은 보완되었다. 결국 언어는 청각적 기호로서, 문자는 시각적 부호로써 함께 의사전달의 기능을 다하면서 인류의 발전에 공헌하여 왔다.[271] 문자에는 또 다른 장점이 있다. 인간의 기억으로 보존할 수 있는 정보의 양은 국한적인 데 비해, 문자로 기록하여 저장할 수 있는 정보의 양은 매우 광범위하다는 점이다.

문자는 어떠한 역사적인 시기에 의해 형성·변화·발전되어 왔다. 그래서 문자는 제각기 그 시대성을 가지고 있을 뿐만 아니라, 하나의 문화를 설정하는 기본적인 요소가 된다. 또한 문자는 역사의 흐름과 문화의 발전에 따라 점진적으로 만들어졌기 때문에 어느 개인이나 한 지역, 한 시대에 이루어진 것이 아니다. 대체로 문자는 실용화에 적응하여 번잡함에서 간략한 것으로, 느림에서 빠름으로 쓰기에 용이하도록 변화되어 왔다.

중국문자는 자형(字形)·자음(字音)·자의(字義)를 내포하고 있다. 그래서 한자는 형·음·의의 삼요소로 구성되어 있다. 이 요소들의 삼위일체

271) 李敦柱, 『漢字學總論』, 博英社, 1981, pp. 15~16.

가 곧 한자의 특징이기도 하다. 그 중 자형에 관한 연구를 문자학(文字學)이라고 하는데, 이는 협의의 문자학을 말한다. 문자학이 비록 문자 형체의 연구이기는 하지만 음(音)[성운(聲韻)]과 의(義)[훈고(訓詁)]를 결코 외면할 수 없다. 오히려 음과 의를 통하여 자형에 대한 이해를 넓힐 수 있는 것이다. 문자는 언어를 위하여 만들어졌고, 언어는 문자의 음과 의이기 때문에 음과 의를 떠난 문자란 근본적으로 존재할 수 없다. 일반적으로 문자학은 문자의 본형(本形)을 연구하는 것이며, 구체적으로는 본음(本音)과 본의(本義)를 밝혀냄으로써 자형의 원초적인 구성요소를 파악할 수 있게 하는 것이다.

또한 문자학은 문자의 원시적인 구성원리만을 밝혔다고 해서 만족할 수 없다. 한 글자가 어떻게 소전 이전의 형태에서 소전으로 변화했으며, 소전에서 다시 예서·해서·행서·초서로 변천되어 왔는가 하는 자형의 변천사도 역시 문자학의 연구범위에 속한다.[272)]

한자 자형의 변천과정을 시대적으로 약술하면 다음과 같다. 상대(商代)의 갑골문(甲骨文), 주대(周代)의 금문(金文), 진대(秦代)의 전서(篆書), 한대(漢代)의 예서(隷書), 위(魏)·진(晉)·당대(唐代)의 해서(楷書)·행서(行書)·초서(草書)를 들 수 있다. 그러나 모든 문자를 일괄적으로 개괄할 수는 없다. 예컨대 예서가 비록 한대(漢代)의 가장 주요한 문자자료 중의 하나이기는 하지만, 이 밖에도 현재 볼 수 있는 당시의 문자로서 위로는 전서, 아래로는 해서·행서·초서 등 초기형태의 서체들이 있기 때문이다. 이와 같이 문자는 전·후시대와 서로 계승성이 있어 시대적으로 명확한 경계선을 그을 수 없는 것이다.

272) 龍宇純, 梁東淑 譯, 『中國文字學』, 學硏社, 1987, pp. 15～16.

문자는 대부분 돌발적이거나 인위적으로 창조되지 않았다. 문자는 주로 자연변화로써 그 연원을 거슬러 올라가 보면 원형을 찾아내기가 어렵지 않다. 그러므로 문자의 발전과정을 살피지 않고 단순히 오늘날 사용하고 있는 문자의 구조를 근거로 고문자를 추측한다거나, 글자만 보고 뜻을 마음대로 해석하는 것은 매우 위험한 일이다. 그리고 고대문자와 현재에 사용하고 있는 문자 사이에는 많은 뜻의 변화가 이루어져 왔기 때문에 반드시 주의를 기울여야 한다. 이런 관점으로 볼 때 전대(前代) 문자의 이해야말로 전대의 언어・문학・역사・예술 등 문화사 전반에 대한 총체적 이해와 직결된다고 할 수 있다. 또한 서예사적 측면으로 볼 때 문자의 역사가 서예사의 기원적 사실을 결정한다고 해도 과언이 아니다.

따라서 본 장에서는 전서・예서・해서・행서・초서에 이르기까지 각 서체에 대한 간사(簡史)와 특징에 대하여 살펴보고, 논서시의 내용을 서체별로 분류하여 검토해 보고자 한다.

1. 전 서

일반적으로 전서는 대전(大篆)과 소전(小篆)으로 구분된다. 넓은 의미의 대전이란 소전 이전의 자체를 가리킨다. 즉 갑골문(甲骨文)<도95>・금문(金文)<도96>・주문(籒文) 및 육국(六國)의 문자를 총칭한다. 좁은 의미의 대전이란 주문을 말한다. 특히 대전이란, 진시황(秦始皇) 때 주문에 의거하여 소전을 제정하면서 붙여진 이름이다. 따라서 소전 이전을 대전으로 통칭할 수 있다. 현재 대전의 대표적인 유물로는 「석고문(石鼓文)」<도97>을 들 수 있다. '석고문'이란, 10개의 북처럼 생긴 석괴(石塊)의 윗면에

<도95>

<도96>

<도97>

고문자가 새겨져 있어 붙은 이름이며, 발견된 석각(石刻) 중 가장 오래된 자료이다. 정확한 연대는 알 수 없으나 주(周)나라 때 만들어졌다는 설이 지배적이다. 「석고문」은 자형으로 볼 때 갑골문이나 금문 등의 고문과는 상이함을 엿볼 수 있다.

소전은 대전을 생개(省改)한 자체로서 진전(秦篆)이라고도 한다. 소전은 진시황(BC. 221～206) 때에 그 이전까지 사용되었던 번잡한 글씨, 즉 대전을 진(秦)의 이사(李斯)[BC. 280～208] 등에게 명령하여 만들게 한 자체이다. 후한(後漢) 때 허신(許愼)은 『설문해자(說文解字)』의 서(敍)에서 다음과 같이 말했다.

칠국(七國)으로 나누어지게 되었는데 …(중략)… 언어는 소리가 다르고 문자는 형체가 달랐다. 진의 시황제가 처음 천하를 통일한 뒤에 승상(丞相)이었던 이사(李斯)는 문자를 통일하고자 아뢰어 진(秦)나라 문자와 일치하지 않는 것을 모두 쓰지 못하게 하였다. 그리하여 이사(李斯)는 『창힐편(倉頡篇)』을, 중거부령(中車府令)인 조고(趙高)는 『원력편(爰歷篇)』을, 태사령(大史令)인 호무경(胡毋敬)은 『박학편(博學篇)』을 만들었다. 이들은 모두 사주(史籀)의 대전을 근거로 취하되 많은 부분을 생략하고 고쳤으니 이른바 소전이라 부른다.[273)]

진(秦)나라는 비록 15년의 역사에 불과하나 '서동문자운동(書同文字運動)'은 중국 문자사에서 매우 중요한 의미를 지니고 있다. 위에서 인용된 바와 같이 '생(省)'이란 번잡한 자형을 단순한 자형으로 감생(減省)하였다는 뜻이고, '개(改)'란 괴기(怪奇)한 자형을 고쳤다는 뜻이다. 요컨대 대전은 고문을 고친 것이며, 소전은 다시 고문이나 대전을 고쳤다는 데에서 문자통일의 방법을 유추할 수 있다. 그렇다고 소전이 꼭 고문이나 대전보다 자형이 단순한 것은 아니다. 한자의 자형은 비교적 복잡한 것에서 단순한 형태로 변했지만, 반대의 현상도 있어 반드시 한자 자체(字體)의 번간(繁簡)으로써 대전과 소전의 차이를 설명할 수는 없다.

우리가 유념해야 할 사항은 진 시황 때의 소전이 비록 진나라 주문(籀文)의 기초 위에서 제정된 것이기는 하나, 전국시기(戰國時期)의 육국문자(六國文字)와도 일맥상통한 점이 있다는 사실이다. 진(秦)의 주문(籀文)과 춘추·전국시기의 동토고문(東土古文)은 모두 상(商)의 갑골문자, 상주(商周)

273) 許愼, 段玉裁 撰, 『說文解字注』, 漢京文化事業有限公司印行, 1983, pp. 757~758. "分爲七國 …(中略)… 言語異聲, 文字異形. 秦始皇帝初兼天下, 丞相李斯乃奏同之, 罷其不與秦文合字. 斯作倉詰篇, 中車府令趙高作爰歷篇, 大史令胡毋敬作博學篇. 皆取史籀大篆, 或頗省改, 所謂小篆者也."

의 금문에서 발전하여 이루어진 것이다. 그들의 자형구조가 비록 다르긴 하지만 따지고 보면 동일체계에 속하는 것이다.[274] 그들은 문자발전을 표준화의 극치로 추진하였지만, 사물이 극에 이르면 반드시 반동현상이 나타난다는 원리를 감안한다면, 이러한 표준화의 극치는 반드시 다음의 전변(轉變)을 예시한다고 하겠다.

진대(秦代)의 소전을 보여주는 유물은 적지만, 시황(始皇)이 천하를 통일한 후 각 지역을 순행하면서 세운 송덕비가 있다. 이것이 육석(六石), 이를테면 「역산(嶧山)」·「태산(泰山)」<도98>·「낭야대(瑯邪台)」<도99>·「지부(之罘)」·「갈석(碣石)」·「회계각석(會稽刻石)」이다. 그러나 아쉽게도 대부분 유전되지 않고 현재 몇 점의 잔석(殘石)이 남아 있을 뿐이다. 그러나 『설문해자』에 9353자에 달하는 소전의 글자가 수록되어 있으므로 자형의 연구에는 다행이 아닐 수 없다.

소전은 그 형체가 고르고 둥글며 용필은 마치 솜 안에 철선(鐵線)이 들어 있는 것과 같다. 행필(行筆)은 봄의 누에가 고치실을 토하듯 하며, 방필(方筆)보다는 원필(圓筆)을 따랐다. 그리고 소전은 상당히 규범적이어서 편방의 부수가 일정하게 쓰이는 법이 많고, 필획이 완곡하면서 평평하여 곧은 단선(單線)이 많으며, 조세(粗細)가 기본적으로 불변하는 것이 특징이다. 또한 용필이 비교적 둥글고 천연스러우며 필획사이의 공간은 매우 고르며 자형이 좁고 길다. 그리고 글자의 상반부는 빽빽하고 하반부는 쭉 펴져서 시원하면서 굳건한 미감을 불러일으킨다.

한편 박상(朴詳)은 봉암사(鳳巖寺)에 있었던 최치원의 글씨인 「지증화상비명(智證和尙碑銘)」을 보고 "비의 전서가 희미하니 고비를 찾음이 늦었구

274) 陸宗達, 金槿 譯, 『說文解字通論』, 啓明大學校出版部, 1994, p. 49.

<도98>

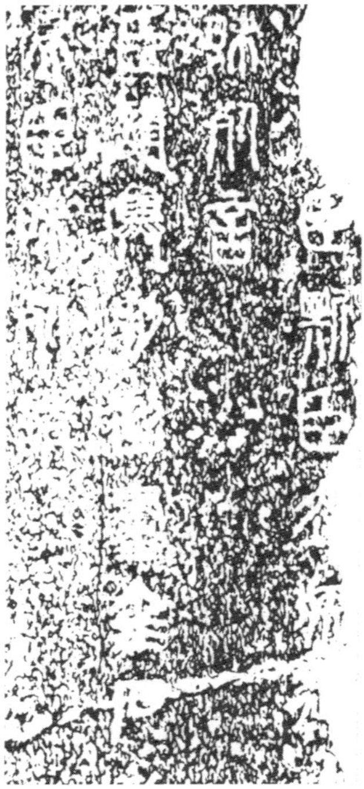

<도99>

나."[비전희미방고지(碑篆熹微訪古遲)]275)라고 하였다. 이러한 사실은 통일신라 때 이미 전서가 비액(碑額)이나 중요한 곳의 제자(題字)로 사용되었음을 알게 한다. 현존하는 경남 하동의 「쌍계사진감선사탑비(雙谿寺眞鑑禪師塔碑)」의 비액에도 최치원의 전서가 생생하게 남아 있다. 또 조선후기 강세황은 충전(蟲篆)·조전(鳥篆)의 형상과, 당의 이양빙(李陽氷)이 진(秦)나라 이사(李斯)의 필법을 터득하여 가장 예스러운 필의가 있다고 극찬하였다. 강세황은 「영포검용당인운(咏蒲劒用唐人韻)」에서 "세상에는 충전(蟲篆)

275) 朴祥, 「題鳳巖寺」, 『訥齋集』, 1988, p. 4.

이 온통 어지럽지만 / 짧은 시간에 천자를 쓰는 것은 오직 그대 뿐."[세간충전총분운(世間蟲篆摠紛紜), 경각천언독유군(頃刻千言獨有君).][276]이라고 하여 이양빙을 전서의 정통으로 여겼다. 현존하는 그의 전서 작품은 이양빙의 필의와 매우 흡사하다. 그리고 조선후기의 성대중(成大中)은 이한진(李漢鎭)의 과두전(蝌蚪篆)을 보고 "과두서가 지금에서야 특별히 지어졌네." [과두우금견특재(蝌蚪于今見特裁)][277]라고 하였다. 과두서는 올챙이의 형상으로 쓴 전서체인데 춘추·전국시대부터 내려오던 서체의 일종이다. 이 서체는 일상적으로 쓰인 것이 아니라 주로 특수한 목적으로 쓰여 졌다.

이상에서 전서에 대한 사적(史的)인 약술과 논서시에서 나타난 전서관에 대해 간략하게 검토해 보았다. 그 결과 우리나라 선조들은 삼국시대부터 이사(李斯)를 전형으로 하는 전서와, 이사의 필의를 터득한 이양빙(李陽氷)의 전서와, 특수 목적으로 쓰였던 조충전(鳥蟲篆) 등 다양한 유형의 전서를 사용하고 있었음을 알 수 있다.

2. 예 서

예서는 진예(秦隸)<도100>와 한예(漢隸)<도101>로 크게 구분할 수 있다. 진대(秦代)에 주로 사용된 예서를 '진예(秦隸)' 또는 '고예(古隸)'라 한다. 또 소전의 보조역할을 하는 서체라고 하여 '좌예(左書)' 혹은 '좌예(佐書)'라고도 부른다.

---

276) 姜世晃, 「咏蒲劒用唐人韻」(其四), 『豹菴遺稿』, p. 68.

277) 成大中, 「李叔典入洞陰過京山. 見其梅下畫篆 眉髮然. 宛是神仙中人. 聞之欣然. 徑賦示京山.」, 『靑成集』, p. 415.

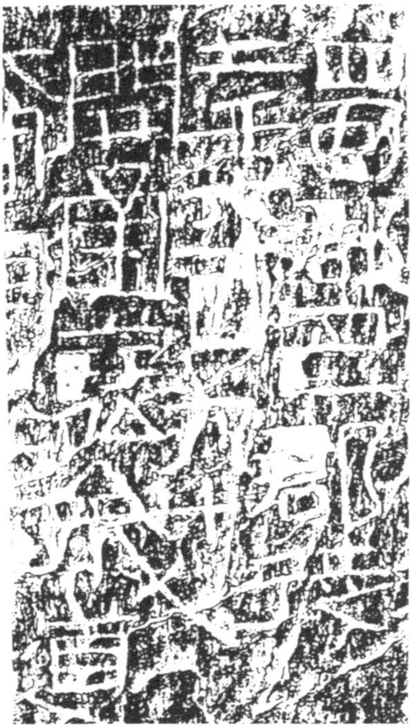

<도100>

<도101>

서진(西晉)의 위항(衛恒: 252～291)은 「사체서세(四體書勢)」에서 "진나라 때 이미 전서를 사용하였는데 천자(天子)에게 아뢰는 일들이 번다(繁多)하여 전서로는 감당하기 어렵게 되었다. 이에 하급관리인 예인(隸人)들을 시켜 전서의 복잡한 필법을 간편하게 하여 그 부족한 바를 돕게 하였으니, 그 간소화된 글자가 바로 예서이다."[278]라고 하였다. 또 당의 장회관은 「서단」에서 "예서란 진나라 때 하규인(下邽人) 정막(程邈)이 만든 것이다."[279]라고

278) 衛恒, 「四體書勢」, 『歷代書法論文選』, p. 14. "秦旣用篆, 奏事繁多, 篆字難成, 卽令隸人佐書, 曰隸字."

279) 張懷瓘, 「書斷」, 『歷代書法論文選』, p. 147. "隸書者, 秦下邽人程邈所造也."

하였다. 진나라의 정막은 죄수를 다루는 옥리(獄吏)로서 대전을 잘 썼고, 문자에 대해서도 조예가 깊었다. 그는 당시 감옥의 공문서가 너무 많았고, 전서의 결구가 번잡하여 쓰기에 불편하였으므로 이를 감당할 수가 없었다. 이에 그는 대·소전의 필획과 결구를 간소화하여 그 복잡함을 없애고 전서의 원필을 방필로 고쳐서 쓰기에 편리하게 하여 예서를 창안했다고 전해진다. 그러나 하나의 서체를 어느 개인이 창작해 내었다고 보기는 어렵다. 그러므로 예서도 정막의 소작(所作)이라기보다는 여러 층의 관원들이 공동으로 창안한 결과이거나, 정막이 정리 작업에 참가했던 대표적인 한 사람으로 보는 견해가 타당하리라 본다.

예서는 전서에 이어서 이루어진 자체이다. 전서가 너무 번잡하여 그것을 간략하고 민첩하게 쓰려는 의도 때문에 '전지첩야(篆之捷也)'라고 일컫는 것이다. 예서는 전국시대 진나라 전서의 속체(俗體)와 간체(簡體)가 발전하여 만들어진 것이다. 예서는 전국시대 말기에 진나라에서 이미 일부가 형성되었다. 예컨대 1970년대 호북성(胡北省) 운몽현(雲夢縣)의 수호지(睡虎地)에서 출토된 진간(秦簡)은 예서의 초기적인 형태라고 할 수 있다. 이 죽간(竹簡)은 진나라가 통일되기 전후의 것이다. 고예(古隷)의 특징은 파책(波磔)과 도법(挑法)이 없으며, 소전의 원필이 방필로 변하였고, 세로의 장방형에서 가로의 편방형으로 자형이 바뀌었다.

예서의 출현은 결국 고문자(古文字)와 금문자(今文字)의 분계선(分界線)을 확연하게 가늠하여 주면서 동시에 금문자(今文字)를 개단(開端)하게 하였다. 이런 과정에서 예서의 발생은 위로 선진(先秦)의 전서를 계승하면서 아래로 위진(魏晉)의 해서·행서·초서를 열어주고 있다. 이런 이유에서 예서의 형성은 중국 문자사에 있어서 지대한 전환점이 되었다고 할 수 있다.[280)]

한예(漢隸)는 동한(東漢)의 예서로 분예(分隸)·금예(今隸)라고도 한다. 이것은 고예(古隸)로부터 변화한 것으로 단지 필세에 약간의 분별이 있을 뿐, 결구 상에는 진예(秦隸)와 큰 차이가 없다. 한예(漢隸)의 자형이 진예(秦隸)와 다른 것은 파책(波磔)과 도법(挑法)을 갖추고 있다는 점이다. 예서는 전한(前漢)에서 이미 통용문자가 되었지만 후한(後漢)에 와서야 비로소 크게 유행하였다. 예서의 필법은 필획에 삐치는 파책(波磔)의 필법을 가함으로써 제필(提筆)·안필(按筆)·돈필(頓筆)·좌필(挫筆)의 변화가 있다. 대략 동한(東漢) 이전에 사용한 예서를 고예(古隸)라 하고, 동한(東漢) 시대에 사용된 예서를 분예(分隸)라 한다. 그 사용범위로 볼 때 고예(古隸)가 3이라면, 분예(分隸)는 7의 위치에 해당한다. 진·당 이래의 예서는 주로 분예(分隸)이다.

후한(後漢)은 중국서예사상 지극히 중요한 시대였다. 장기간의 고문자 시대에서 점차 근대문자시대로 전이(轉移)된 일대 전환기였다. 예서는 고문자를 가장 많이 변화시켰으므로, 고문자의 본 모습을 찾아보기란 쉽지 않다. 아울러 예서는 근대문자인 해서·행서·초서를 생산하였다. 그리고 후한말기의 석각에서 볼 수 있는 각양각색의 미적표현은 아마 서예의 극치에 근사하다고 할 수 있다.

조선후기의 신위는 「양군석문송(楊君石門頌)」을 칭송하면서 "석문의 마애에 대필로 칭송하니 / 필의가 「장천비(張遷碑)」와 「노준비(魯峻碑)」의 사이에 있구나."[석문대필마애송(石門大筆磨崖頌), 의재장천노준간(意在張遷魯峻間).][281]라고 품평했다. 이 「석문송」은 동한의 대표적인 예서 가운데 하나로, 필의가 「장천비」와 「노준비」 사이에 있다고 신위는 평가했다.

280) 宋河璟, 「友山의 書藝散策」, 『月刊書藝』, 美術文化院, 1992, p. 82.

281) 申緯, 「楊君石門頌」, 『警修堂全藁』, p. 556.

이 비의 풍격은 웅장하고 자연미가 어우러진 훌륭한 예서 작품이다. 또 신위는 김정희가 '문소각(聞韶閣)'의 벽에 분예(分隸)로 쓴 14글자를 보면서 "추사가 분예서로 쓴 것을 평가하면 / 진한 퇴묵과 같은 농국으로 이루어졌네."[평량추사도분예(評量秋史到分隸), 긍근농퇴묵소성(肯堇濃堆墨所成).][282]라고 하면서 김정희의 예서를 높이 평가하였다. 그런데 시간이 흐른 뒤에 다시 가보니 누군가 네 글자를 오려갔기에 한탄하는 모습을 그리고 있다. 김정희는 예서를 서법의 조가(祖家)로 여겼기 때문에 특히 우수한 예서 글씨가 많다. 그리고 김정희는 「한와당(漢瓦當)」에서 보기 어려운 서한(西漢)의 고예(古隸)를 고증하면서 "천추만세의 무궁한 꾀는 / 여전히 곱게 먹이 구름을 토해내듯 하구나."[천추만세무궁계(千秋萬歲無窮計), 상견태태묵토운(尙見態態墨吐雲).][283]라고 읊조렸다. 이 와당은 고예(古隸)로 쓰인 것인데, 고예는 분예와 달라서 유전되는 것이 많지 않다. 김정희는 예서 중에서 고예를 애호했으며, 지금까지도 고예의 작품이 많이 유전되고 있다.

이상에서 예서에 대한 개괄과 논서시에 나타난 선조들의 예서관에 대해 살펴보았다. 우리나라 서가들은 서한(西漢)의 고예(古隸)와 동한(東漢)의 분예(分隸)를 함께 사용해 왔다. 더구나 김정희는 글씨에서 예서를 가장 중요하게 여겼다. 따라서 우리는 논서시를 통해 당시 서가들이 인식한 예서에 대한 견해와 중요성을 확인할 수 있다.

282) 上揭書, 「金秋史隸書米句, '三峽江聲流筆底, 六朝帆影落樽前' 十四字, 黏在聞韶閣壁. 僕於昨秋, 遷居碧梧軒, 今日再到閣中, 六朝帆影四字, 被誰人忙去. 以詩存之」 p. 112.

283) 金正喜, 「漢瓦當」, 『阮堂全集』, p. 188.

3. 해 서

해서체는 엄밀히 언제, 누가 만들었는지 확정하기 어렵다. 현재에 볼 수 있는 가장 이른 해서는 위(魏)나라 때 종요(鍾繇)의 몇 개 법첩이다. 해서는 예서로부터 필세가 약간 변한 것이다. 예서가 얼마 동안 통용되다가, 해서가 출현하면서 서사에 편이(便易)한 표준적인 통용문자로 인정받게 되었다. 문자의 발전과정 중에 예서가 점점 정체(正體)로 성숙하고 있는 동안에 예서의 초체(草體)도 동시에 점진적인 성장을 하고 있었다. 예서의 초체(草體)는 파책(波磔)을 편리하도록 쓰면서 결국 이것을 기초로 하여 점차 고정화되는 정체(正體)의 모습을 나타내었고 이에 해서가 정형화되었던 것이다.[284)]

북위해서(北魏楷書)는 대략 기원 500년 전후의 북위 당시에 유행했던 서체이다. 이것은 예서에서 해서로 넘어가는 과도기적 서체이다. 북조(北朝)의 서예는 오늘날에 충분한 자료의 혜택을 주고 있다. 더욱이 그 발견된 자료의 대부분은 청 왕조의 중기 이후 즉 18세기 후반 경부터 연차적으로 발견된 것들이다. 따라서 북조의 서예는 18세기 후반 이후가 되어서야 비로소 연구가 본격적으로 진행되었다. 그 풍부한 자료는 비(碑)<도102> · 마애(磨崖)<도103> · 조상기(造像記)<도104> · 묘지명(墓誌銘)<도105> 및 육필(肉筆)로 된 사경(寫經) 등이 있다.

북위해서의 예술성에 대하여 전대의 사람들은 매우 높이 평가를 하였다. 청대의 포세신(包世臣: 1775~1855)은 『예주쌍집(藝舟雙楫)』에서 "북조 사람들의 글씨는 낙필(落筆)이 날카롭고 결체는 장화(莊和)하며, 행묵(行墨)

284) 郭紹虞, 「書藝的인 側面에서 본 字體의 演變」, 郭魯鳳 選譯, 『中國書藝論文選』, 東文選, 1996, p. 169.

<도102>

<도103>

<도104>

<도105>

은 껄끄럽고 필세는 호탕(豪宕)하다."[285]라고 했다. 그리고 청대의 강유위(康有爲: 1858~1927)는 『광예주쌍집(廣藝舟雙楫)』에서 다음과 같이 말했다.

> 골육(骨肉)이 날카롭고 호탕(豪宕)하며 졸후(拙厚)한 가운데 이태(異態)가 있다. 남북조 서예의 특징을 '십미(十美)' 즉 "형체가 웅강(雄强)하며 기상이 혼목(渾穆)하다. 필법이 솟구치고 점획이 준후(峻厚)하다. 의태(意態)는 기이(奇異)하고 빼어나며 정신(精神)은 비동(飛動)하다. 흥취(興趣)는 족하고 골법(骨法)은 통달(洞達)하다. 결구는 자연적이고 혈육(血肉)은 풍미(豊美)하다."[286]

서체의 변천사로 말하자면 북위해서는 당나라 해서의 형성에 견실한 기초를 제공하였다.

수(隋)에서 초당(初唐)에 걸친 시대는 중국서예사상 황금시대였다. 현재 서적이나 문건 상에 통행되는 정자체(正字體)를 해서(楷書)·진서(眞書)·정서(正書)라 한다. 본래 해서(楷書)의 '해(楷)'자는 법식(法式), 모범(模範)의 뜻이 있다. 그러므로 해서는 법식을 갖추어 쓴 모범적인 글자라는 뜻이다.

해서의 특징은 예서의 파획(波劃)이 변하고 점(點)·탁(啄)·도(挑)·적(趯)을 더한 것이다. 해서는 행서나 초서와 비교해 보면 그 필획의 형태가 평온(平穩)·단정(端正)하고, 결구의 배합은 균형이 잡히어 있으며, 장법의 형식도 명확하고 정연한 것이 특징이다. 그러나 행서나 초서에 비하여 필획의 형태에 변화가 많거나 체세가 활발하지 못하다. 당해서(唐楷書)는

---

285) 包世臣, 『藝舟雙楫』, 臺灣商務印書館, 1986, p. 30. "北朝人書, 落筆峻而結體莊和, 行墨澁而取勢排宕."

286) 康有爲 撰, 『廣藝舟雙楫』, 臺灣商務印書館, 1986, p. 67. "一曰魄力雄强, 二曰氣象渾穆, 三曰筆法跳越, 四曰點劃峻厚, 五曰意態奇逸, 六曰精神飛動, 七曰興趣酣足, 八曰骨法洞達, 九曰結構天成, 十曰血肉豊美."

수대(隋代)의 계통을 받은 당인(唐人)의 서체로 위(魏)·진(晉)에서 많이 취하고 종요(鍾繇), 왕희지를 추적하여 새로운 돌파구를 마련한 것이다. 어떤 것은 온준(穩俊)한 가운데 험절(險絶)함을, 어떤 것은 온건(穩健)한 가운데 혼후(渾厚)함을 구하였다. 그리고 어떤 것은 균제 속에서 우뚝 빼어난 것을, 또 어떤 것은 엄격함 속에서 응집된 것을 추구한다. 그리하여 당나라의 서예가들은 제각기 새로운 서풍을 이루었다.

수대(隋代)에는 이미 뛰어난 해서의 비(碑)·묘지명(墓誌銘) 등이 있었다. 당대(唐代)에 이르러서는 해서의 극치라고 일컬어지는 구양순의 「구성궁예천명(九成宮醴泉銘)」<도106> 등이 있고 우세남(虞世南: 558~638)<도107>, 저수량(褚遂良: 596~658 혹 659)<도108>의 출현으로 해서는 분간포백(分間布白)에 의한 풍부한 서체의 완성을 보았다. 특히 성당시(盛唐時)에는 안진경<도109>이 나타나 새롭고 독창적인 서풍을 창안하였다. 따라서 해서는 당대에 완성되었다고 할 수 있다. 하지만 서체의 완성이 서예 표현의 종결을 의미하지는 않는다. 서체의 완성 이후에도 개인 풍격의 인소(因素)가 서예의 발전을 지속시켰다.

고려시대 이인복(李仁復)은 "팔법이 이미 고르니 진정으로 서체를 얻었다."[팔법기균진득체(八法旣均眞得體)][287]라고 하면서 공민왕의 해서를 높이 평가하였다. 또 차천로(車天輅)는 한호(韓濩)의 글씨에 대하여 "그대의 잘 닦여진 절필로 많이 천명하였다."[다군절필천수능(多君絶筆擅修能)][288]라고 했다. 한호는 사자관으로 국·내외의 문서작성을 독차지하였고, 41세 때 왕명으로 「해서천자문(楷書千字文)」을 썼으며, 많은 '신도비(神道碑)'의 글씨를 썼다. 그의 출현으로 조선시대의 서단은 당연히 '석봉체'가 유

287) 徐居正 編, 『東文選』, p. 294.

288) 車天輅, 「送石峯赴加平郡」, 『五山集』, p. 399.

<도106>

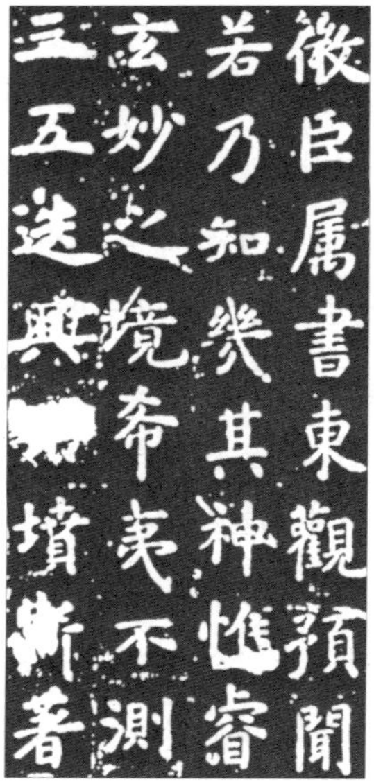

<도107>

<도108>

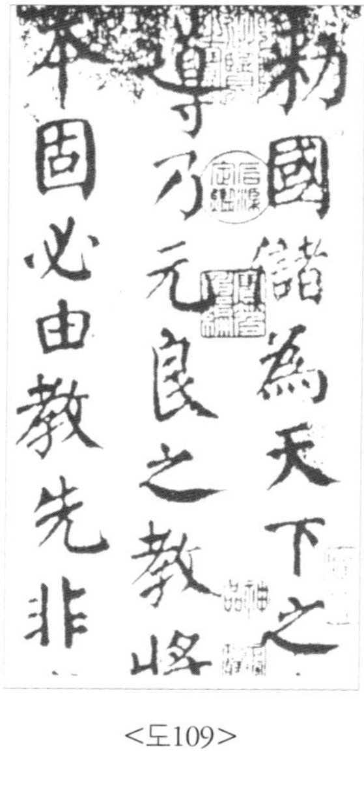

<도109>

행하였으며 오늘에까지 추앙받고 있다. 그리고 신위는 "『황정경』은 왕희지 글씨의 극치이다."[산음극칙황정자(山陰極則黃庭字)][289]라고 하여 「황정경」을 왕희지 해서의 극치로 보았다. 이 글씨는 재주에 의한 것이 아니라, 자연스럽게 타고난 자질의 법으로 쓰인 것이라고 하였다. 그는 「황정경」의 풍격을 '담고허화(淡古虛和)'로 품평하면서 해서의 전형으로 인식하였다.

이상으로 해서체의 간사(簡史)와 한국서가들의 해서에 대한 인식을 살펴보았다. 한국의 해서는 중국의 왕희지, 구양순 등의 서풍을 근간으로 하면서, 우리 정서에 알맞은 풍격으로 형성시켜 나갔다. 그 대체적인 경향은 최치원(崔致遠)을 비롯하여 이용(李瑢), 석봉체(石峯體), 동국진체(東國眞體), 추사체(秋史體)로 이어지면서 정착되었다. 해서체는 실용적 측면에서 사용빈도가 가장 큰 만큼 비(碑)·첩(帖)·사경(寫經)·서책(書冊) 등에 많이 남아 있다.

4. 행 서

행서는 해서를 기초로 하여 빠르고 간략하게 쓴 서체로 '행압서(行狎書)'라고도 한다. 행서는 초서용필의 방종성(放縱性)을 가지며 해서용필의 근엄성(謹嚴性)을 깨뜨려 형성된 이른바 해법(楷法)과 초법(草法)의 융합서체라 할 수 있다. 그리고 해서의 필법이 많이 가미된 것을 '행해서(行楷書)'라 하고, 초서의 필법을 많이 수용한 것을 '행초서(行草書)'라 부른다. 장회관은 「서단」에서 "행서는 후한(後漢)의 영천인(潁川人) 유덕승(劉德昇)이 정서

289) 申緯, 「右軍黃庭經」, 『警修堂全藁』, p. 546.

(正書)를 조금 변형시켜 만들었다. 간이(簡易)함을 따르는 데 힘썼고 필획이 서로 연결되어 흘러감으로 행서라 한다."[290]라고 했다. 그리고 소식은 세 가지 서체의 관계를 "진서는 행서를 낳고, 행서는 초서를 낳으며, 진서는 서있는 것 같고, 행서는 걸어가는 것 같으며, 초서는 달리는 것 같으니, 가지도 서지도 못하면서 달릴 수 있는 자는 있지 않다."[291]라고 하였다.

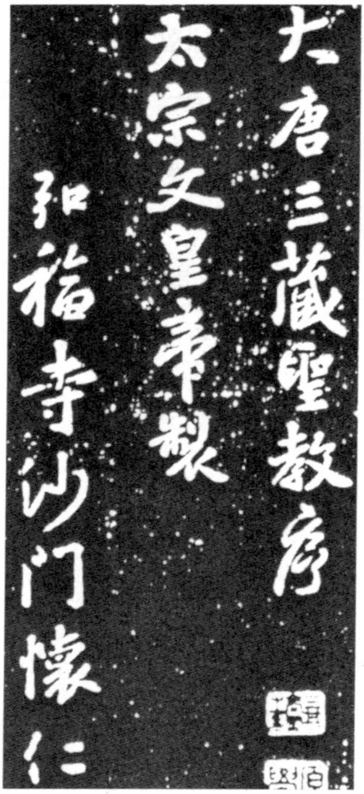

<도110>

행서는 후한(後漢)의 항(恒)·영제(靈帝) 때 영천인(穎川人) 유덕승(劉德昇)이 만들었다고 하나 지금에 유전되는 서적(書迹)이 없다. 또한 종요(鍾繇)가 행압서(行押書)를 잘 썼다고 전해지는데, 역시 유적이 없다. 행서는 대략 동한말기(東漢末期)에 생성되었고, 위(魏)·진(晉)의 시대에 성숙했으며 현대에 이르기까지 수천 년의 역사를 지니고 있다. 역대 대부분의 훌륭한 서가들은 행서에 매우 조예가 깊었다. 특히 동진의 왕희지, 왕헌지 부자에 의해서 해서·행서·초서는 한 시기를 구획했을 뿐만 아니라, 후대에까지 미에 대한 표준의 전형이 될 만큼 확고한 자리를 굳히고 있다. 왕희지는 「난정서(蘭亭敍)」의 묵적(墨

290) 張懷瓘, 「書斷」, 『草書通論』, 中國文化大學出版部, 1983, p. 149. "行書者, 後漢穎川劉德昇所造也, 卽正書之小僞. 務從簡易, 相間流行, 故謂之行書."

291) 蘇軾, 「書唐氏六家書後」, 『蘇軾文集』卷69, p. 2303. "眞生行, 行生草, 眞如立, 行如行, 草如走, 未有未能行立而能走者也."

迹)으로 득의(得意)하였는데, 이것은 사람들로 하여금 '천하제일행서(天下第一行書)'로 추앙받고 있으며, 「집자성교서(集字聖敎序)」<도110>는 행서의 전형이라고도 불린다. 서성인 왕희지의 공헌은 행서를 창도(唱導)하여 필획을 풍부하게 변화시켰으며, 순수한 감상의 기풍을 확립했다는 데 있다. 즉 고법의 증손(增損)을 통해 신법(新法)을 창조했다는 점에서 그 근거를 찾을 수 있다.

그 후 당대(唐代)에는 우세남(虞世南), 구양순(歐陽詢), 저수량(褚遂良), 이옹(李邕: 678~747), 안진경(顔眞卿) 등이 행서에 뛰어났고, 송대(宋代)의 소식(蘇軾), 황정견(黃庭堅), 미불(米芾), 채양(蔡襄) 등 이루 다 열거할 수 없다. 이 중에 '아성(亞聖)'이라 불리어지는 안진경은 새로운 서풍을 창출하였다. 그의 대표적인 행서로는 '삼고(三稿)'가 있는데, 그 중 「제질문고(祭姪文稿)」<도111>는 '천하제이행서(天下第二行書)'라고 일컬어진다. 행서는 해서와 초서 사이에서 신축성이 크고 형체의 변화도 다양하다. 행서는 해서와 초서의 체세를 받아서 필법을 운용한다. 즉 기필(起筆)은 해서같이, 운필(運筆)은 초서처럼 쓴다. 그리고 주필(主筆)은 침착(沈着)하며, 이어지는 필획은 경세(輕細)하여 부(俯)·앙(仰)·기(攲)·측(正)의 여러 가지 생동하는 자태를 이루고 있다. 행서는 초법을 운용하고 해서의 결구를 변화시킨 것이다.

행서의 용필은 비교적 자유롭고, 결체는 해서에 비하여 유동적이다. 게다가 해서의 어떤 필획을 생략하였으며, 초서 필획의 영활함과 생동하는 미감을 가미했다. 또한 행서는 농섬간출(穠纖間出)하고 영대안아(映帶安雅)하며, 수미(首尾)가 상응하고 혈맥이 서로 연결되어야 한다. 때때로 글자가 이어지지 않더라도 기맥이 상통하여야 하는데, 즉 "필획은 끊어져도 필의는 연결된다."[필단이의연(筆斷而意連)]는 것을 뜻한다. 행서의 조형원리는 부조화 속에서 조화를 이루는 것으로, 그 각도나 용필에 일정한 규율

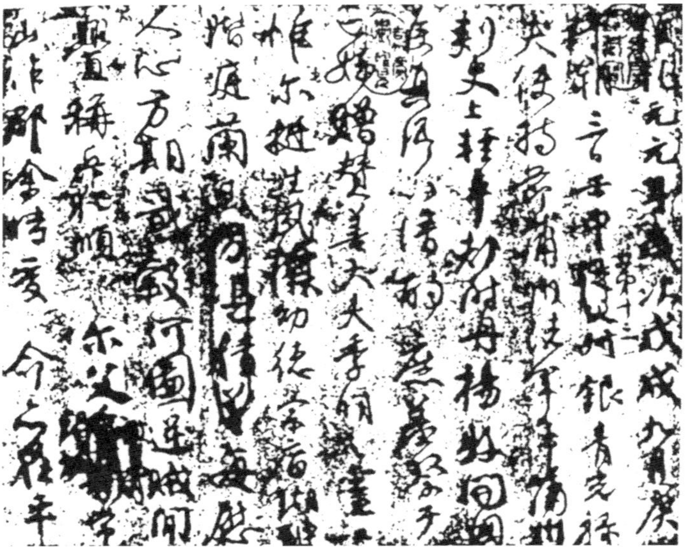

<도111>

이 없어 종횡무진으로 변화하는 것이 특징이다.

행서를 쓸 때 마땅히 주의할 점은 첫째, 단순히 형임(形臨)에만 치우치지 말고 자세히 살펴서 필의를 파악해야 한다. 둘째, 너무 태방(太放)하게 하지 말고 자연스럽고 온건(穩健)해야 한다. 셋째, 임필(任筆)로 형(形)을 이루지 말고 마음속에 법도가 있어야 한다. 넷째, 필획과 결구가 다변(多變)해야 한다.

따라서 행서는 실용가치와 예술효과로 인하여 다른 서체에 비하여 우세한 지위를 차지하고 있다. 예컨대 행서의 실용성으로는 정(正)·속(速)·미(美)의 조건을 겸하고 있으며, 예술성으로는 동적이면서 변화가 많으므로 서예의 표현소재로 적당하다고 하겠다. 이 때문에 행서가 창제된 이후 지금에 이르기까지 사회적으로 수요가 매우 클 뿐만 아니라, 많은 사람들로 하여금 예술성을 충분히 인정받고 있다.

조선중기 차천로(車天輅)는 김생의 행서 글씨로 집자된 「낭공대사백월서운탑비명(郎空大師白月棲雲塔碑銘)」의 글씨를 보고 "신라에는 김생의 글씨요 / 진나라는 왕우군이라."[나대김생필(羅代金生筆), 진시왕우군(晉時王右軍).][292]라고 하였다. 또한 그의 글씨를, "글씨는 누운 호랑이와 도약하는 용과 같다."[와호도룡자(臥虎跳龍字)][293]라고 형용하였다. 이것은 김생의 글씨를 왕희지와 대등하게 생각하였던 것이다. 실제의 작품을 보면 왕희지의 「집자성교서」필의와 매우 흡사한 점을 발견할 수 있다. 이 두 사람은 중국과 한국의 '서성'이라는 공통점이 있다. 또 박홍기(朴弘美)는 왕희지 행서의 대표작인 「난정서」를 노래하면서 "먹에 취해 한 장에 300자를 쓰니 / 40인 가운데 홀로 공을 나타내었구나."[취묵일지삼백자(醉墨一紙三百字), 사십인중독영훈(四十人中獨榮勛).][294]라고 했다. 그리고 신위(申緯)는 이용(李瑢)의 행서를 "조맹부의 필법으로 쓴 성교서 / 멀리 4백년간 이런 사람 없구나."[구파완운회인집(鷗波腕運懷仁集), 광사백년무차인(曠四百年無此人).][295]라고 했다. 이용의 행서는 조맹부의 솜씨와 왕희지의 필의로 운필하여 마침내 독자적인 예술세계를 구축하였다. 이용의 글씨는 조선전기 서단에 지대한 역할을 하였으며, 이후까지 그의 영향이 지속되었다.

이상으로 행서에 대한 요약과 논서시를 통한 우리나라 문인들의 행서관에 대하여 검토해 보았다. 한국의 서가들은 왕희지의 행서를 주축으로

---

292) 車天輅, 『五山集』4冊, 附錄.

293) 上同.

294) 朴弘美, 『灌圃先生文集』, 木版本.

295) 申緯, 「覃溪又跋余所携安平大君絹本眞蹟曰, 此能以松雪手腕, 運聖教序筆意者, 眞確論也, 系以二絶句.」, 『警修堂全藁』, p. 20.

섭렵하였다. 다른 방면으로는 한국의 김생과 이용 및 여러 서가들의 행서를 다양하게 수용하여 독자적인 서풍을 창출하였다는 점을 짐작할 수 있다. 행서는 실용성과 예술성이 모두 풍부하여 여러 서체 가운데 가장 많이 애호하게 되었으며, 오늘에 이르기까지 사용빈도가 최고의 지위를 차지하고 있다.

5. 초 서

초서는 크게 세 가지로 분류할 수 있다. 예서의 필의가 가미된 '장초(章草)'<도112>와 의식적으로 감생(減省)된 '금초(今草)'<도113>와 서가의

<도112>

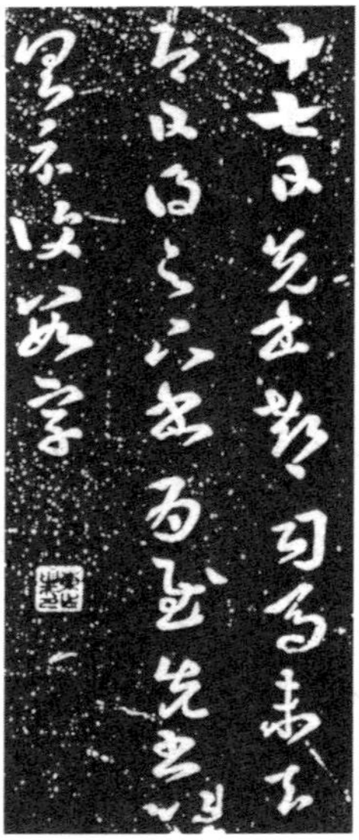

<도113>

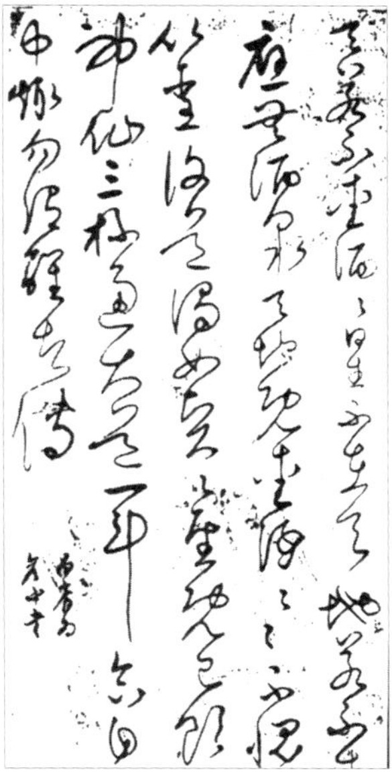

<도114>

임의대로 자형을 손익(損益)한 '광초(狂草)'<도114>가 있다.

장초는 금초와 자형이 비슷하나 주된 획이나 종필(終筆)에 파책(波磔)이 있는 것이 특징이다. 장초의 기원에 관해서는 견해가 분분하나, 진말(秦末)・한초(漢初)에 비롯되었다는 설이 주류를 이루고 있다. 초서가 쓰이게 된 동기는 대개 진나라 말경에 나라가 어지러워지자 제후들이 우두머리를 다투었는데, 편지나 격문(檄文)을 서로 보낼 때 전서나 예서로는 급히 쓰기가 어려웠으므로, 자연히 자체(字體)의 규구(規矩)를 지키지 않고 흘려 쓴 데에서 초서가 발생되었다. 그 변천과 발전의 방법은 예서체를 풀어서 간편하고 쓰기 쉬운 쪽으로 나아가게 한 것이다. 장초는 각 글자마다 필획 가운데 휘감아 이끄는 필법이 있다. 이것은 금초의 끊이지 않고 이어지는 필세의 기초가 되었다. 한대(漢代)의 저명한 초서가인 사유(史游), 최원(崔瑗: 77～142), 두조(杜操)는 모두 장초로 후세에 이름을 떨쳤고 장지(張芝), 황상(皇象), 삭정(索靖: 239～303) 등도 장초에 매우 뛰어난 서예가였다.

장초는 예서에서 나왔고 금초는 장초로부터 변화된 것이다. 보편적으로 초서라 하면 금초를 지칭하는 것이다. 한나라 말에 장지가 장초 가운데 남아있는 예서 획의 흔적을 없애버리고, 위・아래 글자 사이의 필세가 종종 연결되며 편방을 서로 빌려 쓸 수 있는 금초를 만들었다고 전해진다. 동진 이후부터 초서는 간독(簡牘)에 많이 사용되었다. 초서는 쓰기에 편리하고 일필(一筆)로 이루어지며 우연히 이어지지 않아도 기맥이 끊어지지 않는 특성이 있다. 그 연결되는 상황이나 분위기가 다른 행에도 관통된다.

초서는 가로 긋기도 하고 비스듬히 긋기도 하고, 굽기도 하고 바르기도 하며, 갈고리나 반지같이 이리저리 꼬불꼬불 엉기기도 한다. 심지어 쓰는 중에 천천히 쓰다가 급히 쓰고 문득 가다가 다시 거두어들이는 것은 필법의 변화에 일정한 규율이 없음을 보여주는 것이다. 또한 결구와 장법에 있어서도 모두 흐름을 위주로 하여 정분(情分)이 있는 듯하며, 작품전체에 기세가 관통하고 기운이 생동해야 예술적 효과를 달성할 수 있다.

금초가 장초보다 진보한 점은 첫째, 필획마다 연결되게 쓰여 졌고, 연결된 점이 하나의 획으로 바뀌었다. 둘째, 대표부호를 많이 사용하였으며 파책(波磔)을 생략하였다. 셋째, 하나의 형(形)이 여러 가지의 형태로 나타났다는 것이다.

당대(唐代)에 장욱과 회소와 같은 사람에 의하여 임의로 자형을 고쳐 쓰기 시작한 광초는 예술성을 띤 서예로 발전하게 되었다. 광초는 용필이 더욱 자유분방하여 어디에도 얽매이지 않는다. 그래서 마치 격렬한 번개가 세차게 치는 것 같고, 놀란 뱀이 풀 속으로 들어가는 듯하다. 광초의 특징으로는 크게 질속(疾速)과 기궤(奇詭)를 들 수 있다. 광초에서 추구하는 필세는 점과 선의 변화 속에 더욱 강렬한 리듬의 아름다운 감각을 갖추는 것이다. 그 결구(結構)와 포백(布白)은 어떠한 공간의 구애도 받지 않는다. 그래서 때로는 엉성하고 때로는 빽빽하며 기세가 성대하고 자태가 천변만화한다. 따라서 광초는 일상생활에서 실용성보다 예술성이 강하다고 할 수 있다.

종합적으로 살펴보면 초서는 빨리 쓸 수 있고, 예술적 정감이 풍부한 반면 난독(難讀)·난인(難認)·난기(難記)·난사(難寫)의 결점을 가지고 있다. 초서는 유사한 글자가 많으므로 오기(誤記)에 유념하여야 한다. 또한 중국에서는 한자간화자운동(漢字簡化字運動)이 시도되었는데, 그 가운데 일부는 초서체의 해서화(楷書化)가 주목되기도 한다.

조선전기의 서거정(徐居正)은 「초서행(草書行)」에서 김유(金紐)의 초서를 칭찬하면서 초서의 전반에 대한 내용을 함축적으로 기술하고 있다. 그는 먼저 역대 초서의 성인으로 동한(東漢)의 장지(張芝), 동진의 왕희지, 당의 장욱을 언급하였다. 그리고 김유(金紐)의 초서에 대하여 "필획이 초예(超詣)한 것이 매우 기이하네."[필획초예파기절(筆劃超詣頗奇絶)][296]라고 비평했다. 서거정은 김유의 초서를 동한의 최원(崔瑗)과 두도(杜度)보다는 아래이지만, 삼국의 위관(衛瓘)과 당의 회소와는 서로 경쟁할 만하다고 했다. 또 홍성민(洪聖民)은 황기로가 쓴 초서 병풍 글씨에 대하여 "묵지가 북명어를 몰아내었다."[묵지구출북명어(墨池驅出北溟魚)][297]라고 찬양했다. 우리나라에서 초성으로 일컬어지는 황기로의 초서는 자유분방하고 소탈한 풍격을 지니고 있다. 그리고 김정희는 박영자(朴榮滋)의 초서에 대하여 "가슴 속의 운연이며 붓 아래의 우뢰로다."[흉중운연필저뢰(胸中雲煙筆底雷)][298] 라고 평했다. 광초는 작가의 정감과 흥취를 필봉에 마음껏 기탁할 수 있는 장점을 가지고 있지만, 운필의 묘를 자유롭게 구사할 수 있는 이후에 비로소 가능한 것이다.

이상에서 초서에 대한 간략한 내용 파악과 더불어 논서시에 나타난 선조들의 초서관에 대하여 살펴보았다. 우리나라 서가들은 중국의 장지, 왕희지, 장욱 등의 초서를 섭렵한 이후, 점차 개성 있는 세계를 지향하였

296) 徐居正, 「草書行. 贈金子固」, 『四佳集』, pp. 134～135.

297) 洪聖民, 「黃孤山筆法屛風」, 『拙翁集』, p. 466.

298) 金正喜, 「示全詩祖朴榮滋」, 『阮堂全集』, p. 193.

다. 그렇지만 초서의 단점인 읽기 어렵고, 쓰기 어렵고, 기억하기 힘든 까닭으로 행서만큼 발전할 수 없었던 것도 사실이다. 초서는 인간의 정감을 가장 잘 표현하고 다양하게 변화할 수 있다는 점에서 다른 어떤 서체 이상으로 예술적인 강점을 지니고 있다.

한자의 자형변천은 수많은 시·공을 거치면서 상당한 문자 체계를 갖추게 되었다. 진(秦)나라 이전의 다양한 형태의 대전들은 '서동문자운동(書同文字運動)'의 일환으로 마침내 진대(秦代)에 와서 문자의 통일을 이루었다. 이것은 중국의 문자 발전사에 있어서 큰 전환점이었다. 이 전환은 진대(秦代)의 짧은 기간으로는 완성될 수 없었으며, 좀더 오랜 시간에 걸쳐 점진적으로 이루어졌다고 볼 수 있다.

그러나 관청의 업무가 복잡해지는 등 다양한 원인으로 인해 자연히 예서가 발생되었고, 이 예서는 마침내 한대(漢代)에 풍미하였다. 그리고 한대(漢代)에서 삼국(三國)·위(魏)·진(晉)을 거치면서 해서·행서·초서가 정립되었다. 한자의 자형변화는 갑골문에서 해서·행서·초서에 이르기까지 지속되어 왔다. 이 변화의 양상은 번(繁)에서 간(簡)으로, 완(緩)에서 급(急)으로, 단독에서 연속으로 크게 나눌 수 있다. 이 간화(簡化)야 말로 운용을 편리하게 할뿐만 아니라, 효능을 높이자는 인간의 자연스런 요구였을 것이다. 그러나 문자의 자체(字體)성립에 강력하게 국가권력이 작용한 사례도 있다. 예컨대 진시황제(秦始皇帝)가 소전을 제정하고, 당 나라 현종(玄宗)이 해서를, 중국 인민공화국 정부가 간화자(簡化字)를 제정한 점을 들 수 있다. 결과적으로 자형의 변천은 주로 한 사람이나 한 지역, 한 시대에 이루어진 것이 아니라, 자연발생적으로 생성·변화되어 왔음을 알 수 있다. 또한 자형을 연구함에 따라 문자의 의미 변화에 대한 연구도 자세할 수 있으며, 제각기 다른 자체의 특성을 살펴봄으로써 과거의 사정을 통찰하는 데도 도움이 되리라 생각된다.

한국의 논서시에서는 각 서체마다 단편적으로 언급하고 있다. 먼저 전서는 충전(蟲篆)과 조전(鳥篆)으로부터 이사(李斯)의 필의를 이어 받은 이양빙(李陽氷)의 소전과 이한진(李漢鎭)의 과두전(蝌蚪篆)에 대한 비평이 있었다. 예서는 「한와당(漢瓦當)」의 고예(古隸)와, 분예(分隸)인 「석문송(石門頌)」및 김정희의 예서를 칭송했다. 해서는 중국의 왕희지와 한국의 공민왕 및 한호에 대해 읊었다. 행서는 왕희지의 「난정서」·「집자성교서」와 김생과 이용의 글씨를 호평했다. 초서는 중국의 대가들을 비롯하여 한국의 김유, 황기로에 이르기까지 그 우수성을 깊이 있게 비평했다.

따라서 한국의 서가들은 어느 한 서체에 국한하여 쓰지 않고 시공에 따라 적절히 활용하였으며, 각 시대마다 역량 있는 서예가들이 배출되어 그 맥을 이어가고 있었다는 점을 이해할 수 있다.

Ⅴ. 논서시에 나타난 서예인식

한자문화권에서는 다양한 분야 가운데 시・문・서・화의 관계가 가장 밀접하다. 특히 문인・사대부의 계층에서 필수적으로 겸비해야 할 요소가 바로 시・문・서・화였다. 이러한 사고는 당의 왕유(王維)로부터 본격적으로 제기되었다. 왕유는 시의(詩意)와 서취(書趣)와 화경(畵境)을 상호감발(相互感發)하게 하는 것이 중요하다고 지적했다. 그리고 소식(蘇軾), 황정견(黃庭堅), 동기창(董其昌) 등이 그를 이어서 이러한 이론을 주창했다. 소식은 "다 쓴 붓이 산 같아도 진귀함에 만족할 수 없고 / 만 권의 책을 읽어야 비로소 정신이 통할 수 있다."[299]라고 설파했다. 황정견은 "글씨를 배울 때에는 모름지기 흉중에 도의(道義)가 있어야 하며, 또 성현(聖賢)과 철인(哲人)의 학문으로 넓혀야만 글씨가 귀하게 된다."[300]라고 피력했다. 이러한 논리는 도의(道義)와 시문(詩文)의 학식이 있어야 글씨에 속기가 없어진다는 견해이다. 이들은 서로의 분야에 영향을 주고받음으로써 장시간에 걸쳐 '시서화일체(詩書畵一切)'・'시서화삼절(詩書畵三絶)'・'시문서화동

299) 蘇軾,「柳氏二外甥求筆跡」,『蘇軾文集』, 詩集 卷11, 中華書局, 1999, p. 542. "退筆如山未足珍, 讀書萬卷始通神. 君家自有元和脚, 莫厭家鷄更問人."

300) 黃庭堅,「書贈卷後」,『黃庭堅全集』卷26, 四川大學出版社, 2001, p. 674. "學書須要胸中有道義, 又廣之以聖哲之學, 書乃可貴."

일법유(詩文書畵同一法乳)'란 의식으로 문인들에게 널리 영향을 미쳤다. 지금에 와서는 엄연히 분리된 하나의 분야이지만, 서로에게 장점을 주고받는 관계이며 인과상(因果上)으로 필연적 관계이다. 그 이론의 근거를 추적해 보면 많은 부분에서 사자(四者) 상호간의 연계성과 공통성을 찾을 수 있게 된다. 예컨대 사무사(思無邪)・문질빈빈(文質彬彬)・기운(氣韻)・자법(字法)・장법(章法)・편법(篇法)・품격론(品格論) 등은 시문미학에서, 서화동원(書畵同源)・서화용필동법(書畵用筆同法)・기운생동(氣韻生動)・골법용필(骨法用筆)・포치(布置)・여백(餘白) 등은 회화미학에서 수용 또는 원용하여 그 이론을 발전시켰다.

그러면 한국의 문인들이 시・문・서・화의 관계를 어떻게 인식하였는지 살펴보자. 먼저 고려의 이인복(李仁復)은 공민왕의 서・화・시권에 대하여 함께 비평하였고, 이색(李穡)은 '금기서화(琴碁書畵)'가 우리나라 풍속 중 '사예(四藝)'라고 하였다. 따라서 예술은 기술이 승화되어 나타나는 경지로 기(技)와 기(氣)가 동시에 작용하는 것이다. 이러한 예들은 고려 때 이미 시・서・화가 지식층의 실용과 교양 또는 보편적 예술로 인식되었다는 증거이다. 그리고 이광사(李匡師)는 「관순화첩(觀淳化帖)」에서 "다만 글자만 베꼈고 문장 공부는 못 했는데 / 고인이 깊이 삼간 것을 이에서 볼 수 있다."[단모기자미공문(但摹其字未攻文), 고인심신사위견(古人深愼斯爲見).][301]라고 하였다. 그는 다만 글자 쓰기에 급급하여 문장 공부에 소홀했는데, 고인의 깊고 신중함은 문장에서 나타난다고 강조하였다. 그는 글씨를 배우는 자는 재주와 학문, 근면과 독실함을 겸비하여야 이룰 수 있다고 했다. 또한 글자의 획이 심술(心術)에서 근원하고, 의치(意致)는 식량(識量)

301) 李匡師, 「觀淳化帖」, 『斗南集』, 奎章閣本, 古3428-347.

에서 생긴다고 하였다. 이러한 이광사의 서예관은 자획(字劃)과 의치(意致)가 심술(心術)과 식량(識量)으로부터 근원하는 것이기 때문에 시·문과 서예를 공유해야 한다는 뜻이다. 그리고 신위(申緯)는 이상적(李尙迪)의 시에 차운(次韻)하기를, "예림이 한번 변한 것 같으니 / 글씨의 정수도 참고해 논할 만하다."[예림동일변(藝林同一變), 구수합참론(句髓合參論).][302]라고 하여 글귀의 정수(精髓)도 함께 섞인다고 언급했다. 신위의 예술관은 "시·서·화의 정수는 두 가지가 아니다."[시서화수의무이(詩書畵髓宜無二)] 내지, "시·서·화의 정수는 같은 법에서 나온다."[시서화수동일법유(詩書畵髓同一法乳)]라는 것이다. 신위의 이러한 인식은 이론에 그친 것이 아니라 자신의 예술로 실천하고 승화시켰다.

한편 김정희는 서예관의 핵심을 '문자향'과 '서권기'로, 즉 문자에는 향기가 있어야 하고, 서권(書卷)에는 기운이 있어야 한다고 주장했다. 그리고 "서법과 시품과 그림의 정수는 동일한 묘경이다."[서법여시품화수동일묘경(書法與詩品畵髓同一妙境).]라고 하였다. 시·서·화 예술의 공통적 본질은 가시적 형상을 넘어서 불가시적(不可視的)인 정신적 경지를 추구하는 데 있다고 보았다. 그는 또 가슴속에 오천자가 있어야 하필(下筆)할 수 있다고 말했다. 또한 김정희는 정신과 흥회가 없으면 글자가 아름다워도 '자장(字匠)'이라 여겼으며, 가슴속에 청고고아(淸高古雅)한 뜻을 항상 지녀야 한다고 역설했다.

이와 같이 시·문·서·화는 결합과 분화를 거치면서 발전하여 왔다. 이들은 비록 예술영역이 상이하지만, 서로 밀접한 관계를 유지하고 있다는 점을 분명히 알았다. 역대의 유명한 서가들을 탐색해 보면 시·문·

---

302) 申緯, 「久不得藕船書, 書來云, 人日發余詩函, 吟成一詩, 卽次原韻疊爲三首.」, 『申緯全集』, p. 1403.

서・화에 조예가 깊은 인물들이 대부분이었다. 위대한 글씨의 예술은 풍부한 경험과 광활한 학식에 의하여 산출되어지는 것이다. 따라서 훌륭한 서가들은 경험의 세계를 더욱 넓고 깊게 탐색했을 뿐만 아니라, 다른 어느 서가들 보다 학문과 예술의 영역을 확장시켜 나갔다고 하겠다.

1. 정신과 형태

서예란, 글씨의 예술이다. 또한 서예는 문자를 통해 자기의 사상과 정감을 예술적으로 형상화한 것이다. 그리고 서예는 마음을 수양하는 중요한 수단 중의 하나이며, 자신의 인격완성에 최고의 가치를 둔다. 그렇기 때문에 작가의 사상과 정감은 정신미로, 문자의 조형은 형태미로 구현된다. 즉 정신은 내용으로 내재하는 것이며, 형태는 형식으로 외재하는 것이다. 이 둘의 관계는 서로 괴리될 수 없으며 상호 공존해야 할 문제이다. 정신만 있고 아름다운 형태가 없으면 내용이 형식을 압도하게 되고, 형태만 있고 고결한 정신이 없으면 화려하기만 하고 내용이 없게 된다. 어떤 형태에 일정한 정신을 부여해야만 생명력으로 바뀌게 된다. 역대로 저명한 서예 작품들은 고매한 정신과 아름다운 형태를 겸비하였기 때문에 비로소 후세에 많은 사람들을 감동시켰던 것이다. 즉 형태에 정신이 없으면 순간적 유희는 될 수 있으나 오랜 시간을 두고 사람들로 하여금 심금을 울릴 수 없다. 청나라 장화(蔣和)는 필묵이 있고 없는 곳에서 구하는 것을 달리 하였다.

필묵이 없는 곳에서 구하는 것이 있으니 즉 뜻과 기운과 정신이다.

필묵으로부터 구하는 것이 있으니 즉 사견(絲牽)·전운(轉運)·앙복(仰覆)·향배(向背)·소밀(疏密)·장단(長短)·질서(疾徐)·경중(輕重)으로, 이는 참치(參差)한 가운데 정제(整齊)함을 보인다.[303]

또한 남제(南齊)의 왕승건(王僧虔)은 「필의찬(筆意贊)」에서 서예의 오묘한 도는 신채(神彩)와 형질(形質)을 함께 구비해야 한다고 했다.

글씨의 오묘한 도는 신채를 최상으로 삼고 형질을 그 다음으로 삼는데, 둘을 겸한 자라야 고인을 이을 만하니 이로 말하면 다득(多得)하는 것이 어찌 쉽겠는가? 반드시 마음은 붓을 잊고 손은 글씨를 잊게 하며, 마음과 손이 감정을 전달하고, 글씨는 망상을 하지 말아야 하니, 이것을 일러 구하면 얻지 못하나 살피면 곧 들러난다는 것이다.[304]

그리고 당나라의 손과정(孫過庭)은 「서보(書譜)」에서 왕희지의 서예를 언급하면서, 작품의 정신은 이미 점획 사이에 융화되고 또 점획 밖에 기탁하여 정신과 형태의 통일을 이룩하였다고 했다.

「악의론(樂毅論)」을 쓸 때는 마음에 답답함이 많았고, 「서화찬(書畵贊)」은 뜻이 괴기(瑰奇)한 곳으로 흘렀으며, 「황정경(黃庭經)」을 쓸 때는 허무(虛無)에 기뻐했고, 「태사잠(太師箴)」을 쓸 때는 종횡으로 붓을 휘둘렀다. 「난정서(蘭亭敍)」를 쓸 때는 생각이 편안하고 정신도 초탈하였으

---

303) 宋民, 郭魯鳳 譯, 『中國書藝美學』, 東文選, 1998, p. 52. "有從無筆墨處求之者, 曰意, 曰氣, 曰神. 有從筆墨處求之者, 曰絲牽, 曰轉運, 曰仰覆, 向背, 疏密, 長短, 疾徐, 輕重, 參差中見整齊."

304) 王僧虔, 「筆意贊」, 『歷代書法論文選』(上冊), p. 57. "書之妙道, 神彩爲上, 形質次之, 兼之者方可紹於古人. 以斯言之, 豈易多得? 必使心忘於筆, 手忘於書, 心手達情, 書不忘想, 是謂求之不得, 考之卽彰."

> 며, 「고서문(告誓文)」의 글씨는 마음이 구속되고 뜻이 참담하였다. 이른 바 즐거움을 겪어야 바야흐로 웃게 되고, 슬픔을 말해야 마침내 탄식을 하게 되는 것이다. 어찌 오직 생각을 흐르는 물결에 멈추어 장차 흐느끼는 곡조만을 남기겠는가? 정신을 회수(睢水)와 환수(渙水)까지 치달려 바야흐로 문채 나는 문장을 생각해야 한다.[305]

참다운 서예란, 생동하는 점획의 형태미와 정신적인 내용미가 조화를 이루는 것이다. 즉 '필획은 끝나지만 뜻은 끝이 없는'[필유진이의무궁(筆有盡而意無窮)] 그러한 경계라고 할 수 있다.

다만 혹자들의 취향에 따라 한쪽을 강조한 사례들이 종종 있어 왔다. 먼저 정신우위를 지향한 부류들은 정신이 깃들어 있어야 묘한 경지에 도달할 수 있다고 하여 심정(心正)·심법(心法)·인품(人品)·인격(人格)·식량(識量)·기운(氣韻)·정신미(精神美) 등에 주안점을 두었다. 그리고 형태우위를 주장한 부류들은 정신을 전하는 것은 반드시 형태로써 나타내기 때문에 수숙(手熟)·자법(字法)·용필(用筆)·결자(結字)·포치(布置)·조형미(造形美) 등을 주로 운운한다. 그러나 이상적인 사유는 '내외합일(內外合一)'·'심정수숙(心正手熟)'·'심수상응(心手相應)'과 같이 정신과 형태의 조화와 통일이다. 서예의 조형사고(造形思考)는 형태를 무시한 정신성이나, 정신을 무시한 형태에 의한 두 극단의 해석을 허용하지 않는 특성이 있다. 이러한 문제를 바탕으로 한국의 문인들이 서예를 어떻게 인식하였는지, 논서시를 통해 탐색해 보고자 한다.

---

305) 孫過庭, 「書譜」, 『歷代書法論文選』, p. 116. "寫樂毅則情多怫鬱, 書畵贊則意涉瑰奇, 黃庭經則怡懌虛無, 太師箴又縱橫爭折. 暨乎蘭亭興集, 思逸神超, 私門誡誓, 情拘志慘. 所謂涉樂方笑, 言哀已嘆. 豈惟駐想流波, 將貽嘽緩之奏. 馳神睢渙, 方思藻繪之文."

그럼 먼저 정신우위론을 주장한 대표적 인물로는 이황(李滉)을 들 수 있다. 이황은 「습서(習書)」에서 “자법(字法)은 예로부터 심법(心法)의 나머지이니 / 글씨를 익히는 것은 글씨로 이름날 것을 구함이 아니다.”[자법종래심법여(字法從來心法餘), 습서비시요명서(習書非是要名書).][306]라고 하여 ‘자법(字法)’을 ‘심법(心法)’의 하위개념으로 보았다. 또한 ‘습서(習書)’의 이유가 명필을 요구하는 것이 아니라, 심신의 수양 내지 성정의 발로로 인식하였다. 이황의 입장에서 글씨를 배우는 요체는 정신과 기운을 취하여 아름답게 표현하는 데 있다고 했다. 만약 형상과 체세만을 모방한다면 비록 형체는 같을지라도 정신이 없게 되어 저속함으로 빠지게 된다는 것이다. 이러한 이황의 서예관은 당시 원대 서풍의 영향으로 형태만을 숭상한 풍조에 대한 비판의 일환이며, 다른 한편으로는 서예를 여기(餘技)로 의식한 결과이기도 하다. 서사자(書寫者)의 내면세계를 고도의 상징적 형태로 반영한다는 정신미는, 모든 조형예술 장르가 공통적으로 추구하는 조형미와는 달리 서법예술만이 지닐 수 있는 본질적 특징인 것이다.[307] 서예는 여러 조형예술과 다른 큰 차이점은 자의(字意)가 있기 때문에 내용미를 무시해서는 그 본질을 잃어버리게 된다는 점이다.

한편, 형태위주로 논서시를 전개한 문인으로는 박문회(朴文會)를 들 수 있다. 그는 「파필법(把筆法)」에서 “고금에 붓 잡는 법 쌍구가 완전해야 하니 / 손가락은 붙이고 손바닥은 비어서 너그럽게 해야 한다.”[고금파법쌍구완(古今把法雙鉤完), 지실장공단사관(指實掌空但使寬).][308]라고 하여 쌍구법(雙鉤

306) 李滉, 「和子中閒居二十詠 · 習書」, 『退溪集』, p. 110.

307) 金南馨, 「朝鮮後期 近畿實學派의 藝術論 硏究」, 高麗大學校大學院, 博士學位論文, 1988, p. 74.

308) 朴文會, 『古今歷代法帖』, p. 79.

法)과 지실장허(指實掌虛)의 필법을 말했다. 그리고 「건묵법(乾墨法)」에서는 "무겁고 탁한 현상은 진함에서 나오고 / 가볍고 맑은 기상은 담박함으로 이어진다."[중탁형용농리출(重濁形容濃裏出), 경청기상담중련(輕淸氣象澹中連).][309]라고 하여 먹의 농담에 따라 중탁(重濁)과 경청(輕淸)의 맛이 표현된다고 했다. 또한 「착력법(着力法)」에서는 "필력은 서가의 대장군이니 / 붓을 잡고 힘을 붙이면 천근도 쓸 수 있다네."[역시서가대장군(力是書家大將軍), 조호착력용천근(操毫着力用千斤).][310]라고 하여 필력의 중요함을 언급했다. 그리고 「굴곡법(屈曲法)」에서는 "굴법(屈法)은 서가에게 큰 강령이다."[굴법서가시대강(屈法書家是大綱)][311]라고 하면서, '굴법(屈法)'이 서가에게는 하나의 중요한 강령이라고 하였다. 아무리 정신이 높다고 해도 숙련된 형질을 구사하지 못한다면 서예의 아름다움을 표현할 수 없다는 것이다. 이처럼 박문회는 역대 필법의 정수를 형태미의 차원에서 함축적으로 다루고 있다.

다음으로 정신과 형태의 겸수를 주장한 인물은 정몽주(鄭夢周)이다. 그는 「사자(寫字)」에서 "마음이 연호(姸好)를 오로지 하면 도리어 의혹이 생기고 / 기가 종횡으로 내달리고자 하면 다시 사특한 곳으로 빠진다. / 두 곳에 빠지지 않고 묘결을 전한다면 / 붓끝에서 활기찬 용사가 나타나리."[심전연호번성혹(心專姸好飜成惑), 기욕종횡갱입사(氣欲縱橫更入邪). 불락양변전묘결(不落兩邊傳妙訣), 호단사출활용사(毫端寫出活龍蛇).][312]라고 하여 마음을 예쁘게만 쓰고자 하면 미혹되고, 기운을 함부로 하면 사특한 곳으로 빠진다고 하였다.

309) 上揭書, p. 80.

310) 上同.

311) 上揭書, p. 81.

312) 鄭夢周, 「寫字」, 『圃隱集』, p. 597.

그래서 이 두 가지를 한쪽에 편중되지 않고 공유하면서 묘결을 전해야 기운생동의 글씨를 쓸 수 있다고 보았다. 여기에서 '심(心)'·'기(氣)'란 정신작용을 의미하며, '연호(姸好)'란 형태의 아름다움을 일컫는다. 실로 기운생동이나 격조는 먹에서만 나오는 것이 아니라, 먹으로써 실어 낸 작가의 정신 주체로부터 비롯된다. 기운생동을 구현하는 인소(因素)는 작가의 정신적 특질이나 힘인 것이다. 따라서 고상한 정신으로부터 발현되는 기운과 아름다운 형태가 조화를 이룰 때 비로소 내외일치(內外一致)의 경지에 도달할 수 있게 된다.

역대의 서론에서는 이들의 문제를 시간과 공간과 사람에 따라 제각기 견해를 달리하고 있다. 결국 서예란 문자의 형태를 통해 작가의 정감과 의지를 표현하는 예술이기 때문에, 작가에게 내재된 정신미와 표현된 형태미가 조화롭게 발현되어야 이상적이라 할 수 있다. 즉 '득심응수(得心應手)'와 '내외합일(內外合一)'의 경지에 도달해야 하는 것이다.

2. 법고(法古)와 창신(創新)

법(法)이 있으면 반드시 변화가 있게 마련이다. 서예에서 법고(法古)와 창신(創新)의 관계는 주로 창작활동에서 실현된다. 이른바 '법고'란 객관적 규율인 동시에 형식적인 법칙이다. 예컨대 서예에서 용필법·결구법·장법·용묵법 등 서법의 전반을 지칭한다. 반면에 '창신'이란 주관적이고 내용적인 심미적 변화이다. 그것은 작가의 성정·개성·취향·목적에 따라 형식미를 달리 추구하는 신의(新意)이다. 결국 좋은 글씨를 쓰기 위해서는 신의를 소중히 여기지만, 신의를 나타내는 좋은 글씨를 쓰기 위해서도 법고가 필요하다. 그러므로 법고를 얼마나 정세(精細)하고 공교롭게 하느냐가 중요한 문제이지, 법고를 한다고 신의를 나타내지 못할 것은 아니다. 서예에서 "고금(古今)을 회통(會通)해야 한다."[회고통금(會古通今)]와, "옛것을 스승으로 여기되 옛 것에 정체하지 않는다."[사고이불니우고(師古而不泥于古)]라는 구절이 사용되어 왔다.

여기에서 법고가 하나의 고정적인 틀이 되면 모방에 빠지면서 창신을 방해하는 요인으로 작용하게 된다. 따라서 진정한 의미의 법이란 정체되지 않고 유동적인 순리를 지칭한다. 지금 사람이 옛사람을 법식으로 삼아야 한다는 것은, 단순히 옛사람을 법식으로 삼는 것이 아니라, 사실은 서예 자체의 법칙과 이치를 배워야 한다는 의미이다 서예에서 법은 바른 길이며 목적을 위한 수단으로 무법(無法)→유법(有法)→무법중유법(無法中有法)의 단계로 확장된다. 서예에서 법고 없는 창신이 있을 수 없고, 창신 없는 법고도 무의미하다. 옛것을 본받으면서 변화를 알아야 하고 새롭게 만들면서 전거(典據)에 능해야 한다. 연암(燕巖) 박지원(朴趾源: 1737~1805)은 법고와 창신의 관계를 다음과 같이 말했다.

> 아! 옛것을 본받는 자는 옛 자취에 병들고, 창신하는 자는 불경(不經)을 근심한다. 진실로 옛것을 본받되 변화를 알고, 새로운 것을 만들되 전거(典據)에 능하다면 지금의 글은 오히려 옛날의 글과 같다.[313]

새로운 것을 창조하려면 예술적 용기가 필요하다. 『남사(南史)』·「장융전(張融傳)」에서는 새 시대에 새로운 것이 필요하며 또한 새로운 것을 만들

---

313) 朴趾源, 「楚亭集序」, 『燕巖集』卷1, p. 12. "噫, 法古者病泥跡, 創新者患不經. 苟能法古而知變, 創新而能典, 今之文猶古之文也."

어야 한다고 했다.

> 장융(張融)은 초서를 잘 썼는데 항상 스스로 그 능함을 찬미했다. 황제가 말하기를 "그대의 글씨는 아마도 골력은 있으나, 이왕(二王)의 법이 없음을 한스럽구나!"라고 하였다. 장융이 답하기를, "신은 이왕(二王)의 법이 없음을 한스럽게 여기지 않고, 단지 이왕(二王)에게 신의 법이 없음을 한탄합니다."[314)]

새로움이란 과거의 형상을 기반으로 나의 형상을 창조하는 것이다. 옛것의 장점을 수용하면서 옛것에 집착하지 않아야 자기만의 예술세계를 창조할 수 있는 것이다. 즉 통고(通古)의 과정을 거친 변금(變今)의 세계이다.

서예에서 법고란 정신과 형태를 포괄하지만, 본 절에서는 협의적 측면에서 임서의 개념으로 해석하고자 한다. 초학자들이 글씨를 쓸 때 가장 선행되어야 하는 것이 바로 임서이다. 우리는 무수한 고전의 임서를 통해 그들의 필력 · 필세 · 필의를 이해하게 된다. 그리고 임서의 바탕 위에서 독자적인 신의(新意)와 변화가 창출되어지는 것이다.

청나라의 주성연(周星蓮)은 「임지관견(臨池管見)」에서 "처음 배울 때에는 임서(臨書)와 모서(摹書) 밖에 없다. 임서로 필의를 얻고 모서로 결구를 얻을 수 있다. 임모가 이미 오래 되었으면 많이 보고 많이 느끼고 많이 생각하고 많은 변화에 통해야 한다."[315)]라고 했다. 즉 충분한 임서의 과정

---

314) 袁行霈, 七人 共譯, 『中國詩歌藝術硏究』(上), 亞細亞文化社, 1990, p. 73. 再引. "融善草書, 常自美其能. 帝曰, 卿書殊有骨力, 但恨無二王法. 答曰, 非恨臣無二王法, 亦恨二王無臣法."

315) 周星蓮, 「臨池管見」, 『歷代書法論文選』(下冊), p. 674. "初學不外臨摹. 臨書得

을 거쳐 숙련되었을 때 당당하게 자기만의 변화된 세계를 펼칠 수 있게 된다. 만약 우수한 사고(師古)의 경험이 없다면 경험하지 못한 세계를 창조할 수 없는 것이다. 여기에서 우리의 선조들은 이러한 문제들을 어떻게 인식하였는지 논서시를 통해 검토해 보기로 한다.

먼저 최치원은 「필법(筆法)」에서 "신이 묘결(妙訣)을 전하여 기이한 필봉을 도왔네."[신전묘결조기봉(神傳妙訣助奇鋒)][316]라고 하였다. '묘결'이란 바로 예로부터 내려오는 필법의 비결이다. 서예에서 필법은 가장 우선되면서 요긴한 문제로, 이것을 미리 체득하지 않고는 자성(自成)할 수 없다. 따라서 이것은 법고에 대한 당위성이라 할 수 있다. 또 이개(李塏)는 이용(李瑢)의 글씨에 대하여 "천하에 명성이 있는 조맹부와 자웅(雌雄)을 겨룰 만하다."[천하성명자맹부(天下聲名雌孟頫)][317]라고 하였다. 이용(李瑢)은 조맹부의 서체를 학습하였으나 '회심응수(會心應手)'로 독자적인 예술세계를 창출하였는데, 이러한 경지가 바로 '사고변금(師古變今)'의 경계이다. 그리고 이광사는 「관순화첩(觀淳化帖)」에서 "손에는 평생 「순화첩」을 지녔다."[수리평생순화첩(手裏平生淳化帖)][318]라고 했는데, 이것은 그가 평생 동안 「순화첩」에 있는 고법첩을 임서했다는 뜻이다.

그는 60의 나이에도 오히려 임서를 좋아했고, 배우는 사람들이 반듯이 알아야 한다고 자기의 견해를 명백하게 밝혔다. 이광사의 이러한 의식의 근저에는, 옛 것을 초월하기란 헤아릴 수 없는 지고(至高)의 단계임을 내포하고 있다. 환언하면, 평생 동안 임고(臨古)의 과정을 겪었기 때문에 이광

其筆意, 摹書得其間架. 臨摹旣久, 則莫如多看, 多悟, 多商量, 多變通."

316) 崔致遠, 「筆法」, 『桂苑筆耕』, p. 102.

317) 李塏, 「題倪內翰司馬右史兩天使贈匪懈堂詩帖」, 『六臣遺稿』, p. 246.

318) 李匡師, 「觀淳化帖」, 『斗南集』, 奎章閣本, 古3428-347.

사의 예술세계가 오늘에 이르기까지 살아 숨쉬고 있는 것이다. 그리고 신위는 「답추사(答秋史)」에서 "옛 것을 스승으로 여김은 천리를 스승으로 여기는 데 있다."[사고재사천(師古在師天)][319]라고 하여 사고(師古)에서 비묘(秘妙)를 찾았으며, 사고(師古)의 기반 위에서 자신의 서예도 정착되었다.

이와 같이 서예는 고법의 단계에서 출발하여 점차 변화의 단계로 발전되어야 함을 알 수 있다. 개성이 너무 강하면 고전의 근거를 잃기 쉽고, 고전에 너무 충실하면 개성이 약해질 수 있다. 다만 고법이 중요하다고 전적으로 거기에만 의존하면 서예는 예술이 될 수 없다. 개개인이 가지고 있는 독특한 형상을 묘사할 수 있어야 진정으로 생명력을 가지게 된다. 그 생명력을 가지려면 고서(古書)를 많이 읽고 고첩(古帖)을 많이 임서하여 마음과 붓끝이 자연스럽게 융해되어야 뜻과 함께 쉽게 드러날 수 있게 된다. 이것은 이성과 감성으로서의 많은 경험과 체험들이 바로 창작의 원동력으로 작용하기 때문이며, 그러므로 이러한 행위는 끊임없이 지속되어야 한다. 결국 법고와 창신이 동시에 작용되어 자유로운 경지에 이를 때 참다운 서예의 가치가 실현되는 것이다.

3. 양강(陽剛)과 음유(陰柔)

음양의 개념은 본래 자연현상으로서 일광(日光)의 변화를 나타냈으나 차츰 천지만상(天地萬象)의 변화에 나타난 상대적 원리로 채택되었다. 『주역(周易)』에서는 "강(剛)과 유(柔)가 서로 추이(推移)하여 변화가 생긴다."[320]

319) 申緯, 「答秋史」, 『警修堂全藁』, p. 243.

320) 『周易』, 保景文化社, 1981, p. 559. "剛柔相推, 而生變化."

라고 하였고, "한번 음하기도 하고 한번 양하기도 하니 이것을 도(道)라고 한다. …(중략)… 변통하는 것을 사(事)라 하고, 음양의 변화에 미리 추측할 수 없는 것을 신(神)이라 한다."[321]라고 하였다. 강과 유는 후대로 내려오면서 양과 음이라는 개념으로 형성되어져, 천지만물의 교회(交會)에 내재하는 상대적 원리로 간주되었다. 이처럼 음양은 대 우주의 변화 속에서 대등한 자라를 가지면서 각기 그 역할이 다른 것으로 음은 수동적 역할을, 양은 능동적 역할을 상징했던 것이다. 급기야 서론에서도 이러한 원리를 필획의 변화에 적용시켰다. 이 음양의 원리를 서예에 처음으로 적용한 사람은 한나라 때 채옹(蔡邕)의 「구세(九勢)」이다. 채옹은 "대저 글씨는 자연으로부터 시작되니, 자연이 이미 세워지면 음양이 거기에서 생겨나고, 음양이 이미 생기면 형세가 나타난다."[322]라고 하였다. 소식은 "단장(端莊)한 것은 유려(流麗)함과 섞이고, 강건(剛健)함은 아라(婀娜)함을 품는다."라고 하였다. 그리고 청나라의 증국번(曾國藩: 1811～1872)은 다음과 같이 언급했다.

> 양·강·음·유를 고문에서는 사상(四象)으로 여겼는데 글씨 또한 그와 같다. 기발(奇拔)하고 웅건(雄健)함은 양·강이요, 침착(沈着)하고 관박(寬博)함은 음·유이다. 두 기(氣)가 나란히 갖추어져야 글씨가 비로소 이루어질 수 있다.[323]

---

321) 上揭書, pp. 568～573. "一陰一陽之謂道. …(中略)… 通變之謂事, 陰陽不測之謂神."

322) 蔡邕, 「九勢」, 『歷代書法論文選』(上冊), p. 6. "夫書肇於自然, 自然旣立, 陰陽生焉, 陰陽旣生, 形勢出矣."

323) 金膺顯, 『書與其人』, 民族文化文庫刊行會, 1987, p. 334. 再引. "以陽剛陰柔爲古文四象, 書亦如之. 奇拔雄健, 陽剛也, 沈着寬博, 陰柔也. 二氣並備, 書始有成."

그리고 청의 유희재(劉熙載)는 「서개(書概)」에서 "서(書)는 음양의 두 기운을 겸비함이 중요하다. …(중략)… 높은 운치와 깊은 정, 견실하고 질박하며 호탕한 기운이 하나라도 없으면 글씨가 되지 않는다."[324]라고 하였다. 이처럼 모든 사물에는 강·유가 내재하며, 모든 이치는 음·양의 조응 속에 생성·발전·변화·소멸되어 가듯이 서법에도 이러한 원리를 내포하고 있다. 대표적인 예로 조선조 이서의 「필결(筆訣)」에 나타난 음양론을 검토해 보면 다음과 같다.

> 글씨는 역(易)에서 근원하니 역에는 음양이 있다. …(중략)… 획은 측(側)에서 시작되는데 측은 점(點)으로서 점은 하나이다. 점은 음양이 나누어지려 하나 아직 나누어지지 않은 형상이다. …(중략)… 획에는 음양이 있으니 가로획[늑(勒)]은 왼쪽에서 진행하니 노양(老陽)이고, 세로획[노(努)]은 위에서 내려오니 노음(老陰)이며, 가로 삐침[책(策)]과 갈고리[적(趯)]의 류 들은 소양(少陽)이고, 긴 삐침[별(撇)]과 짧은 삐침[탁(啄)]과 파임[책(磔)]은 소음(少陰)이다. …(중략)… 자법(字法)에는 원리[경(經)]와 변화[권(權)]가 있으니 상도(常道)를 지키는 것이 원리이고, 시대를 쫓음이 변화이다. 좌가 양이고 우가 음이며, 양은 상승하고 음은 하강하며, 양은 가볍고 음은 무겁다. 글자가 음을 상징하면 오른쪽은 반드시 왼쪽보다 무겁고 쳐져야하니 오른쪽이 무겁고 처지는 것이 원리이다. …(중략)… 강한 것은 유한 것처럼 할 수 있고 유한 것은 강한 것처럼 할 수 있으며, 무거운 것은 가벼운 듯 할 수 있으며, 가벼운 것은 무거운 듯 할 수 있다. …(중략)… 천지의 사이는 생기로 넘쳐 나서 수가 구비되지 않음이 없으나, 다만 교역(交易)과 변역(變易)일 뿐이다. 변역은 하나의 기운이 유행하여 변화하는 것이고, 교역은 두 기운이 대대(對待)하여 밀

324) 劉熙載, 「書概」, 『歷代書法論文選』(下冊), p. 664. "書要兼備陰陽二氣. … (中略) … 高韻深情, 堅質浩氣, 缺一不可以爲書."

> 어주고 당기는 것이다. 변역에는 교역이 그 가운데 있고, 교역에는 변역이 그 가운데 있다. 교역이 변역이고 변역이 교역이다.[325]

이서는 글씨가 역(易)의 원리에 근원한다고 하면서 점획과 자법을 음양의 이치로 설명하였다. 또한 강유(剛柔)와 중경(重輕)이 서로 변통할 수 있다고 여기고 이것을 교역(交易)과 변역(變易)으로 인식하였다. 김정희는 「여인(與人)」에서 음양의 원리가 음획과 양획이 반드시 존재하나 경우에 따라서 음 가운데 양이 있고, 양 가운데 음이 있어 변통할 수 있다고 했다.

> 확실히 일정한 음획과 양획이 있으나 음 가운데 양이 있고 양 가운데 음이 있어, 마치 제주(帝珠)가 어울려 끼고 서로 비치어 만억(萬億)의 변상(變相)이 이루 다 헤일 수 없는 것 같다. 지금 이 양획을 음획으로 만들 수도 있으며 음획을 쓰는 것도 역시 그러하며, 좌우로 도는 것 또한 그러하다. 어떻게 한 위치만 집정(執定)하여 통변(通變)이 없을 수 있겠는가.[326]

이러한 원리는 음양이 서로 주고받으며 상대의 영역에 들어가 자리를

---

325) 李溆, 「筆訣」, pp. 754～763. "書本於易, 易有陰陽. ‥ (中略) … 畫始於側, 側者點, 點者一也. 點者陰陽欲分未分之象. … (中略) … 畫有陰陽, 勒自在而進, 老陽也, 努自上而降, 老陰也, 策趯之屬, 少陽也, 撇啄磔之屬, 少陰也. … (中略) … 字法有經有權, 守常者經也, 趨時者權也. 左陽右陰, 陽升陰降, 陽輕陰重. 字象陰, 左右必重低於左, 右重低經也. … (中略) … 剛可使似柔, 柔可使似剛, 重可使似輕, 輕可使似重. … (中略) … 天地之間, 生氣盈溢, 數無不備, 只是交易變易而已. 變易者, 一氣流行, 而變化也, 交易者, 兩氣對待, 而推蕩也. 變易則, 交易在其中矣, 交易則, 變易在其中矣. 其交易也, 便是變易也. 變易也, 便是交易也."

326) 金正喜, 「與人」, 『阮堂全集』, p. 108. "固有一定之陰陽, 而陰中有陽, 陽中有陰, 如帝珠交攝互映, 萬億變相, 不可數窮. 今此陽劃可以作陰劃, 用陰劃亦然, 左右旋亦復然矣, 何以執定一位, 無以通變耶."

차지하는 것이다. 전후좌우(前後左右)·고저장단(高低長短)·표리만추(表裏挽推)가 서로 배합되어 형태가 이루어지고, 음양의 유전(流轉)으로 모든 자형이 변화하는 이치이다. 음양은 고정되거나 정체되지 않으며, 모든 현상은 변화가 생겨 새로운 국면의 세계로 전개되는 것이다. 그는 음양(陰陽)·향배(向背)·조세(粗細)·비수(肥瘦)를 바꿀 수 없는 법식으로 보면서, 가로획은 가늘게 하고 세로획은 굵게 하는 것이 자연스러운 이치라고 했다. 또 김정희는 필획을 음양의 원리로 설명하였다.

> 필획이 가벼운 쪽은 양이 되고 무거운 쪽은 음이 된다. 무릇 글자 가운데 두 개의 곧은 획이 있으면 마땅히 왼쪽은 곱고 오른쪽은 거칠어야 하며, 글자 가운데 기둥의 획은 거칠고 나머지는 모두 마땅히 고와야 하니, 이것이 음양을 나누는 법일 뿐이다."327)

그리고 음양의 원리를 '영자팔법(永字八法)'에 구체적으로 응용하기도 했다.

> 점획은 손에서 생기는 것이다. 손으로 당겨 몸 쪽으로 향하면 점획은 음에 속하는 것이고, 밀어내어 밖으로 내치면 점획은 양에 속하게 되는 것이다. 한번 밀어내고 끌어당기는 것으로 손이 능히 점획을 만들 수 있음이 이와 같으니, 이를 버리고는 할 수 없다. 이 때문에 음의 획 네 가지, 측(側)·노(努)·약(掠)·탁(啄)은 모두 오른쪽으로 돌려서 동남쪽으로 움직이는 것이다. 양의 획 네 가지, 늑(勒)·적(趯)·책(策)·책(磔)은 역시 왼쪽으로 돌려서 동남쪽으로 움직이는 것이다.328)

---

327) 上揭書,「雜識」, p. 150. "筆之輕者爲陽, 重者爲陰. 凡字中有兩直者, 宜左細右麤, 字中之柱宜麤, 餘俱宜細, 此分陰陽之法耳."

328) 上揭書,「書訣」, p. 139. "點劃者, 生於手者也. 手挽之向於身, 點劃之屬乎陰者

이 변화의 원리를 좌(左)는 양(陽)으로 실(實)·직(直)·세(細)한 반면, 우(右)는 음(陰)으로 허(虛)·곡(曲)·조(粗)한 형태로 보았다. 그리고 사면(四面)으로 볼 때 전좌(前左)는 양이요, 후우(後右)는 음이 되는 것이다. 그러나 이러한 일체의 운동과 기능관계를 상대적인 동태관계로 인식하였다.

그렇다면 논서시에서는 음양의 관계가 어떻게 적용되었는가를 검토해 보자. 먼저 조선후기의 현일(玄鎰)은 "한번 살찌고 한번 여윔이 모두 서로 알맞다."[일비일수총상의(一肥一瘦總相宜)][329]라고 하여 비수(肥瘦)가 서로 적당하다고 말하고 있다. 또한 박문회는 「사법(寫法)」에서 "건곤의 큰 도가 서가에게도 있으니 / 먼저 음양을 분별하여 하나의 이치로 다스려야 한다." [건곤대도재서가(乾坤大道在書家), 선변음양일리사(先辨陰陽一理斜).][330]라고 하였다. 그는 서가에게 건곤의 큰 도가 있으니 음양의 이치를 먼저 분별하고 글씨를 써야 한다고 했다. 그리고 「굴곡법(屈曲法)」에서는 "일원(一元)에서 음양이 상교(相交)하여 중앙에 있다네."[일원교구재중앙(一元交媾在中央)][331]라고 하여 일원에서 음양이 상교한다고 했다.

이상에서 양강(陽剛)과 음유(陰柔)의 원리를 서론에 적용한 사례들을 살펴보았다. 모든 사물에는 강유가 존재하듯 모든 이치에도 음양의 법칙이 있다. 점획에도 음양이 있고, 자법(字法)에도 음양이 있어 교역과 변역이 이루어진다. 이 음양의 관계는 고정되고 정체된 것이 아니라, 음 가운데 양이 있고

也, 手推之而麾諸外, 點劃之屬乎陽者也. 一推一挽, 手之能爲點劃者如是, 舍是則非所能也. 是故陰之劃四, 側也·努也·掠也·啄也, 皆右旋之, 運於東南者也. 陽之劃四, 勒也·趯也·策也·磔也, 亦左旋之, 運於東南者也."

329) 玄鎰, 「小堂示指頭一本, 遒勁奇崛各臻其妙. 以詩賀之.」, 『皎亭先生詩集』, p. 9.

330) 朴文會, 『古今歷代法帖』, p. 79.

331) 上揭書, pp. 80~81.

양 가운데 음이 있어 서로 변통할 수 있다는 것이다. 구체적으로 전후좌우(前後左右)·고저장단(高低長短)·표리만추(表裏挽推)·조세곡직(粗細曲直)·비수향배(肥瘦向背)가 서로 변화하면서 새로운 국면의 세계를 펼치게 된다. 서예의 형태미에서 가장 요긴한 문제가 바로 변화이다. 변화가 있어야 생동감을 느낄 수 있으며, 이러한 기운생동의 근원이 바로 음양의 조화로운 변화라고 할 수 있다.

VI. 결 론

시는 언어가 가장 정제된 일종의 문학체제이다. 시는 마음의 표현이다. 그래서 시를 짓는 사람마다 개성을 가지고 있다. 그리고 시는 함축적이고 다의적(多意的)이기 때문에 독자들의 상상력으로 재창조할 수 있는 여지가 있다. 위대한 시는 우리들에게 새로운 세계를 경험하게 하거나, 낡은 세계를 새로운 방법으로 경험하게 만든다. 또한 시의 감상자는 그 시를 통하여 작자의 학문과 사상 및 그 시인이 살았던 시대적 배경을 고구(考究)할 수 있을 뿐만 아니라, 역사적인 사실까지도 유추·확인할 수 있다. 훌륭한 시를 지으려면 선천적으로 타고난 재질과 후천적 노력인 학습을 겸비해야 한다. 양자는 상호불가분의 관계를 맺고 있으며, 이것을 바탕으로 시인은 독창적이며 개성을 지닌 시의 세계를 구축하게 되는 것이다.

논서시는 '이시논서(以詩論書)'로 본격적인 서론과 함께 서예이론에서 중요한 의미를 지닌다. 서론에서 볼 수 없는 것이 논서시에서도 노정되어 있기 때문에, 이들은 상호 보완적인 역할을 할 수 있다. 그리고 서론서와 동질성도 있고 이질성도 내포하여 다양한 시각으로 서론을 재조명할 수 있는 계기가 된다.

본고는 신라와 고려조 및 조선조의 논서시 중에서 중요한 시들을 분석해 봄으로써 논서시의 특징과 서예인식의 경향을 규명해 보았다. 다만 시 내용의 한계 때문에 전체를 고찰하지 못한 아쉬움은 남아 있으나, 서론서와 함께 일정한 가치를 지니고 있음을 밝힐 수 있었다. 또한 논서시를 서체별로 분류하여 전서·예서·해서·행서·초서의 특징과, 각 서체에 대한 논서시의 내용을 검토하였다. 그리고 논서시에서 나타난 서예인식을 정신과 형태, 법고와 창신, 양강과 음유로 분류하여 그들의 관계를 탐구해 보았다. 이상에서 논의된 바를 요약하는 것으로 결론을 대신한다.

첫째, 신라의 논서시에는 우리나라 서론이 맹아 되었다. 신라는 중국과의 교류로 서예의 보급이 비교적 원활했으며, 최치원의 귀국을 계기로 더욱 활성화되었다. 특기할 점은 신라 때 이미 글씨를 잘 쓰면 인재로 기용되었다는 사실은 중요한 의미를 지닌다고 하겠다. 신라시대의 유일한 논서시 가운데 최치원의 「필법」에서는 글씨를 단순히 실용적 서사에 국한하지 않고 필법을 의식하였다는 점과, 글씨를 시의 소재로 다룰 만큼 관심의 대상이었다는 점을 살필 수 있었다.

고려조의 논서시는 서론이 발전되어 활발하게 전개·분화되었다. 고려의 문인들은 송(宋)나라의 필법을 일부 수용하였으나, 여전히 구양순의 서풍이 주류를 이루었다. 그러나 고려후기에 이르러서는 충선왕이 원(元)과의 접촉으로 조맹부의 서풍이 점차 서단에 크게 보급되었다. 서예사적 측면에서 고려는 서예인을 이속직으로 채용하였으며, 과거의 잡과에 명서업을 두었다. 이러한 제도는 서예의 보편화에 일익을 담당하게 했다. 고려조의 논서시는 본격적으로 전개되어 양적으로나 주제 및 소재의 명확성으로 볼 때 상당히 체계적으로 기술되었다. 이 당시는 공민왕의 서평이 많은 것으로 보아 공민왕의 서예위상을 짐작하게 한다. 그리고 왕의 기호에 편승하여 서화의 보급이 한층 더 촉진되었다는 사실을 알 수 있다. 또한 이색(李穡)이 글씨를 우리나라의 '사예(四藝)' 중 하나로 규정한 사실은, 당시 서예가 지식층의 보편적 예술로 인식되었다는 것을 인지할 수 있다. 그리고 정몽주(鄭夢周)는 형태와 기은의 심수상응(心手相應)이 기운생동의 길이라면서 한층 진보된 서예관을 제시하였다. 결국 삼국의 최치원과 고려의 문인들은 시로써 서예와 관련된 문제들을 비평한 것이다. 그들은 중국의 이론들을 일부 수용하면서 독자적인 견해를 제시하였지만, 전문적인 비평서나 서론으로 체계화시키지 못한 한계는 있다. 그러나 논서시를 통해 서예의 다양한 문제를 비평하였고, 일부의 문인들은 깊은 영역에 이르기까지 조예가 깊었다. 이것은 신라와 고려인들의 서예전반에 대한 관심과 이해가 고차원적이라는 사실을 입증해 주는 것이다. 당시 서예에 대한 전문적인 비평서가 없는 실정을 고려해 볼 때, 신라와 고려조의 논서시는 서톤과 서예비평사를 보완해 줄 수 있는 귀중한 자료임을 확인할 수 있었다.

둘째, 조선전기는 논서시에는 성리학적 성향이 내재되어 있다. 고려 말의 사회적 위기가 노정됨에 따라 그 대응책으로 유학을 건국이념으로 삼았다. 그 사상적 배경은 고려 말에 정주학(程朱學)의 수용이 하나의 발단이었다. 하지만 천여 연간 이상으로 민간신앙과 함께 지속되어 온 불교를 일조(一朝)에 배척해 버릴 수 없는 실정이었다. 그래서 점차 선유후불(先儒後佛)의 경향으로 흘러갔던 것이다. 요컨대 조선시대에 접어들면서 정치적인 안정과 문화의 발달에 따라 서적의 편찬이 본격적으로 착수되었고, 왕실에서도 서화에 유능한 자들을 권면(勸勉)하고 포상(褒賞)하였으며, 사자관 제도가 활성화되어 글씨를 적극적으로 장려하였다. 게다가 사학(私學)의 발흥으로 전국의 도처에 서당이 보급되면서, 학문은 물론 서예의 보급을 한층 더 촉진시키는 계기가 되었다. 한편 고려 말부터 시작된 조맹부의 서풍이 조선전기에 이르러서는 더욱 본격화되었다. 그 대표적 인물은 이용(李瑢)으로, 그는 조맹부의 서풍을 기초로 하면서도 독자적인 세계를 전개하였다. 또 다른 일부에서는 조맹부의 연미(硏媚)한 서풍을 배격하고 성리학자들 나름대로의 서풍을 확립하였다. 조선전기의 논서시 가운데에는 김생, 이용을 비롯하여 황기로에 이르기까지 한국의 글씨와 중국 역대 서가들의 글씨를 심도 있고 다양하게 작시하였다. 서거정의 「초서행(草書行)」은 초서의 전반에 걸친 논서시로, 서론에 못지않은 내용을 담고 있다. 특히 이황은 「습서(習書)」에서 심법(心法)을 자법(字法)의 상위개념으로 둔 것도 주목할 만하다. 이러한 의식은 인격과 글씨의 예술이 괴리될 수 없는 문질빈빈(文質彬彬)의 조화이며, 화실(華實)의 겸비를 강조한 것이라 볼 수 있다. 즉 '심정즉필정(心正則筆正)'의 경계라 하겠다.

셋째, 조선중기의 논서시에는 자주적(自主的) 서론(書論)이 활발하게 전개되었다. 즉 동국진체론(東國眞體論)의 성립은 한국 서예사에서 새로운 지평을 연 것이다. 이 시기는 임진왜란과 병자호란의 양란(兩亂)으로 문화가 전반적으로 침체의 국면을 맞이하게 되었다. 그러나 명(明)과의 긴밀한 접촉으로 서예는 진·당의 서풍에서 범위가 점차 확장되어 명대(明代)의 서풍을 다양하게 섭렵하였다. 이러한 여건 속에서 한호(韓濩)가 등장하여 당시의 서단을 주도하였으며, 이후 동국진체를 형성하는 데 초석이 되었다. 또한 이 당시에는 사자관들의 대외활동이 왕성하였고, 본격적인 서예 이론서들이 저술되었다. 특히 박홍미(朴弘美)는 「서동서당집고첩후(書東書堂集古帖後)」에서 7언 절구로 여러 시를 실었는데, 이것은 전문적인 논서시의 전형이라고 할 수 있다. 게다가 최립(崔岦)을 비롯하여 김창흡(金昌翕)에 이르기까지 많은 문인들이 시로써 글씨를 비평하였다. 이러한 사실들은 서예가 문인들의 의식에 깊게 정착하였음을 의미하며, 서예를 단순히 실용성만으로 보지 않고 심미적인 차원으로 인식하였다는 증거이다.

넷째, 조선후기의 논서시에는 고증학적 서론이 내재되어 있다. 이 시기는 영·정조의 숭문정책으로 문예부흥적 기운이 문화의 전반에 걸쳐 새롭게 전개되어 갔다. 이때는 청의 금석·고증학의 동점(東漸)으로 문학과 예술에 이르기까지 새로운 기틀이 마련되었으며, 청을 따르는 풍조가 농후하였다. 이러한 배경은 조선 성리학의 폐단이 노정되어 이에 대체할 새로운 사상이 절실하게 필요했기 때문이다. 게다가 왕실에서도 규장각을 설치하여 신사상운동에 적극 종사함으로써, 한문학은 물론 예술에 이르기까지 다양한 변화가 일어나기 시작했다. 특히 서예는 박제가(朴齊家)를 비롯하여 김정희로 이어지면서 결실을 맺게 된다. 김정희는 '학예일치(學藝一致)'의 경지를 이상으로 하여 시·서·화 겸수의 문인 취미를 추구하였다. 따라서 조선후기에는 시·서·화가 문인들의 필수교양인 만큼 수많은 삼절들이 배출되었다. 이 당시에는 전문적인 서론들이 저술되었고, 서예 비평서들이 다수 나타났으며, 단편적인 서평들도 즐비하다. 이들의 공통적 인식은 서예를 단순히 기능적 차원으로 보지 않고 '예술' 또는 '서학'의 개념으로 사유했다. 예컨대, '시서화삼절론(詩書畵三絶論)'·'심수상응론(心手相應論)'·'문자향서권기(文字香書卷氣)' 등에 주안점을 두었다. 이러한 의식은 본격적으로 서(書)의 예술 내지 서학(書學)이 정착하게 된 배경이다. 그 중에서도 신위의 논서시는 수량 면으로 단연 으뜸이며, 박문회의 논서시는 서론에 못지않게 필법에서 요체가 되는 문제들을 다각도로 다루고 있다는 점이 주목된다.

다섯째, 논서시에 내재된 내용을 서체별로 특징을 분류한 결과 각 서체마다 중국과 우리나라 역대 작가 및 작품들이 골고루 작시되었다는 점을 알 수 있었다. 이는 바로 우리나라 서론이 진지하게 논의된 것을 입증하는 것이다. 우리나라 역대 서가들은 전서·예서·해서·행서·초서 중 어느 한 서체에 국한하지 않고, 시공과 용도에 따라 모든 서체를 구사하였다. 그 가운데 대표적으로 전서는 이한진(李漢鎭), 예서는 김정희, 해서는 한호, 행서는 김생, 초서는 황기로를 들 수 있다. 이들은 모두 어느 특정인과 특정시대의 서체와 서풍에 편협하지 않고, 고금(古今)을 넘나들면서 장점은 흡수하고 단점은 과감히 배척하여 자기만의 개성 있는 영역을 확보하였던 것이다.

여섯째, 논서시에서 서예를 정신과 형태로 다루고 있었다. 정신 우위를 지향한 문인들은 기운(氣韻)·인품(人品)·학식(學識)·정신미(精神美)에, 형태 우위를 강조한 문인들은 자법(字法)·수법(手法)·조형미(造形美) 등에 주안점을 두었다. 하지만 대체적인 경향은 정신과 형태의 조화를 도모하여 내외일치와 심수상응의 경지를 이상으로 여겼다. 또한 학습과 창작의 방법으로 법고(法古)와 창신(創新)을 함께 거론하였다. 법고(法古)는 객관적 규율로서, 창신은 주관적 변화로서의 가치이며, 이 양자는 옛것을 바탕으로 하여 자기만의 신의(新意)를 가져야 고도의 예술세계를 추구할 수 있다는 결론에 이른다. 그리고 양강(陽剛)과 음유(陰柔)를 서예에 적용하였다. 즉, 『주역』의 음양원리를 획법(劃法)과 자법(字法) 등에 원용하여 새로운 변화의 국면을 추구하였다. 이 둘은 결국 상대적인 동태관계로 사유하였으며, 양자의 관계에서 서예의 음유미(陰柔美)와 양강미(陽剛美)가 제출되었던 것이다.

이와 같이 논서시의 연구를 통하여 우리나라 서예의 특징과 성격이 총체적으로 구명되었다. 본고의 연구성과는 논서시의 통시적 이해는 물론 한국 예술사의 한 국면을 파악하는 데 기여할 수 있을 것이다.

참고문헌

▪ 자 료

1) 국내자료

『高麗史』, 景仁文化社, 1961.

『國朝人物考』, 서울大學校 出版部, 1978.

『東國輿地勝覽』, 古典刊行會, 1958.

『東文選』, 太學社, 1975.

『文宗實錄』, 國史編纂委員會, 1968.

『成宗實錄』, 國史編纂委員會, 1968.

『世宗實錄』, 國史編纂委員會, 1968.

『承政院日記』, 國史編纂委員會, 1961.

『列聖御製』, 民昌文化社, 1994.

『六臣遺稿』, 民族文化社, 1986. 『仁祖實錄』, 國史編纂委員會, 1968.

『中京誌』, 朝鮮光文會, 1914.

『中宗實錄』, 國史編纂委員會, 1968.

姜世晃, 『豹菴遺稿』, 韓國精神文化院, 1979.

權文海,『大東韻府群玉』, 正陽社, 1950.

金九容,『惕若齋學吟集』, 民族文化推進會, 1990.

金履載 編著,『中京誌』, 朝鮮光文會, 1914.

金富軾,『三國史記』, 景仁文化社, 刊年未詳.

金尙憲,『淸陰集』, 民族文化推進會, 1991.

金時習,『梅月堂集』, 民族文化推進會, 1968.

金　堉,『海東名臣錄』, 李相殷 編,『韓國歷代人物傳集成』, 民昌文化社, 1980.

金麟厚,『河西全集』, 民族文化推進會, 1989.

金馹孫,『濯纓集』, 民族文化推進會, 1988.

金正喜,『阮堂全集』, 民族文化推進會, 2003.

金昌翕,『三淵集』, 民族文化推進會, 1996.

南公轍,『金陵集』, 民族文化推進會, 2001.

柳夢寅,『於于集』, 景文社, 1979.

______,『於于野談』, 景文社, 1979.

______,『於于遺稿』, 民族文化推進會, 1991.

朴文會,『古今歷代法帖』, 서울大學校 奎章閣所藏, 拓本, 刊年未詳, 도서번호 奎5713, 마이크로필름 M/F83-16-103-B.

朴　祥,『訥齋集』, 民族文化推進會, 1988.

朴趾源,『燕巖集』, 景仁文化社, 1974.

______,『熱河日記』, 以會文化社, 1988.

朴彭年,『朴先生遺稿』, 民族文化推進會, 1988.

朴弘美,『灌圃先生文集』, 成均館大學校 尊經閣所藏, 木版本, 憲宗12年(1846)刊印, 도서번호 D03B-2817a.

白文寶,『淡庵逸集』, 民族文化推進會, 1990.

徐居正,『東文選』, 太學社, 1975.

______,『徐四家文集』, 文淵閣, 1988.

徐有榘,『海東金石』, 韓國學文獻硏究所編,『三韓金石錄(外)』, 亞細亞文化社,

1981.

成大中, 『青城集』, 民族文化推進會, 2000.

成三問, 『謹甫集』, 民族文化推進會, 1988.

成　俔, 『虛白堂集』, 民族文化推進會, 1988.

______, 『慵齋叢話』, 學民文化社, 2000.

申師任堂, 「師任堂筆跡」, 서울大學校 奎章閣所藏, 拓本, 高宗6年(1869)刊行, 도서번호 奎9994, 마이크로필름 M/F77-103-176-N.

申　緯, 『警修堂全藁』, 民族文化推進會, 2002.

______, 『申緯全集』, 太學社 影印, 1983.

沈翼雲, 『百一集』, 서울大學校 奎章閣所藏, 寫本, 刊年未詳, 도서번호 奎7339 00, 마이크로필름 M/F78-103-208-D.

尹　淳, 『白下帖』, 서울大學校 奎章閣所藏, 寫本, 肅宗年間 刊行, 도서번호 一蓑古 816.54Y98b, 마이크로필름 M/F85-16-332-D.

尹鍾燮, 『溫裕齋集』, 서울大學校 奎章閣 所藏, 木活字本, 高宗16年(1879) 刊行, 도서번호, 奎4450 00, 마이크로필름 M/F83-16-291-E.

李匡師, 『圓嶠書訣』, 서울大學校 奎章閣所藏, 寫本, 刊年未詳, 도서번호 가람古 754Y55w, 마이크로필름 M/F85-16-297-G.

______, 『斗南集』, 서울大學校 奎章閣所藏, 寫本, 刊年未詳, 도서번호 古3428347 00, 마이크로필름 M/F85-16-161-B.

李民宬, 『敬亭集』, 民族文化推進會, 1991.

李尙廸, 『恩誦堂集』, 民族文化推進會, 2003.

李　穡, 『牧隱藁』, 民族文化推進會, 1990.

李　瀷, 『近畿實學淵源諸賢集』, 『弘道先生遺稿』, 大同文化硏究院, 2002.

李晬光, 『芝峰類說』, 景仁文化社, 1970.

李崇仁, 『陶隱集』, 民族文化推進會, 1990.

李承休, 『動安居士集』, 民族文化推進會, 1990.

李用休, 『惠寰詩文集』, 成均館大學校 大東文化硏究院, 2002.

李胤永,『丹陵遺稿』, 서울大學校 奎章閣所藏, 寫本, 刊年未詳, 도서번호 奎12102 00, 마이크로필름 M/F78-103-203-A.

李仁老,『破閑集』, 韓國詩話叢編, 東西文化院, 1989.

李廷龜,『月沙集』, 民族文化推進會, 1991.

李祖默,『六橋稿略』, 서울大學校 奎章閣所藏, 全史字本, 高宗14年(1877)刊印, 도서번호 奎5605, 마이크로필름 M/F78-103-213-C.

李時發,『碧梧遺稿』, 서울大學校 奎章閣所藏, 寫本, 刊年未詳, 도서번호 奎15711, 마이크로필름 M/F84-16-49-E.

李好閔,『五峯先生文集』, 景仁文化社, 1997.

李　滉,『退溪集』, 民族文化推進會, 1989.

張　混,『而已广集』, 民族文化推進會, 2001.

鄭斗卿,『東溟集』, 民族文化推進會, 1992.

鄭夢周,『圃隱集』, 民族文化推進會, 1990.

丁若鏞,『與猶堂全書』, 民族文化推進會, 2002.

鄭元容,『經山集』, 民族文化推進會, 2002.

趙熙龍,『趙熙龍全集』, 實是學舍 古典文學硏究會 譯註, 한길사, 1999.

車天輅,『五山集』, 成均館大學校 尊經閣所藏, 木版本, 正祖15年 刊印, 도서번호 D38-1424.

崔　岦,『簡易集』, 民族文化推進會, 1990.

崔　滋,『補閑集』, 韓國詩話叢編, 東西文化院, 1989.

崔致遠,『桂苑筆耕集』, 民族文化推進會, 1990.

玄　鎰,『皎亭先生詩集』, 서울大學校 奎章閣所藏, 新式活字本, 光武10年(1906)刊印, 도서번호 奎7715 00, 마이크로필름 M/F83-16-61-M.

洪聖民,『拙翁集』, 民族文化推進會, 1989.

洪世泰,『柳下集』, 民族文化推進會, 1996.

洪良浩,『耳溪集』, 民族文化推進會, 2000.

2) 국외자료

『詳說古文眞寶大全』, 保景文化社, 1983.

『老子』, 漢文大系, 富山房, 明治44年.

『論語』, 學民文化社, 1990.

『莊子』, 學民文化社, 1993.

『周易』, 保景文化社, 1983.

『詩傳』, 保景文化社, 1983.

『中庸』, 學民文化社, 1990.

■ 논 저

1) 국내논저

(1) 저 서

高裕燮, 『韓國美術史及美學論攷』, 通文館, 1963.

權德周, 『中國美術思想에 대한 硏究』, 淑明女子大學校出版部, 1987.

金基昇, 『新稿韓國書藝史』, 正音社, 1975.

金光郁 編著, 『書學概論』, 金井出版社, 1995.

金南馨 譯註, 李溆, 李匡師, 金相肅, 李三晩 原著, 『書藝批評』, 韓國書藝協會, 2002.

金炳淳, 『東洋三國書法藝術史』, 雲林筆房, 1997.

金炳宗, 『中國繪畵의 造形意識硏究』, 서울大學校出版部, 1989.

_____, 『미술강의』, 통나무, 1990.

金炳基, 『서예란 어떠한 예술인가』, 美術文化院, 1992.

金相洪, 『茶山 丁若鏞 文學硏究』, 檀國大學校出版部, 1985.

_____, 『漢詩의 理論』, 高麗大學校出版部, 1997.

_____, 『朝鮮朝 漢文學의 照明』, 以會文化社, 2003.

_____, 『茶山 文學의 再照明』, 檀國大學校出版部, 2003.
金容沃, 『石濤畵論』, 통나무, 1992.
金膺顯, 『書與其人』, 民族文化文庫刊行會, 1987.
金正喜, 崔完秀 譯, 『秋史集』, 玄岩社, 1981.
_____, 民族文化推進會 編, 『國譯 阮堂全集』, 솔, 1996.
金鍾太, 『東洋繪畵思想』, 一志社, 1989.
문정자, 『동국진체 탐구』, 다운샘, 2001.
朴炳千, 『書法論硏究』, 一志社, 1987.
朴性奎, 『李奎報 文學硏究』, 啓明大出版部, 1982.
邊英燮, 『豹菴 姜世晃 繪畵硏究』, 一志社, 1988.
徐東亨, 『詩로 읽는 書畵의 世界』, 梨花文化出版社, 1998.
宣柱善, 『書藝通論』, 圓光大學校出版局, 1996.
심재훈, 『甲骨文』, 民音社, 1990.
열상고전연구회편, 『韓國의 序跋』, 바른글방, 1992.
吳世昌 編著, 『槿域書畵徵』, 啓明俱樂部, 昭和3年.
_____, 編著, 東洋古典學會 譯, 『槿域書畵徵』, 시공사, 1998.
유홍준, 『조선시대 화론연구』, 학고재, 1998.
李家源, 『韓國漢文學史』, 普成文化社, 1986.
李匡師, 李鍾燦 編譯, 『서예란 무엇인가』, 梨花文化出版社, 1998.
이규상 지음, 민족문학사연구소 한문분과 옮김, 『18세기 조선인물지』, 창작과비평사, 1997.
李敦柱, 『漢字學總論』, 博英社, 1981.
李敏弘, 『士林派 文學의 硏究』, 螢雪出版社, 1995.
李丙疇, 『고전의 산책』, 민족문화문고간행회, 1985.
_____, 『韓國漢詩의 理解』, 民音社, 1987.
李佑成, 『韓國의 歷史像』, 創作과 批評社, 1983.
李宗碩 編輯, 『韓國의 美 秋史 金正喜』, 中央日報社, 1998.

張都圭,『晦齋李彦迪文學研究』, 國學資料院, 1999.
鄭　珉,『朝鮮後期古文論研究』, 亞細亞文化社, 1989.
鄭玉子,『朝鮮後期 文學思想史』, 서울大學校出版部, 1990.
______,『朝鮮後期知性史』, 一志社, 1993.
鄭堯一,『漢文學批評論』, 集文堂, 1994.
조동일,『한국문학통사』, 지식산업사, 1986.
秦弘燮 編著,『韓國美術史資料集成』, 一志社, 1996.
車柱環,『中國詩論』, 서울大學校出版部, 1992.
崔炳植,『水墨의 思想과 歷史』, 玄岩社, 1985.
최영애,『漢字學講義』, 통나무, 1995.
崔鍾泰,『藝術家와 歷史意識』, 知識産業社, 1986.
韓永愚,『朝鮮前期社會思想史研究』, 知識産業社, 1983.
許英桓,『中國畵論』, 瑞文堂, 1990.

(2) 논 문

金光郁,「秋史書論研究」, 弘益大學校教育大學院, 碩士學位論文, 1991.
______,「漢字의 字形變遷 簡史」,『藝術文化』第11輯, 啓明大學校 藝術文化研究所, 1999.
______,「中國의 論書詩 研究」,『書藝學』創刊號, 韓國書藝學會, 2000.
______,「朝鮮前期의 論書詩 考察」,『藝術文化』第12輯, 啓明大學校 藝術文化研究所, 2000.
______,「三國과 高麗의 論書詩 考察」,『書學論集』第6輯, 大丘書學會, 2001.
______,「朝鮮中期의 論書詩 考察」,『藝術文化』第13輯, 啓明大學校 藝術文化研究所, 2001.
______,「論書詩에 나타난 書藝認識」,『藝術文化』第3號, 韓國書藝學會, 2002.
______,「朝鮮後期의 論書詩 考察」,『藝術文化』第14輯, 啓明大學校 藝術文化研究所, 2002.

______, 「申緯의 論書詩 考察」, 『藝術文化』第15輯, 啓明大學校 藝術文化硏究所, 2003.

______, 「湖巖의 論書詩 考察」, 『書藝學硏究』第4號, 韓國書藝學會, 2004.

金南馨, 「朝鮮後期 近畿實學派의 藝術論 硏究」, 高麗大學校大學院, 博士學位論文, 1988.

金炳基, 「紫霞 申緯의 藝術觀」, 『紫霞 申緯 回顧展』, 藝術의 殿堂, 1991.

金相洪, 「茶山의 書藝論 硏究」, 『東洋學』第30輯, 檀國大東洋學硏究所, 2000.

金應鶴, 「書藝美學思想의 易哲學的 硏究」, 成均館大學校大學院, 博士學位論文, 2004.

金壬洙, 「高裕燮硏究」, 弘益大學校大學院, 博士學位論文, 1990.

金鎭世, 「韓國의 書藝를 살핀다.」, 『國際書藝學術大會 論文集』, 2001.

金惠淑, 「秋史 金正喜의 詩文學 硏究」, 서울大學校大學院, 博士學位論文, 1989.

南丁崔正均敎授 古稀紀念, 『書藝術論文集』, 論文集刊行委員會, 1994.

裵吉基, 「漢字의 發達과 書藝術」, 大韓民國藝術院, 1983.

裵相賢, 「朝鮮朝 畿湖學派의 禮學思想에 關한 硏究」, 高麗大學校大學院, 博士學位論文, 1991.

徐東亨, 「朝鮮後期 書・畵詩 硏究 - 豹菴, 紫霞, 秋史의 作品을 중심으로」, 誠信女子大學校大學院, 博士學位論文, 1996.

宋河璟, 「友山의 書藝散策」, 『月刊書藝』, 美術文化院, 1992.

李起範, 「海岡 金圭鎭의 書藝」, 東國大學校敎育大學院, 碩士學位論文, 1998.

李星培, 「北宋時代의 書論과 書作 硏究」, 忠南大學校大學院, 博士學位論文, 2005.

李完雨, 「石峯遺事」, 『石峯韓濩』, 藝術의 殿堂, 1997.

______, 「朝鮮中期 書藝의 흐름」, 『朝鮮中期書藝』, 藝術의 殿堂. 1993.

任昌淳, 「韓國書藝槪觀」, 『韓國의 美・書藝』, 中央日報, 1981.

張志熏, 「耳溪 洪良浩의 書藝觀 硏究」, 成均館大學校儒學大學院, 碩士學位論文, 2002.

鄭垣杓, 「紫霞 申緯의 漢詩硏究」, 서울大學校大學院, 博士學位論文, 1987.

鄭載喆, 「牧隱 李穡 詩의 硏究」, 高麗大學校大學院, 博士學位論文, 1996.
曺玟煥, 「선비들의 시 · 서 · 화 세계」, 『선비들의 예술세계』, 2004.
崔完秀, 「朝鮮王朝 書藝史槪說」, 『朝鮮後期書藝展』, 藝術의 殿堂, 1990.
韓國書藝學會 發行, 『書藝學硏究』, 創刊號～6號, 美術文化院, 2000～2005.
韓正熙, 「董其昌論」, 『美術史論壇』, 時空社, 1995.
許興植, 「儒學과 科擧」, 『韓國史硏究入門』, 知識産業社, 1987.

2) 국외논저

康有爲 撰, 『廣藝舟雙楫』, 臺灣商務印書館, 1986.
郭魯鳳 選註, 『中國歷代書論』, 東文選, 2000.
郭沫若, 임효섭, 황선재 옮김, 『李白과 杜甫』, 까치, 1994.
郭紹虞, 「書藝的인 側面에서 본 字體의 演變」, 郭魯鳳 選譯, 『中國書藝論文選』, 東文選, 1996.
葛路, 姜寬植 譯, 『中國繪畵理論史』, 미진사, 1990.
杜甫, 仇兆鰲 注, 『杜詩詳注』, 文史哲出版社, 民國74年.
廖蘊玉 編著, 『楷書書寫門徑』, 藝術圖書公司印行, 1985.
閔祥德 編著, 『行書書寫門徑』, 藝術圖書公司印行, 1986.
______, 編著, 『草書書寫門徑』, 藝術圖書公司印行, 1987.
史紫忱, 『書法美學』, 藝文印書館印行, 民國68年.
書法編輯部編, 『書法硏究』, 第1輯～第62輯, 上海書局出版社, 1979.
徐復觀, 權德周 譯, 『中國藝術精神』, 東文選, 1990.
陝西書學院 編, 『五體歷代論書詩』, 陝西旅游出版社, 1992.
蘇軾, 『蘇軾文集』, 中華書局, 1999.
小野澤精一 外編, 全敬進 譯, 『氣의 思想』, 圓光大學校出版局, 1987.
宋民, 郭魯鳳 譯, 『中國書藝美學』, 東文選, 1998.
沈伯綱, 「儒家思想과 書法藝術」, 『書法과 東洋精神』, 1996國際學術會議, 1996.

連勝彦, 「孔子思想과 書法藝術」, 『書法과 東洋精神』, 1996國際學術會議, 1996.
藝術概論編著組, 유홍준, 박수인 옮김, 『예술개론』, 청년사, 1989.
吳惠霖, 李宣炅 譯, 『簡牘書法』, 雲林堂, 1987.
王壯爲, 金光郁 編譯, 『書法硏究』, 啓明大學校出版部, 2005.
龍宇純, 梁東淑 譯, 『中國文字學』, 學硏社, 1987.
袁行霈, 七人 共譯, 『中國詩歌藝術硏究』, 亞細亞文化社, 1990.
陸宗達, 金槿 譯, 『說文解字通論』(上), 啓明大學校出版部, 1994.
劉詩 編著, 『中國古代書法家』, 文物出版社, 1991.
劉若愚, 李章佑 譯, 『中國詩學』, 明文堂, 1994.
劉延濤, 『草書通論』, 中國文化大學出版部印行, 1983.
劉熙載, 李宣炅 譯, 『書概』, 雲林筆房, 1986.
李學勤, 河永三 옮김, 『古文字學 첫걸음』, 東文選, 1991.
李學勤 外, 鄭充洛 譯, 『中國古文字와 殷周文化』, 美術文化院, 1994.
錢存訓, 金允子 譯, 『中國古代書史』, 東文選, 1990.
陳振濂, 金洪哲 編譯, 『中國書法發展史』, 梨花文化出版社, 2000.
蔡崇名, 『書法及其敎學之硏究』, 華正書局, 民國79年.
崔日煥 譯, 『書譜解』, 乙支出版公社, 1989.
包世臣, 『藝舟雙楫』, 臺灣商務印書館, 1986.
韓榮瑄 註解, 『書法書論』, 文成堂, 1985.
韓玉濤, 大丘書學會 譯, 『中國書藝美學』, 中文, 1995.
華正人 編輯, 『歷代書法論文選』, 華正書局, 民國77年.
許愼, 段玉裁 撰, 『說文解字注』, 漢京文化事業有限公司, 民國72年.
黃庭堅, 『黃庭堅全集』, 四川大學出版社, 2001.

저자 김광욱金光郁

호號 : 간산艮山
단국대학교 대학원 한문학과 졸업(문학박사)
대한민국서예전람회 초대작가
개인전 7회
한국의 논서시 연구(박사학위 논문)
『서법연구』 편역(계명대학교출판부)

현재, 한국서예학회 연구이사
계명대학교 미술대학 서예과 교수

연락처 : 우705-701 대구광역시 남구 대명동 2139번지
053-620-2103(연구실) / 016-246-2103(휴대폰)

한국 서예시 연구 계명예술학총서 2

인 쇄 | 2006년 10월 15일
발 행 | 2006년 10월 20일
저 자 | 김광욱
펴낸이 | 이진우
펴낸곳 | 계명대학교출판부
704-701 대구시 달서구 신당동 1000번지
전화 053-580-6233 팩스 053-583-5213
등 록 | 1970. 9. 1. (신고번호 제347-1998-1호)
ISBN 89-7585-373-X 93640

값 15,000원